知识产权跨国并购法律保护

胡宏雁　著

Legal Protection of
IP-Oriented Cross-border M&A

法律出版社
LAW PRESS · CHINA
北京

图书在版编目(CIP)数据

知识产权跨国并购法律保护 / 胡宏雁著. -- 北京：法律出版社，2022

ISBN 978-7-5197-7330-4

Ⅰ. ①知… Ⅱ. ①胡… Ⅲ. ①企业兼并－跨国兼并－知识产权保护－研究－中国 Ⅳ. ①D923.404

中国版本图书馆CIP数据核字(2022)第224039号

知识产权跨国并购法律保护

ZHISHI CHANQUAN KUAGUO BINGGOU FALÜ BAOHU

胡宏雁 著

策划编辑 董 昱
责任编辑 董 昱
装帧设计 汪奇峰 贾丹丹

出版发行 法律出版社
编辑统筹 法规出版分社
责任校对 张红蕊
责任印制 耿润瑜
经 销 新华书店

开本 710毫米×1000毫米 1/16
印张 14 **字数** 210千
版本 2022年12月第1版
印次 2022年12月第1次印刷
印刷 北京建宏印刷有限公司

地址：北京市丰台区莲花池西里7号(100073)
网址：www.lawpress.com.cn
投稿邮箱：info@lawpress.com.cn
举报盗版邮箱：jbwq@lawpress.com.cn

销售电话：010-83938349
客服电话：010-83938350
咨询电话：010-63939796

书号：ISBN 978-7-5197-7330-4

定价：68.00元

凡购买本社图书，如有印装错误，我社负责退换。电话：010-83938349

缩略语表

英文缩写	英文全称	中文译名
ACTA	Anti – Counterfeiting Trade Agreement	《反假冒贸易协定》
BIT	Bilateral Investment Treaty	双边投资协定
CETA	Comprehensive Economic and Trade Agreement	欧盟与加拿大的《全面经济贸易协定》
CDMA	Code Division Multiple Access	码分多址
OECD	Organization for Economic Cooperation and Development	经济合作与发展组织
CEO	Chief Executive Officer	首席执行官
CPTPP	Comprehensive and Progressive Agreement for Trans – Pacific Partnership	全面与进步跨太平洋伙伴关系协定
DSB	Dispute Settlement Body	争端解决机构
FASB	Financial Accounting Standards Board	美国财务会计准则委员会
FET	Fair and Equitable Treatment	公平公正待遇
FTA	Free Trade Agreement	自由贸易协定
FTC	Federal Trade Commission	美国联邦贸易委员会
GATT	General Agreement on Tariffs and Trade	关税与贸易总协定
IBM	International Business Machines	国际商业机器公司
ICSID	The International Centre for Settlement of Investment Disputes	国际投资争端解决中心
IRC	Internal Revenue Code	《美国国内收入法典》
M&A	Mergers and Acquisitions	兼并与收购
NAFTA	North American Free Trade Agreement	北美自由贸易协定

续表

英文缩写	英文全称	中文译名
PCT	Patent Cooperation Treaty	《专利合作条约》
RCEP	Regional Comprehensive Economic Partnership Agreement	《区域全面经济伙伴关系协定》
TPP	Trans - Pacific Partnership Agreement	《跨太平洋伙伴关系协定》
TRIPS	Agreement on Trade - related Aspects of Intellectual Property Rights	《与贸易有关的知识产权协定》
UNCITRAL	United Nations Commission on International Trade Law	联合国国际贸易法委员会
USMCA	United States - Mexico - Canada Agreement	《美国—墨西哥—加拿大协定》
WIPO	World Intellectual Property Organization	世界知识产权组织
WTO	World Trade Organization	世界贸易组织

目录 Contents

导　论

跨国并购是一个兼具经济性和法律性的复杂过程。近年来,随着知识产权资本化新兴市场上的技术应用和创新加快,知识产权在国际贸易、国际投资相关领域有延伸之趋势。大量的国际投资条约将知识产权纳入"投资"范畴,知识产权成为私人投资的重要组成部分,大量跨国并购尤其是高科技行业并购交易呈现出与知识产权相关的独特属性,这使研究知识产权与跨国并购这一国际投资主要形式之一的互动关系具有了必要性,尤其是在当下国际投资规则与格局重构时更显其意义所在。在既有研究成果的基础上,梳理知识产权与跨国并购原理,界定知识产权跨国并购概念,总结知识产权跨国并购特点,阐释跨国并购中知识产权尽职调查法律责任的分担、价值评估法律因素考量、知识产权滥用与反垄断规制、知识产权引发的国家安全等问题,揭示跨国并购交易背后知识产权利益纠缠,并以避免利益流失为主线尝试将以往相对分散的知识产权跨国并购问题进行系统化并提出对策,以解决知识经济全球化时代背景下知识产权在跨国并购这一国际投资领域出现的具体法律问题。

一、选题的背景和意义

(一)选题背景

"二战"后特别是20世纪90年代后,在科技革命和生产力发展的推动下,经济全球化成为世界经济发展的主要趋势。经济活动超越国界限制,经济要素在全球范围内优化配置,在此背景下,并购成为众多企业的成长之道,并且并购中的知识产权问题具有越来越重要的地位。一方面,在科技迅猛发展、资本极大过剩、利润最大化追逐的推动下,越来越多的公司选择通过并购而不是单单依靠公司的内部发展来扩大公司经营。正如诺贝尔经济学奖得主美国著名学者施蒂格勒在研究美国500强公司时得出的结论:"没有一个美国大公司不是通过某种程度、某种方式的兼并而成长起来的,几乎没有一家大公司主要是靠内部扩张成长起来的。"[①]另一方面,随着知识经济不断发展,企业的竞争优势逐渐从传统的物质资源和金融资本转变为以知识产权为主导的无形资产。在20世纪50年代中期后的50年间,公开上市交易公司的固定资产比重从80%左右下降到现在的不足20%,[②]而包括知识产权在内的无形资产在企业资产中占有越来越大的比重,知识产权拉动经济增长的作用越来越明显。例如,欧盟的数据显示,2008年至2010年,知识产权密集型产业对欧盟GDP的贡献率为38.6%,2011年至2013年这一贡献率为42.1%,2014年至2016年,欧盟总经济产出的42.3%以上产生于商标、专利、外观设计、著作权、地理标志和植物品种权等六项知识产权密集型产业,[③]2019年,专利密集型产业的生产值占欧盟GDP的比重已达16.1%。[④] 2019年,美国知识产权密集型产业的生产值占美国GDP的近41%。[⑤] 2020年,中国专利密集型产业对GDP增长的贡献率达到24.6%。[⑥] 知识产权的价值和重要性越来越成为并购的驱动力,知识产权在并

---

① [美]G. J. 施蒂格勒:《产业组织和政府管制》,潘振民译,上海三联书店1989年版,第3页。

② See Colm Mackernan, *A Practical Guide to Intellectual Property in Mergers and Acquisitions*, Sweet & Maxwell Limited, 2006, at Preface.

③ See EUIPO, *Intellectual Property Rights Intensive Industries and Economic Performance in the European Union*, EUROPA EU (Oct. 1, 2016), https://euipo.europa.eu/tunnel-web/secure/webdav/guest/document_library/observatory/documents/IPContributionStudy/performance_in_the_European_Union/performance_in_the_European_Union_full.pdf.

④ See EUIPO, *IPR-intensive Industries and Economic Performance in the European Union*, EUROPA EU (Sept. 1, 2019), https://euipo.europa.eu/tunnel-web/secure/webdav/guest/document_library/observatory/documents/IPContributionStudy/IPR-intensive_industries_and_economicin_EU/WEB_IPR_intensive_Report_2019.pdf#:~:text=The%20first%20joint%20study%2C%20carried%20out%20in%202013%2C,the%20value%20of%20IP%20to%20the%20European%20economy.

⑤ See U.S. Patent and Trademark Office, *IP and the US Economy: Third Edition*, USPTO GOV (Apr. 21, 2019), https://www.uspto.gov/sites/default/files/documents/uspto-ip-us-economy-third-edition.pdf.

⑥ 参见李杨芳:《专利密集聚力 创新发展攀高》,载《中国贸易报》2022年1月20日,A6版。

购获取资产中发挥着越来越重要的作用。[①] 越来越多的企业意识到通过并购获取知识产权比自主研发更具经济性，于是很多企业便不再局限于企业内部研发促进企业的发展，而是开始通过并购从企业外部获取知识产权。很显然通过并购获取知识产权资产有助于企业迅速扩大业务、提升市场地位。尤其是在知识密集和创新驱动型产业中，知识产权及掌握这些核心知识产权的人员成为企业最抢手的战略资源。[②] 并购带动技术、品牌、人才等资源的全球移转，成就了一系列民生产业、互联网产业及影视业等产业的世界巨头。例如，迪士尼是以并购与投资扩张产业链以巩固其影视帝国地位的典范：迪士尼于 2006 年收购皮克斯以抗衡环球的梦工厂，于 2009 年收购漫威以抗衡华纳的 DC，于 2012 年收购卢卡斯影业星球大战系列，于 2015 年领投 VR 企业 Jaunt，投资青年亚文化媒体 Vice 并获得其 10% 的股份。在剥离 21 世纪福克斯区域体育网络并于 2019 年 3 月 20 日生效的对 21 世纪福克斯收购中，迪士尼获得了 21 世纪福克斯影业制作业务和电视创意业务、国际电视业务、20 世纪福克斯电视公司，还有福克斯旗下的包括 X 战警、死侍、阿凡达等一系列知识产权。这些并购或是基于己方知识产权战略而采取的进攻，或是基于竞争对手相逼而采取的一种防御性反应，或是为了摆脱侵权涉诉的困扰，迪士尼在寻找新的经济增长点的竞争压力以及通过协同和规模经济来削减成本的驱动下，通过跨境并购不断使企业发展壮大。又如，高通 2019 年斥资 31 亿美元收购日本 TDK 公司在射频前端（RFFE）技术合资企业 RF360Holdings 中的剩余股权，这笔交易让高通把 RFFE 技术完全整合到下一代 5G 解决方案。[③] 在经济全球化和知识经济时代的背景下，通过并购获取知识产权成为新时期跨国投资并购的一大特色，而知识产权也成为国际贸易和国际投资领域的新议题。

---

① See I. Jou Lin, *The Role of Intellectual Property Rights in High - Tech Mergers and Acquisitions*, 8 NTUT Journal of Intellectual Property Law and Management 31(2019).

② See Annette L. Ranft & Michael D. Lord, *Acquiring New Knowledge: The Role of Retaining Human Capital in Acquisitions of High - tech Firms*, 11 Journal of High Technology Management Research 295 (2000).

③ 参见《高通 31 亿美元收购 TDK 在射频前端合资公司 RF360 的股份》，载《半导体信息》2019 年第 5 期。

“知识经济”一词源于对知识和技术在现代经合组织经济体中的地位的更充分认识。[①] “知识经济”这一表述最早出现在《后资本主义社会》一书中,影响数代追求创新者的现代管理学之父彼得 · F. 德鲁克通过对世界变化的透彻分析,准确地把握了时代特征,精辟地指出了人类社会正处于从资本主义步入知识社会的阶段,即一个以知识为核心的后资本主义社会,在这个后资本主义社会中,知识资本已成为企业发展的重要资源,有文化、懂管理的人将成为后资本主义时代发展的重要活要素。[②] 20 世纪 80 年代初,阿尔文 · 托夫勒在《第三次浪潮》一书中指出,人类在历经石器、铁器、农业、工业、技术时代后步入一个全新的、充满生机的知识经济时代。[③] 知识经济理论不断发展,特别是 20 世纪 80 年代中期以来,以保罗 · 罗默教授为代表的“新经济增长理论”(New Economic Growth Theory),主张知识是一个重要的生产要素,它可以提高投资的收益。依据罗默教授的理论,在考量和计算经济增长时,必须把知识列入生产函数,进而将其纳入生产体系中一起进行计算。[④] 1996 年,经济合作与发展组织(Organization for Economic Cooperation and Development, OECD)在《科学、技术和产业展望》中将“知识经济”定义为:建立在知识和信息的生产、分配和使用之基础上的知识经济,是以科学和技术的研究开发为重要基础,以信息和通讯技术发展为核心,以服务业为主要角色,以人力的素质和技能实现为先决条件的经济,在知识经济时代经济的增长取决于知识和信息等无形资产的占有与运用。[⑤] 也就是说,在知识经济时代,经济的增长越来越依赖知识(技术)含量的增长,与厂房、原材料、技术个人、管理人员、金融汇率等相比,知识成为更重要的经济因素。事实上,知识创新引发的经济革命,正在重新塑造着全球经济的发展格局和扩张模式,而知识经济挑战着以传统的生产资料和资本为唯一自变

① See OECD, *The Knowledge - based Economy Organisation for Economic Co - operation and Development*, OECD ORG (1996), https://www.oecd.org/officialdocuments/publicdisplaydocumentpdf/?cote = OCDE/GD%2896%29102&docLanguage = En.

② 参见[美]彼得 · F. 德鲁克:《后资本主义社会》,傅振焜译,东方出版社 2009 年版,第 135 页。

③ 参见[美]阿尔文 · 托夫勒:《第三次浪潮》,黄明坚译,中信出版社 2006 年版,第 135 页。

④ 参见[英]海韦尔 · G. 琼斯:《现代经济增长理论导引》,郭家麟等译,商务印书馆 1999 年版,第 311 页。

⑤ See OECD, Science, Technology and Industry Outlook 1996.

量的一元函数型经济模式。知识经济时代来临前,企业的发展主要依赖其占有的生产资料和资本的多寡,而在知识经济时代,企业的发展更多依赖企业所具有的研发、营销、管理等知识能力,企业的竞争优势主要源于自身知识产权所构建的核心竞争力,在企业的生存和发展中知识因素居于越来越重要的战略地位。

知识产权是国际贸易与国际投资领域相对较新的事物,并随着国际贸易与投资的新形势不断发展。知识产权的国际保护主要通过互惠、双边条约和多边条约进行,其中多边条约是目前国际上保护知识产权的最有效也是最主要的途径。《保护文学和艺术作品伯尔尼公约》(Berne Convention for the Protection of Literary and Artistic Works,以下简称《伯尔尼公约》)、《保护工业产权巴黎公约》(Paris Convention for the Protection of Industrial Property,以下简称《巴黎公约》)和《与贸易有关的知识产权协定》(Agreement on Trade – related Aspects of Intellectual Property Rights,以下简称《TRIPS 协定》)是目前最具影响力的几个国际知识产权保护公约。1986 年启动的乌拉圭回合谈判标志着知识产权规范和标准的重大变化,《关税与贸易总协定》(General Agreement on Tariffs and Trade,GATT)开始真正尝试解决知识产权规则的实质问题。此前的东京回合谈判虽触及包括限制假冒货物贸易的边境措施在内的与知识产权相关的外围议题,但是尚未涉及知识产权的实质性问题。事实上,GATT 将知识产权仅仅视为一个可以接受的例外,一个自由贸易的合法壁垒。例如,GATT 第 20 条(丁)规定,"为了保证某些与本协定规定并无抵触的法令或条例的贯彻执行所必需的措施,包括加强海关法令或条例,加强根据协定第二条第四款和第十四条而实施的垄断,保护专利权、商标及版权,以及防止欺诈行为所必需的措施"。[①] 尽管埃斯特角城会议是 GATT 在这一领域探索的新起点,但是知识产权议题仍限定于有限的范围内。《埃斯特角城部长宣言》指出,即将开始的乌拉圭回合谈判应在不损害世界知识产权组织(World Intellectual Property Organization,

① 关贸总协定日内瓦总部:《关税与贸易总协定概况及全文(中英对照)》,戴常明译,上海外语教育出版社 1994 年版,第 88 页。

WIPO)等可能采取的其他有益行动的情况下,制定一个与处理假冒货物贸易有关的多边国际贸易原则、规则和纪律框架。由此可知,新回合将知识产权谈判限定在与假冒货物有关的国际贸易范围内,避免有损于WIPO的谈判。该回合谈判的许多参与者认为,与过去一样,WIPO才是对知识产权实质内容进行进一步谈判的正常场所。但是,人们越来越意识到WIPO不是能提供强化知识产权而进行关税或市场准入减让方面的谈判场所,WIPO管理的有关知识产权条约也没有执行条款和争端解决机制的规定。基于此,直到乌拉圭回合有关知识产权议题的谈判才缓慢开启,发达国家代表开始提交涵盖整个知识产权领域的法律文本,逐渐形成后来的《TRIPS协定》,将知识产权与国际贸易有机联系在一起。《TRIPS协定》的签订和施行,毫无疑问是继1883年《巴黎公约》和1886年《伯尔尼公约》之后世界知识产权保护发展史上影响最卓著的事件。《TRIPS协定》首次在知识产权国际保护领域引入最惠国待遇原则,完善了已有的知识产权条约,标志着知识产权国际保护新的国际标准的形成。作为世界贸易组织(World Trade Organization,WTO)三大支柱之一的知识产权贸易协定,《TRIPS协定》澄清了已有条约的一些权利,填补了已有条约的执法措施,增加了一些新的制度,强化了争端解决机制和施行措施。

首先,《TRIPS协定》覆盖了知识产权的诸多种类,确立了全体WTO成员一体遵守的最低标准。[①] 该协定规定,在知识产权的有效性、范围、施行、保护等方面,WTO成员应遵守《巴黎公约》、《伯尔尼公约》[第6(2)条除外]和《保护集成电路知识产权的华盛顿公约》(Washington Convention for Protection of Intellectual Property Rights in Integrated Circuits)(强制许可除外)的所有实体规定及协定。《TRIPS协定》增加了如出租、地理标识、商标和服务商标、商业秘密保护等新的权利;澄清了已有的义务,或限制使用例外的可能性,或提高保护水

---

① 《TRIPS协定》第1条第1款第2句规定,成员们可以,但没有义务通过法律实施比本协定要求更广泛的保护,只要这种保护与本协定规定不抵触。这被认为是“最低义务”(minimum obligation)。参见张乃根主编:《与贸易有关的知识产权协定》,北京大学出版社2018年版,第16页。

平。[1] 根据《TRIPS 协定》第 13 条的规定，各成员对专有权作出的任何限制或例外规定仅限于某些特殊情况，且与作品的正常利用不相冲突，也不得不合理地损害权利持有人的合法权益。[2] 根据《TRIPS 协定》第 14 条第 6 项的规定，在《保护表演者、音像制品制作者和广播组织罗马公约》（Rome Convention for the Protection of Performers, Producers of Phonograms and Broadcasting Organizations，以下简称《罗马公约》）项下的任何条件、限制、例外和保留均可能适用于 WTO 成员，其中包括：在《罗马公约》第 7 条和第 13 条中所列举之"条件"；可以适用《罗马公约》第 15 条规定的"限制与例外"[具体包括：（甲）私人使用；（乙）在时事报道中少量引用；（丙）某广播组织为了自己的广播节目利用自己的设备暂时录制；（丁）仅用于教学和科学研究之目的]；《罗马公约》第 16 条规定的"保留"（有关《罗马公约》第 12 条中如果为商业目的发行的录音制品直接用于播放或者向公众传播，使用者应该向表演者或录音制作者或分别向两者支付一笔合理报酬；成员方可以根据该公约第 16 条声明不执行第 12 条的规定）。对于《TRIPS 协定》第 14 条第 1 款，也可以依据《罗马公约》第 7 条第 1 款进行限制。[3]

其次，《TRIPS 协定》明确规定了全体 WTO 成员必须履行的民事、刑事（包括边境措施）义务。[4] 该协定突出规定了民事程序及民事救济，规定成员应为权利持有人公平合理地提供本协定所包括的知识产权执法的民事司法程序，明确界定了民事司法程序中双方当事人的举证责任。在刑事程序和救济方面，该协定要求全体成员对意图以商业规模假冒商标或著作权盗版的情形应提供刑事

---

① 根据《TRIPS 协定》第 2 条的规定，WTO 成员无论是否加入《巴黎公约》，都应遵守该公约第 1 条至第 12 条和第 19 条。根据《TRIPS 协定》第 9 条第 1 款的规定，WTO 成员无论是否加入《伯尔尼公约》，都应遵守该公约第 1 条至第 21 条和附录的规定（精神权利除外）。

② Agreement on Trade - related Aspects of Intellectual Property Rights, 1994. See WTO, *The Legal Texts, the Results of the Uruguay Rounds of Multilateral Trade Negotiations* (first published by the GATT Secretariat in 1994), 8th ed., Cambridge University Press, 2011. 中文译本参见李仲周主编：《世界贸易组织乌拉圭回合多边贸易谈判结果法律文本》（中英文对照），法律出版社 2000 年版，第 321 ~ 353 页；张乃根主编：《与贸易有关的知识产权协定》，北京大学出版社 2018 年版。

③ 参见张乃根主编：《与贸易有关的知识产权协定》，北京大学出版社 2018 年版，第 122 页。

④ 参见《TRIPS 协定》第三部分"知识产权的实施"中第二节"民事和行政程序及救济"、第四节"有关边境措施的特殊要求"、第五节"刑事程序"。

程序,处以足以起威慑作用的刑事惩罚,包括海关当局依申请或依职权行使的中止放行的边境措施。[①]

最后,《TRIPS 协定》增加了全新的执法规则,确立了知识产权获得与维持的行政程序要求,将知识产权争端纳入统一的 WTO 争端解决机制中。包括 WTO 成员之间施行《TRIPS 协定》时产生的争端,皆应依据《建立世界贸易组织马拉喀什协定》"一揽子"协议的附件 2《关于争端解决规则与程序的谅解》(Understanding on Rules and Procedures Governing the Settlement of Disputes, DSU)解决,该附件为知识产权保护提供了一整套程序,包括争端的提起、磋商、专家小组裁定、上诉机构和裁决执行等程序。《TRIPS 协定》明确规定,成员在施行本协定过程中发生的争端,应依照 DSU 进行协商和加以解决。[②] 同时,成员应保证其国内立法与本协定措施相一致,成员政府应对没有适当执行本协定规定的措施承担责任。在争端解决程序中,如果败诉方没有完全执行或不执行争端解决机构(Dispute Settlement Body, DSB)的裁决,DSB 可以授权胜诉方采取诸如中止减让等贸易制裁措施。《TRIPS 协定》首次将知识产权的保护与国际贸易结合,赋予知识产权国际保护强制性。

多哈回合贸易谈判后,知识产权多边谈判陷入僵局,呈现从美欧转向区域、双边甚至单边的寻求知识产权保护趋势,在"逆全球化"[③]和"再全球化"[④]交织中前行的知识产权全球治理体系变得扑朔迷离。《TRIPS 协定》在 1994 年签订

---

① 根据《TRIPS 协定》第 59 条的规定,主管机关有权依据该协定第 46 条所列原则,决定销毁货物或将货物清理出商业渠道,以免对权利人造成损害。不同于该协定第 46 条的规定(提供一般民事救济),在该协定第三部分第四节"有关边境措施的特殊要求"中,没有关于侵权货物生产中使用材料的救济,因为该节涉及进口货物,而生产材料通常是在第三国。参见张乃根主编:《与贸易有关的知识产权协定》,北京大学出版社 2018 年版,第 281 页。

② 参见《TRIPS 协定》第 64 条第 1 款规定,由 DSU 详述和实施的 1994 年《关税与贸易总协定》第 22 条和第 23 条的规定适用于本协定项下产生的磋商和争端解决,除非本协定中另有具体规定。

③ 作为与"全球化"相伴而生的概念,"逆全球化"是各国在生产方式、生活方式和价值观念上的特殊化和多样化。不同于"全球化"的某种趋同化、国际化,"逆全球化"强调特殊化、本土化。参见张刚生、严洁:《论美欧发达地区的逆全球化现象》,载《国际观察》2020 年第 2 期。

④ "再全球化"过程中主要有三个重要指向:一是以地缘经济为基础,兼顾地缘政治需求;二是强化知识产权保护,提高知识产权保护水平,建立符合自身要求的更加开放、更加自由的国际贸易体系;三是有的国家以"国家安全"为由遏制相关国家,重塑西方价值观。参见王栋、曹德军:《再全球化:理解中国与世界互动的新视角》,社会科学文献出版社 2018 年版,第 54 页。

后,后续谈判一直没有大的实质性进展,仅在发展中国家推动下于2005年达成对《TRIPS协定》第31条的修正案,授权缺乏技术和药品的最不发达国家可以基于公共卫生原因获得其他国家进口药品强制许可。[①] 以美国为代表的、主张更高知识产权保护水平的发达国家转向双边、区域自由贸易协定(Free Trade Agreement,FTA)的磋商,强化知识产权保护并进一步谋求由强知识产权保护带来的更大商业利益。[②] 为实现更高知识产权保护水平的目标,美国不断变换其知识产权价值得以实践的场所,从一个场所转移到另一个场所,或者完全退出一个场所,或者同时在多个场所上追求其知识产权更强更高的保护目标。具体来说,美国离开了其无法完全主宰的多边谈判场所,转向其更有控制权和对其更友好的区域、双边协定,《反假冒贸易协定》(Anti - Counterfeiting Trade Agreement,ACTA)、《美国—墨西哥—加拿大协定》(United States - Mexico - Canada Agreement, USMCA)和《跨太平洋伙伴关系协定》(Trans - Pacific Partnership Agreement,TPP)就是典型的例证。2015年10月,新西兰、新加坡、智利、文莱、澳大利亚、秘鲁、美国、马来西亚、越南、日本、墨西哥、加拿大等12个国家达成TPP,该协定第18章规定了知识产权保护问题,包括提升知识产权保护年限,将动植物纳入专利保护范围,要求缔约国为任何已知产品的新用途和新使用方法提供专利保护,推动高标准知识产权保护。[③] 2017年,在美国政府退出该协定转向单边主义推动知识产权规则"美国化"后,日本主导并继续推进该协定谈判,11国于2018年3月8日在智利首都圣地亚哥正式签署了《全面

---

① 参见《TRIPS协定》第31条之二第3款规定,为了利用规模经济以增强药品的购买力,并促进药品的本地生产:若一发展中或者最不发达的WTO成员是1994年《关税与贸易总协定》第24条以及1979年11月28日《关于发展中成员差别和更优惠待遇、互惠和更充分参与的决定》(L/4903)意义下的区域贸易协定的成员,且该区域贸易协定至少一半以上的现有成员属于联合国最不发达国家名单上的国家,则在确保该成员的一项强制许可项下生产或者进口的一种药品能够出口到有关区域贸易协定下其他遭受共同公共健康问题的发展中或者最不发达成员市场的必要限度内,该成员在第31条第6项下的义务不再使用。各方理解此规定将不影响有关专利权的地域属性。

② See Susan K. Sell, *Cat & Mouse: Industries', States' and NGOs' Forum - Shifting in the Battle over Intellectual Property Enforcement*, SSRN (Sept. 5, 2009), https://papers.ssrn.com/sol3/papers.cfm?abstract_id=1466156.

③ See *TPP - Final - Text - Intellectual - Property*, USTR GOV. (Nov. 9, 2015), https://ustr.gov/sites/default/files/TPP - Final - Text - Intellectual - Property.pdf.

与进步跨太平洋伙伴关系协定》(Comprehensive and Progressive Agreement for Trans – Pacific Partnership, CPTPP)。CPTPP 基本上保留了 TPP 的内容,但是其中主要涉及知识产权保护、投资协定及投资争端解决程序的 22 个条款被中止适用。[①] 2020 年 11 月 15 日,由东盟十国发起,历时 8 年谈判,包括中国、日本、韩国、澳大利亚、新西兰在内的 15 个国家正式签署了《区域全面经济伙伴关系协定》(Regional Comprehensive Economic Partnership Agreement, RCEP)中,该协定不仅包括著作权、商标、地理标志、专利和外观设计这些传统的知识产权主要议题,也有发展中国家具有优势的遗传资源、传统知识和民间文艺等知识产权内容,代表了国际知识产权保护和各方博弈的新趋势,体现了各方知识产权保护在一定程度上的利益平衡。也就是说,在 WTO 多边体系外,又形成了区域性、双边甚至单边的知识产权保护机制,建立起了符合各自知识产权利益的知识产权规则体系。

随着全球新一轮科技革命和产业革命的加速发展,新能源、新材料、大数据等领域的国际知识产权竞争日益激烈,中国面临着由此带来的巨大挑战。为抑制中国经济崛起和在高科技领域的发展,美欧不断加强对技术转让和知识产权并购的限制,这使中国企业通过海外并购获取知识产权变得越发困难。2018 年 8 月,美国前任总统特朗普签署的《外国投资风险评估现代化法案》(Foreign Investment Risk Review Modernization Act of 2018, FIRRMA)表明美国收紧了外资国家安全审查政策,并施行技术保护措施加强出口管制,重点审查赴美并购关键技术的中国企业。[②] 2019 年 3 月 5 日,欧盟理事会批准的《关于建立欧盟外国直接投资审查框架的条例》(Regulations on the Establishment of the EU Foreign Direct Investment Review Framework)构筑了欧盟统一的对外资国家安

① 参见《国际经济法学》编写组:《国际经济法学》(第 2 版),高等教育出版社 2019 年版,第 44 页。

② See United States of America, *Foreign Investment Risk Review Modernization Act* 2018, UNCTAD Investment Policy Hub (Apr. 21, 2018), https://investmentpolicy.unctad.org/investment – laws/laws/285/united – states – of – america – foreign – investment – risk – review – modernization – act.

全审查标准[①],此后,德国、英国等国家也严格外资并购审查,以控制其在战略性行业的优势地位,这一系列措施使赴美欧并购的中国企业举步维艰。在国内政策调整和主要发达经济体收紧外国投资政策的背景下,中国企业对"一带一路"沿线重点国家企业并购的数量有所提升,中国企业并购相对集中于东南亚的新加坡和印度尼西亚,南亚的印度,独联体的俄罗斯及中东的以色列、沙特等区域。[②] 在"一带一路"沿线国家并购中,中国企业不仅面临着目标方所在国时局不稳定、疫情带来的短期政策风险和加强外资并购审查带来的企业跨国并购政策变化风险,而且可能面临处于发展中阶段或者转型期的"一带一路"沿线各国知识产权保护法律意识和法律制度欠缺的风险。

可见,"逆全球化"与"再全球化"并行的新时代背景下,世界政治经济以地缘经济为基础,兼顾地缘政治需求;知识产权保护以强知识产权保护为目标。有的国家致力于提高知识产权保护水平,建立符合自身要求的更加开放、更加自由的国际贸易体系;有的国家以"国家安全"为由遏制相关国家,重塑西方价值观。[③] 在经济低迷时期,资本市场的价格一般比较低,这时候就会出现并购浪潮。而建立规模化和富有弹性的业务以帮助企业应对疫情成为当下跨国并购的主要驱动力。2020 年,科技行业的并购额占总交易额的 17.8%,达到 3514 亿美元,创下了自 2000 年互联网泡沫以来的最高水平。[④] 国内国外复杂形势对中国企业知识产权并购来说是机遇也是挑战,我国需要探寻新的路径和解决方案。

---

① See *Regulation (EU) 2019/452 of the European Parliament and of the Council of* 19 *March* 2019 *Establishing a Framework for the Screening of Foreign Direct Investments into the Union*, EUR – Lex (Mar. 19, 2019), https://eur – lex. europa. eu/eli/reg/2019/452/oj#: ~ : text = Regulation% 20% 28EU% 29% 202019% 2F452% 20of% 20the% 20European% 20Parliament% 20and, the% 20screening% 20of% 20foreign% 20direct% 20investments% 20into% 20.

② 参见《前 10 月我国对"一带一路"沿线国家投资稳步推进　非金融类直接投资 141.1 亿美元》,载央视网,https://politics. gmw. cn/2020 – 11/20/content_34385700. htm。

③ 参见王栋、曹德军:《再全球化:理解中国与世界互动的新视角》,社会科学文献出版社 2018 年版,第 54 页。

④ 参见《全球并购规模接近 2 万亿美元,科技行业表现活跃》,载腾讯网,https://new. qq. com/omn/20200916/20200916A00LNE00. html。

（二）选题意义

20 世纪 90 年代以来，跨国并购活动风起云涌，相关问题成为全球理论和实务界的关注热点。随着高新技术的高速发展，知识产权密集型企业的技术更新换代迅速，技术的复杂程度大大提高，产品的生命周期大大缩短，知识产权成为知识产权密集型产业的关键部分。相应地，跨国并购与知识产权联系越来越紧密，目标企业的诸如商标、专利和商业秘密等无形资产占有越来越重要的比重。美国风险管理咨询公司巴伯·穆兰律师事务所（Barber Mullan and Associates，BM&A）的知识产权并购顾问、公司合伙人阿纳·克里斯汀娜·穆勒（Ana Cristina Müller）指出，“在一些案例中，由于没有足够了解知识产权规制规则，或由于没有足够的知识产权的保护政策，企业可能痛失并购机会或可能侵害第三方的权利”。因此，在国际经贸、投资规则和格局重构时，研究知识产权跨国并购问题需要加强法律层面的思考与研究。

1. 实践意义

选题契合中国施行知识产权战略、加快建设知识产权强国计划的要求。随着知识经济和经济全球化深入发展，知识产权日益成为国家发展的战略性资源和国际竞争力的核心要素，成为建设创新型国家的重要支撑和掌握发展主动权的关键，知识产权并购成为高科技企业在某一特定技术领域获取一席之地的快速途径。鉴于知识产权领域跨国并购能够帮助企业获得在价值和数量上的主导地位，理解与知识产权相关的并购如何运作具有重要作用，如有利于完善企业并购方面的知识产权制度，防止企业并购中的知识产权滥用行为，规范并购中涉及知识产权方面的安全审查问题，也有利于处理好知识产权权利人与公共利益的关系等。

选题契合企业“走出去”“引进来”创新发展政策要求。不同国家对知识产权授予、保护、技术输出输入管制等规定多有不同。知识产权跨国并购占据跨国并购的重要地位，这类跨国并购涉及知识产权尽职调查、价值评估以及并购企业利用知识产权限制竞争、威胁国家安全等问题。熟悉知识产权跨国并购问题，有利于减少知识产权跨国并购风险，提升企业知识产权创造能力，助力知识产权的转化运用,强化企业自身知识产权优势。

重视知识产权跨国并购事宜,考量目标方知识产权的商业特殊性,对于预期和缓和偶发事件、避免日后的纷争、降低公司涉诉的机会、提升跨国并购成功率具有重要的实践意义。其中,吸取国内外并购失败案例的教训尤为重要。例如,2001 年华立集团收购飞利浦业务部并获得码分多址(Code Division Multiple Access,CDMA)核心技术,但由于华立集团没有对目标方飞利浦的核心技术进行认真细致的知识产权调查,不了解飞利浦与高通之间的交叉许可协议,结果华立集团高价买下了没有独立核心技术的空壳并使自己陷入困境。2005 年 TCL 并购汤姆逊案中,并购前 TCL 没有做好对目标方汤姆逊专利市场有效期的调查,想当然地以为并购后 TCL—汤姆逊可以利用汤姆逊已有的 4 万项彩电专利(汤姆逊的大量专利涉及传统荧光屏显示器电视)。到 2005 年下半年,国际市场上平板电视取代传统荧光屏显示器电视,并购后的 TCL 陷入困境。此外,2008 年华为竞购美国电信设备公司 3Com、2010 年华为竞购美国私有宽带互联网软件提供商 2Wire、2011 年华为收购美国服务器技术研发公司 3Leaf Systems 部分资产、2012 年华为竞购美国网络基础设施主要运营商之一的 Sprint Nextel 等系列并购案,均因美国担忧所谓国家安全而失败。2012 年 10 月 8 日,美国国会众议院情报委员会发表调查报告称华为和中兴对美国国家安全构成威胁,要求联邦政府阻止两家公司在美国的并购活动。以上这些并购案例无不凸显知识产权跨国并购问题研究的实践意义。同时,要规范外资并购中国企业行为,防范其滥用知识产权危害中国企业合法权益,规制其并购行为危害中国国家安全。

2. 理论意义

通过并购获取知识产权并运营知识产权成为企业发展的重要战略,而从跨国并购中获取并运营知识产权的实践需要理论的梳理与提炼。目前,国内外对跨国并购研究相对集中于从经济学、管理学视角进行并购案例本身描述、并购现状分析、并购风险和整合等,从法学视角研究并购的相对来说比较少,基于知识产权探讨跨国并购问题的更少。实际上,知识产权跨国并购问题需要基于法律视角从理论上进行研究,以为中国企业更好地施行“走出去”政策提供启示。

随着美欧加强外国投资安全审查的力度，政府对并购中的知识产权规制新近发展需要跟进和总结。2018 年，美国颁布了 FIRRMA，在审查对象、程序和权限等方面发生了实质性变化。2019 年 3 月，欧盟通过了《关于建立欧盟外国直接投资审查框架的条例》，形成欧盟“成员国 + 欧委会”多边、双重外资合作监管和安全审查模式，从关税联盟层面对外资进行规制。[①] 这些反垄断、国家安全审查方面的法律调整，加大了企业并购投资的风险，而且加深了法律环境的复杂性。考察这些监管制度变化，在微观层面上，有利于企业适时调整并购方向和发展重点；在宏观层面上，有利于提高国家对内外资监管水平。

需要充实知识产权跨国并购问题中理论和实务研究领域的有些方面。关于知识产权跨国并购问题的实践性研究多于理论性研究，且研究较多集中于管理学、经济学领域，法律方面的研究需要跟进与充实。知识产权跨国并购问题涉及反垄断、国家安全审查方面的新动向和新实践，跨国并购中的著作权、商业秘密等方面的知识产权问题需要被关注。选取知识产权跨国并购尽职调查、价值评估、知识产权转移及反垄断和国家安全审查等问题进行研究，希望能够为发展和完善知识产权跨国并购问题的理论和实务研究提供有益参考。

二、研究现状与创新

（一）研究现状

跨国并购的经济属性大于其法律属性，这决定了其研究资料相对集中于经济学、管理学和投资学方面，法律方面的资料相对集中于并购律师实务层面，系统、深入的法律理论研究不多。[②] 理解知识产权跨国并购问题，不仅要关注规则方面的内容，还要关注经济学、管理学、投资学方面的知识，同时也离不开跨国并购时发生的生动案例等实务成果。因此，本书写作过程中，所收集和阅读的

---

① 参见冷帅：《欧盟外资监管和安全审查立法的评估与应对——基于〈建立外国直接投资监管框架条例〉的分析》，载《现代法学》2019 年第 6 期。

② 漆彤教授是国内较早从事跨国并购法律问题研究的学者，其著作《跨国并购的法律规制》讨论了跨国并购所涉及的投资政策、竞争政策和上市公司收购，也分析了中国对跨国公司并购法律规制的历程、体系、进展和不足。参见漆彤：《跨国并购的法律规制》，武汉大学出版社 2006 年版。

文献资料涉及经济学、管理学、投资学、知识产权法、国际法等方面的著作和文章。在梳理、分类和评价前辈的研究成果中,拓宽了本书的研究视野,充实了本书的研究内容,在对已有研究成果梳理、学习中形成了本书的研究思路。基于行文需要,本书的文献综述重点放在法学方面与跨国并购中知识产权有关的文献上。同时,与知识产权跨国并购问题直接相关的资料不多,大量资料分散于并购中具体问题的研究中,所以本书文献综述部分采取总分结构展开,即围绕并购与知识产权问题方面的研究成果、并购中的知识产权尽职调查、并购中的知识产权价值评估、并购中的知识产权反垄断与国家安全审查问题展开。

1. 关于并购中知识产权问题的研究成果

国外学者很早就从经济学和实务的视角关注知识产权跨国并购问题,并作了较为广泛的研究。兰宁 · G. 布莱尔(Lanning G. Bryer)和麦尔文 · 西蒙(Melvin Simensky)注意到知识产权领域的并购逐渐居于主导地位,知识产权是并购的驱动力,并购者的并购目标就是要获得目标企业的知识产权资产。通过并购获取知识产权,实现并购方在特有的产品或服务上获得、保持垄断地位。以经济学视角探讨并购中的知识产权会计金融问题、并购中知识产权和无形资产的作用、并购中知识产权价值评估、并购中的尽职调查等问题。[①] 科鲁姆 · 麦克南(Colm Mackernan)从实务角度注意到并购中知识产权等无形资产的重要地位,注意到并购中涉及知识产权的广泛议题,注意到并购中对国际财务报告准则和美国一般公认会计原则中的核算规则的认识和运用,初步介绍美国、欧盟反垄断与竞争法的并购安全审查等。[②] 知识产权对并购活动的影响主要存在于那些知识资本密集的行业,跨国并购的协同收益与知识产权改革呈正相关。[③] 国内复旦大学曹阳博士较早敏锐捕捉到跨国并购中不可忽视的相关专利技术

① See Lanning G. Bryer & Melvin Simensky, *Intellectual Property Assets in Mergers and Acquisitions*, John Wiley & Sons Inc., 2002.

② See Colm Mackernan, *A Practical Guide to Intellectual Property in Mergers &Acquisitions*, Sweet & Maxwell Limited, 2006.

③ See Azizjon Alimov & Micah S. Officer, *Intellectual Property Rights and Cross – Border Mergers and Acquisitions*, 45 Journal of Corporate Finance 360 (2017).

转移现象,探求专利制度、技术因素与跨国并购之间的关系及其一系列法律问题。①

2. 关于并购中知识产权尽职调查的研究成果

国外学者基于不同的视角研究尽职调查。有的学者从证券法的角度阐释证券律师的尽职调查。② 有的学者在阐释审慎性调查概念的基础上,研究其目的及其对并购方的作用。③ 有的学者运用比较方法阐释尽职调查的含义,指出"尽职/谨慎"的谨慎是指和忽略相反,有一方出现就不会有另一方,尽职调查活动从其字面意思来看,即表明没有忽略。反之,没有进行尽职调查即意味着某种程度的忽略。在此基础上,审视尽职调查的程序和合法性。④ 有的学者从实务视角研究知识产权尽职调查报告等主要交易文书。⑤

国内学者从并购尽职调查新内涵着手,⑥从一般到具体阐述并购中的尽职调查、知识产权尽职调查、专利尽职调查等问题。探讨跨国并购尽职调查的一般界定,⑦指出并购尽职调查是企业跨国并购风险管理的重要手段。⑧ 有的学者从行业着手进行并购尽职调查研究,⑨有的学者从并购的不同阶段探讨尽职调

---

① 参见曹阳:《跨国并购与专利保护》,知识产权出版社 2010 年版。

② 参见[美]托马斯·李·哈森:《证券法》,张学安等译,中国政法大学出版社 2003 年版。

③ 参见[美]道格拉斯·诺思、[美]罗伯特·托马斯:《西方世界的兴起》(第 2 版),厉以平、蔡磊译,华夏出版社 1999 年版。

④ 参见[美]亚历山德拉·里德·拉杰科斯、[美]查尔斯·M. 埃尔森:《并购的艺术:尽职调查》,郭雪萌、崔永梅、万里霜译,中国财政经济出版社 2001 年版。

⑤ 参见[美]兰宁·G. 布莱尔、[美]斯科特·J. 莱布森、[美]马修·D. 阿斯贝尔编:《21 世纪企业知识产权运营》,韩旭等译,知识产权出版社 2020 年版。

⑥ 参见潘杰:《新经济赋予并购尽职调查新内涵》,载《世界经济研究》2003 年第 6 期。

⑦ 这方面的研究主要包括但不限于以下文章及书籍。唐万明:《如何做好企业并购的尽职调查》,载《开放导报》2006 年第 1 期;许德风:《并购交易中的尽职调查》,载《法学杂志》2006 年第 4 期;陈敏:《跨国并购尽职调查探讨》,载《中国注册会计师》2010 年第 7 期;隋平编著:《公司并购法律实务》,法律出版社 2010 年版;何其红:《基于企业并购目标的尽职调查探析》,载《中国商贸》2011 年第 Z1 期;陈仟子:《并购业务尽职调查问题》,载《中国金融》2016 年第 13 期;赵国习:《企业并购中的尽职调查》,载《企业管理》2017 年 6 期。

⑧ 参见李京:《并购尽职调查:企业跨国并购风险管理重要手段》,载《财会通讯》2012 年第 29 期。

⑨ 这方面的研究主要包括但不限于以下文章。童军虎:《海外矿业并购尽职调查中的重点问题探讨》,载《中国矿业》2012 年第 3 期;张雪、黄海、韦林山:《医院并购尽职调查中重点问题探讨》,载《中华医院管理杂志》2017 年第 3 期。

查问题。[1] 有的学者指出海外并购中知识产权尽职调查之重点,包括并购领域技术发展状况、竞争对手知识产权状况、目标方的知识产权资产状况、目标方所签署的与知识产权相关的协议、目标公司在近5年所参与的所有诉讼及目标公司所在国关于技术出口管制的规定。[2] 有的学者针对中国企业海外并购开展知识产权尽职调查的一些细节问题,包括知识产权尽职调查所涉及的行业与范围、目的、施行团队、时机与方法等进行探析。[3] 有的学者明确专利尽职调查的含义,揭示它的必要性和重大意义。[4] 有的学者专门就收购美国企业专利的尽职调查进行了探讨。[5]

3. 关于知识产权评估的研究成果

国外知识产权评估研究成果当推美国评估专家戈登·史密斯,他先后著书论述知识产权与无形资产评估。《知识产权与无形资产评估》是戈登·史密斯早期论述知识产权及其评估的著作,作者在分析了三种传统评估方法的适用性后认为收益法是知识产权评估中最合适的评估方法。[6] 戈登·史密斯先生和罗素·帕尔合作完成的《知识产权价值评估、开发与侵权赔偿》,从经济学层面分析了知识产权评估中三种评估方法的特点以及实物期权法在技术型知识产权评估中的应用,论述了评估方法参数的选取,研究了知识产权授权和损害赔偿中的特殊评估方法。[7] 美国的韦斯顿·安森教授则在《知识产权评估基础:识别和确定价值的初级读本》中,从描述概念着手,介绍了传统评估方法,其中商标评估是不能单独运行的,而是要附带考量市场因素和品牌因素而增加核心的商

---

① 参见秦米源:《并购前的尽职调查与风险防范》,载《广西社会科学》2013年第2期;许德风:《并购交易中的尽职调查》,载《法学杂志》2006年第4期。

② 参见曾云:《海外并购中的知识产权尽职调查之重点》,载《电子知识产权》2010年第6期。

③ 参见陈卓、李海燕:《海外并购中知识产权尽职调查的一些细节问题探析》,载《河南科学》2017年第5期。

④ 参见袁雯卿:《专利交易的尽职调查》,载《电子知识产权》2007年第9期。

⑤ 参见曹阳、张嫣竹:《收购美国企业专利的审慎性调查研究》,载《亚太经济》2010年第6期。

⑥ See Gordon V. Smith & Russell L. Parr, *Valuation of Intellectual Property and Intangible Assets*, John Wiley & Sons Inc. ,2000.

⑦ See Gordon V. Smith & Russell L. , Parr, *Valuation of Intellectual Property and Intangible Asset*, John Wiley & Sons Inc. , 2000.

标价值。[①] 罗伯特·F. 赖利和罗伯特·P. 施韦斯，从实务角度，在商业交易和知识产权的价值评估、经济损失和转移定价分析等方面提供了专业分析、技能和方法。[②] 理查德·瑞兹盖提斯为尚未进入运营阶段的企业知识产权提供了六种估价方法。[③] 保罗·里格则讨论了交易法、成本法、收入法及据新情况综合运用评估方法的问题。[④] 还有学者将层次分析法引入知识产权评估领域并发现了技术市场因素对专利资产价值具有巨大的影响。[⑤] 埃斯瓦斯·达莫达兰强调可以采用相对估价法对著作权进行评估，并考虑在有限期间将侵害著作权的期望成本计算在内。[⑥]

国内学者也较早地关注到知识产权评估的重要性，关于知识产权价值评估的成果多于并购中知识产权价值评估的成果。早期学者集中研究知识产权评估原则、知识产权评估基本概念和知识产权评估理论依据等，初步探讨知识产权价值及由来。[⑦] 关于知识产权评估方法的研究，首先是调查中国知识产权评估方法应用状况，分析不同类型知识产权评估中应注意的问题；[⑧]其次是界定价值与价格，阐述知识产权评估的实质，初步设计基于知识价值论的知识产权评

---

① See Wes Anson, *Fundamentals of Intellectual Property Valuation: A Primer for Identifying and Determining Value*, the American Bar Association, 2005.

② 参见[美]罗伯特·F. 赖利、[美]罗伯特·P. 施韦斯主编：《商业价值评估与知识产权分析手册》，李浩敏等译，中国人民大学出版社2006年版。

③ 参见[美]理查德·瑞兹盖提斯：《企业知识产权估价与定价》，金珺等译，知识产权出版社2008年版。

④ See Jeffrey H. Matsuura, *An Overview of Intellectual Property and Intangible Asset Valuation Models*, 14 Research Management Review 33 (2004).

⑤ See Yu-Jing Chiu & Yuh-Wen Chen, *Using AHP in Patent Valuation*, 46 Mathematical and Computer Modelling 1055 (2007).

⑥ 参见[美]埃斯瓦斯·达莫达兰：《估值：难点、解决方案及相关案例》，李必龙、李羿、郭海等译，机械工业出版社2013年版。

⑦ 这方面的研究包括但不限于以下文章及书籍。俞兴保等编著：《知识产权及其价值评估》，中国审计出版社1995年版；田高良、张邯玥：《知识产权评估与核算》，载《知识产权》1995年第5期；周林：《试论知识产权评估的基本概念和理论依据》，载《法商研究（中南政法学院学报）》1996年第6期；杨雄文：《知识产权评估基础理论解析》，载《知识产权》2000年第1期。

⑧ 参见董晓峰、李小英：《对我国知识产权评估方法的调查分析》，载《经济问题探索》2005年第5期。

估方法体系；[①]最后是考虑评估方法的优缺点和法律影响因素，并在此基础上，提出了评估方法的选择程序，以求公允评估结果。[②] 有学者主张市场决定知识产权的价值，要在相关市场分析和预测基础上评估知识产权价值和进行评估方法选择。[③] 也有学者从资产评估的视角探讨传统知识产权评估方法的局限性，主张以新的评估方法修正传统评估方法，消除主观影响，建立科学的评估体系。[④] 有的学者从财会学视角研究知识产权质押中的价值评估。[⑤] 亦有学者从哲学、农业、文化创意产业角度[⑥]及评估类型[⑦]探讨影响知识产权价值评估的外在因素和内在因素。从法律视角探讨知识产权价值评估问题的成果相对不多，企业合并是知识产权评估的情况之一，法权专有性为知识产权价值评估中的法律问题。[⑧] 以知识产权评估对象的法律属性为基础，确定评估要素，[⑨]从著作权、

① 参见刘凤朝、刘则渊：《关于知识产权评估的几点思考》，载《科学学与科学技术管理》2001 年第 12 期。

② 这方面的论文包括但不限于以下几篇。徐皝：《价值流转中的知识产权评估研究》，载《知识产权》2014 年第 6 期；白福萍、郭景先：《知识产权评估背景因素与评估方法的选择》，载《财会月刊》2012 年第 36 期。

③ 这方面的论文包括但不限于以下几篇。范晓波：《论知识产权价值评估》，载《理论探索》2006 年第 5 期；魏衍亮：《知识产权价值评估问题研究》，载《电子知识产权》2006 年第 12 期。

④ 参见梁美健、周阳：《知识产权评估方法探究》，载《电子知识产权》2015 年第 10 期。

⑤ 参见苑泽明、李海英、孙浩亮、王红：《知识产权质押融资价值评估：收益分成率研究》，载《科学学研究》2012 年第 6 期。

⑥ 例如，李寿德、万威武：《知识产权价值评估的思考》，载《自然辩证法研究》2000 年第 4 期；李秀丽：《农业知识产权评估研究》，河北农业大学 2012 年博士学位论文；张静静：《文化创意产业的知识产权价值评估研究》，经济科学出版社 2011 年版；何琦：《创意产品：价值实现与价值评估》，经济管理出版社 2015 年版。

⑦ 这方面的研究包括但不限于以下论文及书籍。陈润生、曾勇：《军工知识产权的价值评估思考》，载《科研管理》2005 年第 5 期；宋伟、彭小宝、方琳瑜：《集成创新的知识产权评估机制研究》，载《科技管理研究》2008 年第 5 期；林爱群：《数字图书馆知识产权评估研究探析》，载《图书馆》2009 年第 3 期；王竞达：《跨国并购知识产权价值评估相关问题研究》，载《经济与管理研究》2010 年第 5 期；徐皝：《价值流转中的知识产权评估研究》，载《知识产权》2014 年第 6 期。

⑧ 例如，郑成思：《知识产权价值评估中的法律问题》，载《中国软科学》1998 年第 4 期；郑成思：《注重"法权"专有性——知识产权价值评估中的法律问题》，载《国际贸易》1998 年第 11 期；郑成思主编：《知识产权价值评估中的法律问题》，法律出版社 1999 年版；来小鹏：《影响知识产权价值评估的法律因素》，载《中国资产评估》2008 年第 3 期。

⑨ 参见魏玮：《知识产权价值评估研究》，厦门大学出版社 2015 年版。

专利、商标具体领域探讨评估方法。[①] 比较少的学者从价值类型、选择依据和评估方法方面研究跨国并购知识产权的评估问题。[②]

4. 关于跨国并购国家安全审查的研究成果

并购中的国家安全审查成熟的实践者当属美欧等发达国家，而新近美国和欧盟都收紧了并购中的安全审查。国外研究文献受语言能力限制，较多关注国外的相关成果，围绕着美国国家安全审查法律制度的建立与完善而展开学理和实证的研究。早期学者的研究成果体现了关于国家安全审查对贸易的消极和积极作用之争，显现美国国家安全审查在自由投资和国家安全之间的平衡。[③] 2007 年美国《外国投资与国家安全法》(The Foreign Investment and National Security Act,FINSA)的推出，引发学者关注并购中的国家安全审查问题。[④] 2018 年以美国 FIRRMA 为标志的新一轮外国投资安全审查改革的全面推进，引发学界再次聚焦国家安全审查与投资开放政策和国家安全平衡问题的研究。[⑤] 2019 年，欧盟对于国家安全审查也有了新动作，《关于建立欧盟外国直接投资审查框架的条例》生效，欧盟构建以安全、公共秩序为基础的外资审查框

---

① 这方面的研究包括但不限于以下论文。刘运华:《专利权经济价值评估研究梳理与展望》，载《商业研究》2014 年第 4 期;胡银闪、张颖:《基于著作权资产评估中现存问题的思考》，载《出版广角》2013 年第 24 期;刘红霞:《完善我国商标权价值评估方法及其制度体系的理论探讨》，载《中央财经大学学报》2013 年第 4 期;李秀娟:《专利价值评估的影响因子》，载《电子知识产权》2009 年第 5 期;赵晨:《专利价值评估的方法与实务》，载《电子知识产权》2006 年第 11 期。

② 参见王竞达:《跨国并购知识产权价值评估相关问题研究》，载《经济与管理研究》2010 年第 5 期。

③ See e. g. , Jose E. Alvarez, *Political Protectionism and US International Investment Obligations in Conflict: The Hazards of Exon – Florio*, 30 Virginia Journal of International Law 1 (1989); David S. Nance & Jessica Wasserman, *Regulation of Imports and Foreign Investment in the US on National Security Grounds*, 11 Michigan Journal of International Law 926 (1990).

④ See e. g. , George S. Georgiev, *The Reformed CFIUS Regulatory Framework: Mediating Between Continude Openness to Foreign Investment and National Security*, 25 Yale Journal on Regulation 125 (2008); Jonathan C. Stagg, *Scruinizing Foreign Investment: How Much Congressional Investment Is Too Much*, 93 Iowa Law Review 325 (2007).

⑤ See *CFIUS – Public – Annual – Report – CY* – 2016 – 2017, TREASURY GOV. (2017), https://home. treasury. gov/system/files/206/CFIUS – Public – Annual – Report – CY – 2016 – 2017. pdf.

架,使并购投资者面临更为严格的国家安全审查。[①]

国内研究围绕如下线索展开:一是随着“走出去”政策的提出,中国企业跨国并购受阻引发国内学者关于并购与国家安全审查的热议。例如,以中海油并购尤尼科案[②]、三一重工、华为在美投资并购受阻案[③]为例梳理美国国家安全审查法律制度。以并购目标方所在东道国为研究对象,研究中国企业到相关国家并购的安全审查问题,涉及中国企业到美国[④]、德国[⑤]、加拿大[⑥]、澳大利亚[⑦]等国家并购投资的安全审查问题研究。随着中国企业境外并购实践的发展,这方面的研究也不断深入。例如,从比较的视角,分析具有代表性的美国、加拿大、俄罗斯、德国和澳大利亚等国外资并购国家安全审查制度的平衡机制研究,[⑧]从法律框架、工作机制、审查标准和审查程序四个方面对美国、德国、俄罗斯、日本四大经济体的国家安全审查进行了比较,[⑨]全面梳理美国、加拿大、澳大利亚以及

---

① See *Proposal for a Regulation of the European Parliament and of the Council Establishing a Framework for Screening of Foreign Direct Investments into the European Union*, EUROPA EU (Sept. 13, 2017), https://ec. europa. eu/transparency/documents - register/detail? ref = COM(2017)487&lang = EN.

② 这方面的研究包括但不限于以下文章。何易:《美国境内外资并购中的国家安全审查制度——以中海油并购尤尼科案为例的分析》,载《国际经济法学刊》2007 年第 1 期;梁咏:《美国国家安全体制下的中国海外投资保障研究——基于中海油收购优尼科案分析的视角》,载《国际商务研究》2009 年第 1 期。

③ 代表性的论文包括但不限于以下几篇。杜仲霞:《美国外资并购国家安全审查制度及对我国的启示——兼评三一重工、华为在美投资并购受阻案》,载《现代经济探讨》2013 年第 3 期;陈辉萍:《美国外资并购国家安全审查制度对中国企业海外并购的影响以及中国的对策》,载《国际经济法学刊》2013 年第 3 期;龚柏华、谭观福:《美国总统以国家安全为由否决外资并购令可诉性分析——兼析中国三一集团告美国总统否决并购侵权案》,载《国际商务研究》2014 年第 3 期;赵海乐:《论外资并购国家安全审查中的投资者保护缺失——以三一集团诉奥巴马案为视角》,载《现代法学》2015 年第 4 期。

④ 关于德国并购安全审查的资料,例如,王小琼:《德国外资并购安全审查新立法述评及其启示》,载《国外社会科学》2011 年第 6 期;孙立峰:《德国对外国投资者并购德国公司的安全审查制度及其法律对策》,载《西北大学学报(哲学社会科学版)》2012 年第 3 期;张怀岭:《德国外资并购安全审查:改革内容与法律应对》,载《德国研究》2018 年第 3 期;寇蔻、李莉文:《德国的外资安全审查与中企在德并购面临的新挑战》,载《国际论坛》2019 年第 6 期。

⑤ 参见郑雅方:《美国外资并购安全审查制度研究》,中国政法大学出版社 2015 年版。

⑥ 参见施明浩:《从“显著利益”到“净收益”:论加拿大外国投资国家安全审查要件的嬗变》,载《上海对外经贸大学学报》2015 年第 5 期。

⑦ 参见张庆麟、刘艳:《澳大利亚外资并购国家安全审查制度的新发展》,载《法学评论》2012 年第 4 期。

⑧ 参见杨静:《外资并购国家安全审查制度的平衡机制研究》,法律出版社 2017 年版。

⑨ 例如,杨立强、卢进勇:《当前全球跨境并购的特点与趋势分析》,载《国际贸易》2016 年第 10 期;徐晨、孙元欣:《外资安全国家审查制度国际比较与借鉴》,载《上海经济研究》2018 年第 8 期。

新西兰等几个国家典型的外国投资国家安全审查法律体系，系统地整理其发展脉络和机制特点，归纳其有益的经验；[①]比较研究中美外资并购国家安全审查体系，[②]比较美国和澳大利亚对中国并购的审查问题等。[③] 二是随着"引进来"政策的提出，中国外资并购安全审查制度的确立，学者在比较的基础上探讨中国相关制度的完善。学者们在肯定中国对外资并购的监管进步的同时，指出现行国家安全审查法律规定的若干不足，如规定相对简单、法律层级不高、缺乏系统统一性、可操作性不强；[④]具有明显的"路径依赖"性，在审查对象范围、审查机构组成、权限配置、责任设置等方面存在不足；[⑤]没有考虑到中国既是"引进来政策"下的资本输入大国，又是"走出去政策"下的资本输出大国的混同身份。[⑥]建议中国借鉴国外较成熟的经验，成立专门机构负责外资并购的国家安全审查；履行条约义务，积极稳妥地扩大审查对象范围；从立法高度提升国家安全审查制度的权威性，改进国家审查程序等。[⑦] 随着 2011 年国务院办公厅《关于建立外国投资者并购境内企业安全审查制度的通知》的出台，学者开始探讨外资并购安全审查的效力、时间控制以及程序公正性等问题；[⑧]进一步解释外资并购国家安全审查对象，通过国家安全的类型来考虑审查的因素，提出具体步骤完善国家安全审查的程序；[⑨]借鉴美国制度，完善、细化《外资并购安全审查通知》的若干建议。[⑩] 总体而言，对国家安全的探讨越来越突破了传统的军事和政治等层面，涉及经济安全、文化安全等多层面，尤其是 2019 年 3 月 15 日中华人民

---

① 参见施明浩：《外国投资国家安全审查立法研究》，华东政法大学 2015 年博士学位论文。

② 参见陈婵婷：《中美外资并购国家安全审查体系的比较研究》，复旦大学出版社 2013 年版。

③ 参见李锋：《美澳国家安全审查制度的比较及我国的对策》，载《国际贸易》2012 年第 11 期。

④ 参见慕亚平、肖小月：《我国外资并购中的国家安全审查制度》，载《法学研究》2009 年第 5 期。

⑤ 参见孙南申、彭岳：《外资并购国家安全审查制度的立法改进与完善措施》，载《学海》2014 年第 3 期。

⑥ 参见孟国碧：《论身份混同背景下我国外资并购中国家安全审查机构的完善》，载《求是学刊》2014 年第 5 期。

⑦ 参见于永宁：《论我国外资并购国家安全审查制度》，载《学术交流》2014 年第 11 期。

⑧ 参见黄勇、赵栋：《外资并购境内企业与国家安全审查制度》，载《国际经济合作》2011 年第 8 期。

⑨ 参见丁丁、潘方方：《对我国的外资并购国家安全审查制度的分析及建议》，载《当代法学》2012 年第 3 期。

⑩ 参见陈咏梅：《中国外资并购国家安全审查论》，载《学术探索》2013 年第 2 期。

共和国第十三届全国人民代表大会第二次会议通过的，2020 年 1 月 1 日开始施行的《外商投资法》在“总则”和第四章“投资管理”中明确了国家建立外商投资安全审查制度，对影响或者可能影响国家安全的外商投资进行安全审查。[①]

上述文献涉及经济学、管理学、投资学和法学等学科，这些资料有益于知识产权跨国并购问题研究。已有尽职调查方面的成果多为律师从实务的角度说明并购中知识产权尽职调查的步骤、方法，讨论知识产权的权属确定等内容，而相对缺少知识产权尽职调查中各方主体法律责任的探讨；已有的知识产权价值评估研究基本上是在资产评估框架下，从经济的角度探讨知识产权评估问题，侧重实务操作，研究大多假设是在非跨国交易的基础上进行，专门针对跨国并购知识产权评估方面的文献很少，且如郑成思教授所言，知识产权价值评估方法不是最为重要的，重要的是关注知识产权价值评估的法律因素考量，具体考量因知识产权具体类型不同而有所不同，这是其不同于其他资产评估问题研究的地方，关于知识产权滥用的研究成果很多，但关注跨国并购中知识产权滥用、知识产权垄断问题的相对少，同时并购中涉及国家安全方面的资料丰富，且多注重制度建设，多主张借鉴国外成果完善中国相关制度，但将知识产权层面国家安全分层次进行研究的还不多见。鉴于此，有必要探究跨国并购与非跨国交易在知识产权交易的显著差别，探讨知识产权跨国并购尽职调查、价值评估、知识产权垄断与知识产权层面的国家安全问题。

在文献收集与阅读中，笔者深知受个人精力与能力所限，难免会错过重要的资料，对于一些资料精华的汲取还有待加强，但这些都将激励着笔者不断学习，提高自己。跨国并购本是一个实践多于理论的领域，而且知识产权地域性特点突出且自身兼具专利、著作权、商标、商业秘密等多领域，所以这一议题研究需要借助于法学之外的学科支持。因此，本书以法学为重点，结合了价值评估的经济学、尽职调查的实务知识进行交叉研究，尝试从专利、著作权、商标、商

① 参见《外商投资法》第 6 条规定：“在中国境内进行投资活动的外国投资者、外商投资企业，应当遵守中国法律法规，不得危害中国国家安全、损害社会公共利益。”《外商投资法》第 35 条规定：“国家建立外商投资安全审查制度，对影响或者可能影响国家安全的外商投资进行安全审查。依法作出的安全审查决定为最终决定。”

业秘密等领域更为全面地研究知识产权跨国并购问题。理论源于实践，并随着知识产权并购实践的发展而不断发展，如尽职调查随着知识产权内容的丰富而发展、价值评估方法随知识产权投资范围的扩展而丰富，因此，知识产权跨国并购是一个与时俱进的动态发展研究领域，需要予以适当的修正与更新以适应并购现实的需要。

（二）创新

本书对基于知识产权跨国并购问题的研究有所拓展，丰富了已有研究成果的法律分析的内容与维度。运用比较和实证分析方法，重点分析知识产权尽职调查的功能与法律责任、知识产权价值评估方法选择与法律因素考量、并购中的知识产权反垄断规制和安全审查问题。本书可能具有的创新性主要体现在以下几个方面：

第一，鉴于知识产权作为出资类型的特殊性，较为全面地总结了知识产权跨国并购的特点，以此为基础对知识产权跨国并购基本环节的法律问题进行了较为系统的探讨，一定程度上改变了已有研究成果碎片化的现状。

第二，本书从跨学科的视角重点分析了知识产权跨国并购尽职调查各方法律责任分担、知识产权价值评估法律依据、知识产权反垄断规制、知识产权国家安全审查等法律问题，一定程度上弥补了以往相关研究成果较多地集中在经济学等领域而缺乏法律分析的不足。

第三，分析了与专利权有关的技术安全、与著作权有关的文化安全和与商标权有关的产业安全内涵，提示思考总体国家安全观下的知识产权安全，具有一定的新意。

第四，在研究方法上综合运用比较研究和历史分析方法，分析知识产权跨国并购问题演变及发展趋势。运用实证分析方法，针对具有代表性的知识产权跨国并购实例，实证研究知识产权跨国并购尽职调查、价值评估、安全审查规则的适用性与中国完善相关规则的可行性。

第五，本书选题涉及诸多领域，兼跨法学与经济学，渗透尽职调查、价值评估、反垄断与安全审查等多个环节。以知识产权跨国并购环节及法律问题为线索的结构安排与论证具有较大的挑战，写作的难点一定程度上正是本书有别于已有研究成果的尝试。鉴于此，本书在融合多领域、多学科的逻辑说理方面尚需进一步深入，对于中国企业"走出去"过程中知识产权跨国并购如何在相对利益平衡的基础上有效实现，需要进一步的跟进研究。

三、本书的基本框架

知识产权跨国并购是指以获取目标方知识产权资源为目标的跨国并购活动，并购方在完成并购后获得了目标方知识产权的控制权，并根据并购方自身发展战略整合并购的知识产权，借此将目标方的知识产权资源转化为并购方的知识产权资源。知识产权跨国并购兼具并购的一般特点，又有跨国属性，并打上了知识产权获取的动因烙印。研究知识产权跨国并购法律保护问题，有利于中国企业通过并购获得优良的知识产权资产，有利于预防外资并购中国知识产权资产的法律风险，有利于"引进来"和"走出去"政策下的保护中国企业知识产权又能获取外国知识产权的双重目标的实现，对提高中国企业知识产权获取与运营具有一定的现实意义。本书共分为五章。

第一章探究知识产权跨国并购基本原理，界定知识产权跨国并购概念和总结知识产权跨国并购特点，这是本书的逻辑起点和分析前提。关注在知识经济时代知识产权被纳入投资范畴，成为国际投资协定定义的适格投资；分析作为"投资"的知识产权的无形性、不完全专属性与激励性等特殊性问题；基于邓宁"国际生产折衷论"和知识产权对并购投资实践的影响，解读知识产权保护对跨国并购的深刻影响。从知识产权尽职调查法律责任、知识产权价值评估法律因素考量、知识产权滥用与反垄断规制、知识产权引发的国家安全问题等相关方面探究知识产权跨国并购中的主要法律问题。

第二章论证了知识产权跨国并购尽职调查中的法律保护问题。首先，揭示知识产权尽职调查的必要性，知识产权尽职调查具有独特性，知识产权的地域性决定了知识产权的尽职调查不同于其他资产并购的尽职调查，专利、商标、著作权、商业秘密等类型不同于知识产权，其尽职调查各具特点。其次，阐释知识产权尽职调查的内容，即知识产权尽职调查可以解决哪些问题。识别目标方有无知识产权的所有权、对外许可协议有无将关键知识产权许可其他人使用、目标方有无知识产权侵权涉诉或有无涉诉威胁、目标方的知识产权与并购方的商业目的有无不相容、目标方对其软件有无独占权、目标方有无已知的重大的开发技术障碍、目标方的域名是否已经过期或失效、目标方的知识产权是否已经设定了抵押权等问题。最后,在前述内容基础上,探究跨国并购尽职调查中的目标方有无瑕疵担保责任、有无重大事项告知义务责任,并购方有无保密协议责任,律师中介机构有无违约和侵权责任等。

第三章阐述了知识产权跨国并购价值评估中的法律保护问题。首先,探究为什么要进行价值评估,分析知识产权跨国并购价值评估能够满足战略、交易、税收、融资等需求。其次,在剖析传统价值评估方法的概念、种类、性质等基础上,结合跨国并购的评估目的、评估方法特点、知识产权资产具体情况,探究知识产权跨国并购价值评估方法的选择。最后,结合知识产权的不同类型、法律状态、保护范围、有效期限等情形,探究专利、商标、著作权、商业秘密价值评估的法律因素考量。同时,注意跨国并购中价值评估的时效性、针对性和参考性。评估对象限于此次并购中目标方的知识产权,评估针对本次跨国并购而进行,评估具有参考而不是决定作用,不能将知识产权评估值等同于成交价。

第四章探讨了知识产权跨国并购反垄断中的法律保护问题。知识产权与反垄断交叉问题由来已久,知识产权滥用引发关注,而跨国并购中知识产权滥用及反垄断规制问题较少被人关注。首先,界定知识产权滥用概念。从知识产权权利行使行为之知识产权滥用本质追问中,得出知识产权滥用不是伪命题,而是一个需要关注的问题,尤其是跨国并购中知识产权滥用行为需要进行分析。其次,分析知识产权滥用反垄断规制问题。分析禁止权利滥用和相对利益平衡理论基础,从国际和国内层面探讨并购中知识产权滥用的反垄断规制问题。

第五章涉及知识产权跨国并购国家安全审查中的法律保护问题。由于知识产权的集中可能威胁目标方经济发展及国家重大利益,跨国并购引发各界关注国家安全问题。首先,知识产权跨国并购可能引发知识产权层面国家安全问题。具体而言,并购专利可能引发科技安全问题,并购著作权可能引发文化安全问题,并购商标品牌可能引发产业安全问题。其次,注重跨国并购中对相关知识产权的国家安全审查。

以知识产权保护为主线,从知识产权跨国并购概念界定与特点分析着手,分析跨国并购中知识产权尽职调查法律责任分担、知识产权价值评估法律因素考量、知识产权反垄断规制、知识产权国家安全审查,尝试了对以往相对分散的知识产权跨国并购法律保护问题进行系统的梳理,并在最后提出中国应对外资并购中国优质知识产权和中国企业海外并购优质知识产权的可行对策。由于个人精力与能力所限,本书还有很多不足,这也激励着笔者继续努力学习。

四、研究方法

本书立足于知识产权跨国并购法律保护问题研究。在收集整理相关资料进行研究过程中,遵循从理论到实践、从个别到一般的逻辑思维方式和实证方法的一般规则。在本书写作过程中具体运用了如下研究方法。

(一)比较研究的方法

所谓比较研究的方法,亦可称为比较的方法,是指对不同法系、不同国家法律或者法律制度进行比较,发现这些法律或法律制度的相同点和不同点,比较各自的优点和缺点的方法。[①] 通过比较不同法系相关国家法的规范、技术、理念,拓展思想视野,促进法学研究,完善本国法律,增强法律的统一性。比较法学者主张理论与实践的密切结合,立法常常接近实际,所以比较立法不应该是简单地翻译外国的立法、模仿外国的立法技术模式,而是必须慎重追究条文的实效性,以实现有效利用外国法经验的目的。[②] 本书通过比较美国、欧盟、中国等国家和组织在跨国并购中的立法、实践,分析相关国家或地区在知识产权跨国并购法律保护中的不同立场及其利弊。

① 参见梁慧星:《法学学位论文写作方法》,法律出版社 2006 年版,第 78 页。

② 参见[日]大木雅夫:《比较法》(修订译本),范愉译,法律出版社 2006 年版,第 74 ~ 75 页。

(二)实证分析的方法

跨国并购领域是实践性很强的领域,相关案例层出不穷,通过引入跨国并购中的一些案例,分析不同国家的态度,试图分析知识产权跨国并购法律保护的相关问题的重要性。通过分析相关国家案例,找出其共性和区别。在跨国并购国家安全审查中,只有在具体分析个案的事实基础后,审查机关才能做出评价。结合法律规范和个案的实证分析,较全面、深入地研究知识产权跨国并购法律保护相关问题。

(三)历史分析的方法

历史分析的方法,即采用考订、评估等方法研究历史上的法律和法律制度,这也是法学研究的常用方法。[①] 在知识产权跨国并购法律保护问题的研究中,本书以历史研究方法作为辅助研究方法,从知识产权跨国并购起源、发展、现状等方面客观真实地了解相关制度。通过历史分析方法,基于特定的历史背景,系统梳理相关法律制度的变迁。

---

① 参见梁慧星:《法学学位论文写作方法》,法律出版社 2006 年版,第 78 ~ 79 页。

第一章　知识产权跨国并购基本原理

跨国并购成为知识产权获取与转移、从资产到资本转化的重要手段，有必要探究知识产权保护与跨国并购之间的关系及其相关法律问题。本章将从知识经济时代背景出发，以知识产权为连接点，以知识产权跨国并购相关实践和理论为依据，界定知识产权跨国并购的概念和特点，分析知识产权纳入投资范畴的理论基础，探讨知识经济时代知识产权保护对并购投资决策的影响，揭示知识产权跨国并购的主要法律问题。

第一节　知识产权跨国并购概要

在全球经济比较低迷时，高新技术领域企业表现持续被看好，知识产权的增长创造了更多的价值。社会媒体、电子商务、大数据、数字化营销等领域快速发展，作为快速扩张和有效投融资方式的并购盛行，许多公司都利用并购提升企业发展速度。毕马威会计师事务所的研究数据表明，随着资本的易得性、低利率和全球经济的复苏，全球交易撮合者宣布，2021 年的并购交易总额为 5.1 万亿美元，高于 2020 年的 3.8 万亿美元，是自 2015 年以来的最高水平。与以往大额并购交易相比，技术并购领域越来越常见的是科技巨头对小公司的并购交易。大型科技公司每年都会收购几十个小公司，其这样做通常是为了增加有价值的功能，以改善他们的核心业务或培育新引擎业务。值得注意的是，目前成本低于5 亿美元的交易占所有大型科技公司并购交易的96%左右。[①] 是并购还是构建？这一决策通常会将企业引入并购的轨道中，越来越多的并购驱动因素指向了知识产权的获取与转移，知识产权成为制药、生物技术、信息和通信技术、半导体、化学和材料等知识密集型产业并购活动的关键驱动因素。例如，腾讯音乐娱乐并购环球音乐10%的股权，获得后者著作权授权和转授权业务；紫光国微收购法国芯片商立联信（Linxens），以期提升本土智能卡安全芯片产业链的国产化率与安全性；蒙牛乳业并购澳大利亚奶粉品牌贝拉米，获取强大的冷链配送体系和多个畅销品牌；特步国际收购韩国衣恋集团旗下多个运动品牌等。从这些数据中可以看出知识产权对于跨国并购的影响力日益增加。知识产权资产正日益成为技术驱动型并购交易的关键因素，为了适应技术领域的迅速变化并满足客户和市场的需求，许多企业正试图扩大规模以捍卫其在市场中的地位。将知识产权纳入投资范畴，知识产权跨国并购以其独特的特点展示着跨国并购与知识产权的关系。

一、知识产权跨国并购概念的界定

（一）并购的概念

并购是公司通过收购或合并其他公司来进行整合的过程，包括兼并和收购，是并购方以现金或者其他有价证券等形式，通过购买目标方股份、资产或通过其他协议安排的途径获得目标方所有权或控制权的经济行为。[②] 广义上，并购既包括对公司资产和股权的收购，又包括合资企业和管理层收购等企业行为。兼并是一种公司战略，将两个独立的实体合并为一个公司，以增加财务和运营实力。公司决定合并的原因或是节省生产成本，或是获得足够的资本进入新市场或推出新产品。这类并购交易受到严格监管，以防止非法交易和保护消

---

① See *Global M&A Report* 2022：*What the Best Companies did to Win in a White－Hot Market*，Bain & Company（Aug. 25，2022），https：//www. bain. com/globalassets/noindex/2022/bain_report_global_m_and_a－report－2022. pdf.

② See Gautam Ahuja & Riitta Katila，*Technological Acquisitions and the Innovation Performance of Acquiring Firms*：*A Longitudinal Study*，22 Strategic Management Journal 197（2001）.

费者免受非法定价的影响。收购是指购买目标公司全部或部分资产的行为以实现公司规模大幅扩大、利用目标公司的优势并获得协同效应的一种企业发展方式。收购方购买目标公司的资产或股份以获取企业的决策权,其驱动因素包括增加市场份额、获取新技术、控制未充分利用的资产及获得全面的分销渠道。在大多数情况下,"兼并"和"收购"这两个词是可以互换使用的。并购方与目标方的规模通常是决定性因素,如果一家大规模公司收购了一家小型技术初创公司,这种情况通常被称为收购,不管这家小公司是否保留其名称。

曾经有一段时间,中国国内同时使用兼并、并购、收购这几个概念。例如,1989 年国家体改委、国家计委、财政部和国家国有资产管理局发布的《关于企业兼并的暂行办法》使用"兼并"这一概念,"本办法所称企业兼并,是指一个企业购买其他企业的产权,使其他企业失去法人资格或改变法人实体的一种行为。不通过购买方式实行的企业之间的合并,不属本办法规范"①。2002 年中国证券监督管理委员会发布的《上市公司收购管理办法》(已失效)中使用"收购"这一概念,"本办法所称上市公司收购,是指收购人通过在证券交易所的股份转让活动持有一个上市公司的股份达到一定比例、通过证券交易所股份转让活动以外的其他合法途径控制一个上市公司的股份达到一定程度,导致其获得或者可能获得对该公司的实际控制权的行为"②。2003 年对外贸易经济合作部、国家税务总局、国家工商行政管理总局、国家外汇管理局发布的《外国投资者并购境内企业暂行规定》(已失效)使用"并购"这一概念,"本规定所称外国投资者并购境内企业,系指外国投资者协议购买境内非外商投资企业(以下称'境内公司')的股东的股权或认购境内公司增资,使该境内公司变更设立为外商投资企业(以下称'股权并购');或者,外国投资者设立外商投资企业,并通过该企业协议购买境内企业资产且运营该资产,或,外国投资者协议购买境内企业资产,并以该资产投资设立外商投资企业运营该资产(以下称'资产并购')"③。此

① 原国家体改委、原国家计委、财政部、国家国有资产管理局《关于企业兼并的暂行办法》([89]体改经 38 号)第 1 条。

② 《上市公司收购管理办法》第 2 条。

③ 《外国投资者并购境内企业暂行规定》第 2 条。

后,"并购"概念得以延续使用。例如,2006 年商务部、国务院国有资产监督管理委员会、国家税务总局、国家工商行政管理总局、中国证券监督管理委员会、国家外汇管理局公布的《关于外国投资者并购境内企业的规定》,[①]2009 年商务部《关于外国投资者并购境内企业的规定》,[②]2011 年施行的《商务部实施外国投资者并购境内企业安全审查制度的规定》,[③]这几个规定都沿用"并购"这一概念。

(二)并购的分类

跨国并购是指通过跨国资产兼并或股权收购行为将目标方的资产或经营活动纳入一个既存的或新的实体中的交易行为。本书研究的通过跨国并购而获得的知识产权,不同于权利人自主研发和申请而获得的知识产权,它是一个并购方通过并购竞争对手或其他企业的资产或股权而获得目标方知识产权所有权或使用权的并购行为。知识产权跨国并购是一项复杂的、技术含量高的工作,其中涉及知识产权尽职调查、知识产权反垄断审查和安全审查、知识产权评估等环节,涉及资产和股权并购,包括水平并购、垂直并购和混合并购三种。

水平并购(Horizontal M&A),也被称为横向并购,是指一家公司合并或收购另一家向最终客户提供相同服务或产品的公司。两家公司在同一个行业,拥有相同的客户,处于相同的生产阶段。这种类型的并购是两个在供应链上处于类似水平的公司走到一起,以产生额外的价值,享有更大的分销力和更强的购买力。水平合并的原因有很多,最常见的包括减少竞争、使规模迅速扩大、获得营销渠道和获得知识产权资源等。例如,惠普并购康柏,整合了资源和信息,使惠普能够更好地应对行业中的激烈竞争;埃克森并购美孚,减少竞争、削减成本并实现盈利;迪士尼收购皮克斯,消除了竞争,获得皮克斯的技术和人才;Facebook 收购 Instagram,使 Facebook 能够专注于改善 Instagram 和 Facebook 的发展并带来更大的利润和更多的用户。又如,美国达维塔(DaVita)通过自身研

① 参见《关于外国投资者并购境内企业的规定》(2006 年)第 2 条。
② 参见《关于外国投资者并购境内企业的规定》(2009 年)第 2 条。
③ 参见《商务部实施外国投资者并购境内企业安全审查制度的规定》。

发、渠道渗透以及与德国 Extra Corp、印度肾宁生命关怀、沙特肾透析服务提供商 Lehbi Care Partners 和美国最大的诊疗和药品网络运营商医疗保健合作伙伴等进行水平并购成长壮大，提升企业在全球透析市场的地位。

垂直并购（Vertical M&A），也被称为纵向并购，是指收购供应链中不同层次的企业间的购买。通过垂直并购、企业可以获得上游的原材料供应或获得下游的产销关系。垂直并购有助于为所有利益相关者和相关各方创造价值，创造更大的市场份额，扩大影响范围，改善管理结构，增加市场利润，控制成本费用和产品质量。例如，2013 年的数据显示，宜家使用了全球近 1% 的商业木材供应，用于制作 Hemnes 书架、Brimnes 床架等。2015 年宜家收购罗马尼亚和波罗的海的森林，宜家希望通过在罗马尼亚和波罗的海地区购买超过 404 平方公里（约 10 万英亩）的森林来运营自己的业务，并增强其可再生原材料。这次收购标志着他们将首次管理自己的商业森林。宜家慢慢耗尽世界上所有森林的故事是糟糕的公关，所以它决定控制自己的供应链，并成为自己的生态系统可能是明智的。这片森林也符合宜家的“森林积极”计划，该计划包括到 2020 年将产品销量增加 1 倍，同时逐步降价。为了满足这些目标，宜家将不得不增加 50% 的木材使用量，当宜家自己处理木材时，更容易管理。通过收购罗马尼亚和波罗的海的森林，宜家似乎找到了一种得到他们想要的东西的方式。拥有自己的商业林，既可以减少俄罗斯森林中的伐木项目，也可以保持公司产品生产的可持续实践。① 2017 年 Inditex 收购 Indipunt，2019 年波音公司收购 EnCore Group。一家连锁超市可以收购一家制造工厂，开始生产自己品牌的产品，或者收购一家快递公司，开始提供杂货配送服务。又如，BBC 是一家通过垂直并购成长起来的公司，BBC 在 TV、广播、电视、在线、电影等各领域进行并购而提供不同的产品和服务。一家汽车公司收购了另一家为其汽车提供安全带的公司，那这就是垂直合并。这两家公司属于同一行业，但生产阶段不同。历史上，美

---

① See *Ikea Buys Its Own Forest, Becomes an Ecosystem*, https://www.inverse.com/article/5070-ikea-buys-its-own-forest-becomes-an-ecosystem#:~:text=Ikea%20is%20looking%20to%20run%20its%20own%20operations, time%20they%E2%80%99ll%20manage%20their%20own%20commercial%20forest%20operations.

国另一血透巨头费森尤斯走上了从产品到服务的垂直发展之路，其通过对透析产业链的全覆盖，在业内获得明显的竞争优势。

混合并购（Conglomerate M&A），也被称为多行业企业并合，是指为了防止企业产品单一化、减少风险实行多元化而在不同行业企业之间的并购。混合并购发生在两个完全不同的企业之间，这种类型的并购通常是为了将其业务扩展到其他行业。混合并购使两家企业集团的业务多样化，减少了财务损失的风险；接触新人群，增加客户群；提高效率水平。例如，2013 年，伯克希尔哈撒韦以 233 亿美元的价格并购亨氏，形成了如今的卡夫亨氏公司，成为全球食品行业的重要参与者；2015 年，伯克希尔哈撒韦以 370 亿美元的价格并购精密铸件公司；2017 年，联合科技公司以 300 亿美元的价格并购罗克韦尔柯林斯公司；西门子 AB 以 164 亿美元的价格并购瓦里安医疗系统公司。伯克希尔哈撒韦通过多年的收购和合并成为世界上最大的企业集团之一，业务范围涉及公用事业、零售商品、运输和其他服务，以及著名的保险和其他金融服务。

并购依照并购形式亦可分为企业兼并、股权并购和资产并购。企业兼并，即为整体收购，是并购方吞并目标方，接收目标方的全部资产、债权债务、员工等，在并购行为完结时，目标方不再单独存在而成为并购方一部分的企业变更形式。在中国，《公司法》规定了吸收合并和新设合并，①实践中多见的是第一种吸收合并形式。此种形式下，并购双方不需经过清算程序，并购方尤其需要关注目标公司的负债情况。股权收购是并购方通过协议或强行并购的方式发出并购要约，并购方通过获取目标方一定数量股票或股份而取得目标方控制权的公司并购形式。此种并购方式下，目标方债权债务主体不发生改变，但公司的股份或股票的持股人和持股比例发生变更，并购结束时，目标方的控制权方式变化。不同于企业兼并是各方企业主体间的行为，股权并购是并购方企业和目标方股东之间的行为；企业兼并大多为友好进行，而股权并购可能存在敌意收购的非友好情形；企业兼并会发生目标方丧失法律人格的变化，而股权并购下目标方可能继续存在。股权并购相对而言比较完整和灵活，一般没有程序上

---

① 参见《公司法》第 172 条第 1 款规定，公司合并可以采取吸收合并或者新设合并。

的负担,不会发生大的动荡,不必更换或重新明确原有债权债务,不用再申办各类许可证,但可能有潜在债务和审批上的障碍。资产并购是并购方获取目标方一部分或全部资产而接管目标方营业的公司并购形式,并购结束时,目标方可以存续也可以解散。一般目标方负债不会影响并购方,除非并购方资产并购是以承担目标方的部分债务为代价的。此种并购方式下,并购方需要关注目标方资产有无抵押或出售限制等问题。资产并购不同于企业兼并:资产并购旨在获取目标方的财产或财产权益,而企业兼并可能涉及获取目标方企业所有权;资产并购不影响目标方的存续,而企业兼并可能影响到目标方企业的存续;就债务承担而言,企业兼并由并购方承担目标方的全部债权债务,资产并购中并购方一般不承担目标方的债务;企业兼并涉及的企业组织变更适用公司法调整,而资产并购为债权关系,受民法和合同法的调整。资产并购与股权并购也有区别:主体上,资产并购主体涉及享有该资产的企业和并购方,股权并购主体为并购方和目标方的股东;合同标的上,资产并购标的为目标方的有形、无形资产,股权并购标的为目标方股东的股权;对企业的影响上,资产并购使目标方的资产转化为金钱或其他价值形态,股权并购使股东发生变更;法律适用上,资产并购主要受民法、合同法等调整,股权并购主要受公司法、证券法等调整。

知识产权跨国并购是指以获取目标方知识产权资源为目标的跨国并购活动,并购方在完成并购后获得了目标方知识产权的控制权,并根据并购方自身发展战略整合并购的知识产权,借此将目标方的知识产权资源转化为并购方的知识产权资源。知识产权转移成功与否关系着知识产权跨国并购的成败。与以获取一般资产为目标的跨国并购不同,知识产权具有的独特属性使知识产权跨国并购呈现出自身独有的特点。

二、知识产权跨国并购定性分析

(一)跨国并购目标的知识产权特性

在知识产权决定企业发展的时代,企业内部研发无法满足其不断创新的要求,并购成为获取知识产权的便捷方式。不同于一般并购所获取的资产,知识产权跨国并购在目标上具有特殊性,即知识产权具有不同于传统有形资产的特殊属性。获取知识产权是企业并购的驱动力,并购过程中并购方的各项决定都离不开获取知识产权这一目标。知识产权资产不仅包括传统的专利、商标、著作权、专有技术和商业秘密等,而且包括互联网域名等,且其重要性在不断提高。例如,专利池并购中可能涉及专利和商业秘密,传媒公司间的并购可能涉及商标和著作权等知识产权类型。与此同时,通过知识产权跨国并购,并购方可以降低知识产权获取的壁垒,获取自身发展需要的关键性知识产权,使并购方和目标方知识产权转移的效率增强;并购方迅速提升其优势并在适度范围内强化主营业务,达到资源互补,满足企业对知识产权的需求。这一特性凸显了知识产权跨国并购不同于一般资产获取的并购,知识产权在跨国并购中发挥着重要的作用,其既是跨国并购启动的动因也是跨国并购的目标所在。

(二)跨国并购中知识产权尽职调查与价值评估意义重大

在知识产权跨国并购中,针对知识产权的尽职调查和价值评估具有突出的意义和作用。知识产权尽职调查旨在在恰当的知识产权和市场环境下分析知识产权,列明和分析目标方的相关知识产权权属(所有权、控制权)、范围和限制、责任风险、目标方知识产权限制、目标方或第三方侵权或权利滥用、提起诉讼的威胁、保密事宜、使用限制和知识产权瑕疵、知识产权回授、转移事宜各方面的内容。尽职调查中获取的信息可以完善交易协议中的陈述与保证条款,避免产权缺陷或并购存在的风险,据此为评估跨国并购中目标知识产权资产的经济和战略价值提供基础信息,增加跨国并购的有效性和成功的可能性。

而知识产权评估事关与知识产权有关的并购的成败,对于知识产权的潜在价值评估过高可能会影响企业并购后的运营,而评估过低可能会使目标知识产权的持有企业利益受损,甚至导致并购的失败,抑或促使并购方选择其他持有类似知识产权的企业。知识产权跨国并购的价值评估不同于一般资产的并购评估,知识产权资产的无形性决定了其评估的复杂性。例如,就专利而言,需要明晰专利是目标方所有权还是被许可的使用权、专利的实施可能性、专利的潜在市场、基础专利可能侵权的产品和服务。其中涉及与目标方其他有形资产、销售产品、营销资料等相比较以决定知识产权范围和适应性;评估价值估价,知识产权的独特性、持续改进、知识产权满足消费者需要的适宜性，并购知识产权与并购方原有知识产权的配套性；评估与相关知识产权资产和未来产品开发有重要作用的技术能力；基于许可和实施目的评估第三方知识产权资产价值。对于知识产权的评估会影响并购合同中价格条款的构成以及并购的最终结果，对知识产权进行评估是知识产权跨国并购中不可缺少的关键环节。

（三）跨国并购协议中独特的知识产权条款设置与履行

跨国并购中涉及目标方的知识产权资产，需谈判和签署并购协议与知识产权转让文件，并关注其中的知识产权条款的设置与履行。并购协议是用来详述股权买卖或资产买卖中具体条件和术语的文件，意在确定与特定交易相关的股票、资产、价格、支付方式、交易完成时间等事项。根据具体情形，目标方需要就并购的有关知识产权进行陈述和保证。资产买卖中资产和义务清单更为重要，并购方将获得转移协议中所列明的相关资产。而股权买卖中，则根据法律规定转移知识产权的相关权利。

知识产权资产清单对于协议中的陈述与保证条款具有重要作用。[①] 美国的并购协议趋向于强调知识产权资产的确定和清单，欧洲并购协议趋向于强调知识产权有效性的陈述与保证条款。知识产权同时在并购方和目标方保留的商业实体经营中使用，那么有必要明确是目标方还是并购方保留注册登记，如果目标方通常愿意出卖使用商标权的经营实体而不愿意让渡商标权，此时，或通过买卖回授给目标方，或通过协议约定并购后并购方保证许可给目标方使用。协议中的陈述与保证条款是协议谈判中的重点，通常包括目标方承诺其知识产权是完整准确的，目标方是该知识产权资产的所有者，该知识产权上无留置权等担保物权负担，知识产权不侵犯第三方的有关权利，约定并购方的受偿权等。目标方协助并购方进行相关知识产权尽职调查，披露协议中转移的知识产权上的担保权、设定的许可（例如，目标方与并购方竞争知识产权许可、非竞争条款

---

① See Adrian Tagg, *Technical Due Diligence & Building Surveying for Commercial Property*, Routledge Press, 2018, p. 315.

或协议,影响知识产权控制的专利许可、交叉许可或其他知识产权许可等问题)、和解协议、默许协议、进行中的诉讼、异议及可能影响协议中所列知识产权行使的其他事宜。此外,还可能涉及关键技术转让协议、保密政策、通用公共许可证,知识产权开发的时间、地点、方式,知识产权类型和排他性权利,双方风险分担和权利限定,重要合同终止,知识产权侵权赔偿范围,开放源代码或其他组合,特殊利益集团协议,交易习惯或信赖利益,知识产权权利、雇佣合同、咨询合同等。

以上种种条款的设定都是由知识产权的独特属性决定的,相应条款的缺失将使义务的履行主体不明,并影响并购成功后对知识产权的整合。以上所涉诸多与知识产权有关条款的规定,对于并购方所享有的权利是一种保障,对于其须履行的义务是一种明确,能够使并购协议更好地被执行,是协议条款得以履行的基础。

(四)跨国并购协议实施涉及知识产权的转移

跨国并购交易还需遵守知识产权相关法律对知识产权转让的规定,还需要准备和谈判转移文件。并购中的知识产权转移协议常常需要单独谈判。其一,股权并购不需要转移资产文件,股份转移协议允许并购方间接成为这些知识产权资产的所有人。知识产权资产常常单独转移给控股公司,或回授给营业公司,或成为并购方随后交易的对象。股权并购中,商标权等知识产权仍然属于被并购方。股份买卖不直接影响知识产权等无形资产的转移,此时,并购双方需要签订相关协议以明确知识产权转移意图。其二,知识产权资产或在并购协议中单独列出,或成为单独动产抵押对象。通常,知识产权资产是单独协议的标的物,并购方需要在相关知识产权有效和使用地域进行登记注册。相关当事方需要在交易进行前详细考虑知识产权有关的事宜。如果并购方通过资产并购而获得商标权,通常需要签订协议放弃相关商标权。如果并购目标方继续经营,那么通常认定商标转移意味着同时转移相关商誉,但在母公司和其全资子公司之间可能会有所例外。资产并购不自动包括知识产权的转移,母公司保有知识产权所有权,除非相关协议明确规定知识产权转移给附属子公司。

知识产权转移要进行及时备案。这是由于知识产权的地域性，并购完成后，根据目标方知识产权存续地有关知识产权法律的规定，转移相关知识产权并在相关有效地域进行登记注册。知识产权并购后及时进行权利变更登记备案是必要的，这有助于市场对商品或服务提供者的正确识别，有利于新的权利人及时维权，有助于许可费用的收取。在许可协议需要批准的国家，提交相关审批申请文件上的许可方须为登记在册的权利人，如果权利变更未及时登记可能会导致许可协议生效的延迟，导致不可追溯的许可费损失。[①] 域名转移需要提交并购协议、有关当局提供的相关域名转移证明文件和转移协议。域名转移常常与商标权相关法律有所交叉。一般来说，转移域名时需要将与域名有关的商标权、著作权等其他知识产权一起转移。陈述和保证条款中需要保证被并购方是有关权利的唯一权利人，相关域名不存在侵犯第三方权益的情形。协议禁止被并购方注册或使用与转移域名相同或相似的域名。并购协议中需要约定并购方具有提交相关文件的义务。

（五）跨国并购与国家科技乃至文化安全问题密切相关

忽视跨国并购中知识产权滥用可能造成的垄断和国家安全问题，将对所涉国家的经济发展、市场秩序的维护造成巨大影响。知识产权跨国并购可能关乎目标方或并购方所在国家的科技安全、产业安全以及文化安全，这亦是知识产权跨国并购的显著特点之一。

专利并购关乎科技安全。科技发展水平事关一国在世界竞争格局中的地位，是影响国家安全的重要因素。狭义的科技安全是指，在一定的社会环境下，一个国家的科学技术系统运行良好并不断完善，科学技术健康发展，科学技术能够有力地支撑和保障国家综合安全，能够有效地应对来自内部和外部的威胁，维护国家利益的状态；广义的科技安全是指，在一定的社会环境条件下，特别是国际大环境中以国家价值准则为依据的，由科技系统与相关系统相互作用

---

① See Article 9bis of Madrid Agreement Concerning the International Registration of Marks (amended on September 28, 1979): Transfer of International Mark Entailing Change in Country of Proprietor.

所决定的国家安全态势的一种动态描述。[①] 科技安全是国家安全的一个派生要素,当国家的科学技术发展面临威胁或受到破坏时,就产生了所谓科技安全问题。商标并购关乎一国民族产业安全,并购方企图获取更多的企业和行业控制权,引发国际竞争环境下民族资本对本国产业主体的控制、特定产业的独立竞争地位、抵御外部经济波动的担忧。著作权并购亦关乎一国的观念形态,如民族精神、政治价值理念、信仰追求等,关乎国家认同的文化存在、文化软实力,涉及语言文字安全、风俗习惯安全、价值观念安全、生活方式安全等方面。[②] 随着文化产业生产值在 GDP 中比重上升,文化制作、宣传、广告、营销模式等渗透着国家价值观的入侵,危及一国文化安全。

第二节 知识产权纳入投资范畴的理论基础

国际投资主要是指私人国际直接投资,这一投资是涉及企业经营管理权和控制权的投资,投资者直接经营企业,并对企业的经营管理有较大的控制权。如果是在东道国从事资源开发或基础设施建设,私人的国际直接投资活动不仅会涉及企业设立以及东道国与私人投资者的合作问题,还会涉及与东道国政府合作的法律问题。[③] 从国际投资实践来看,外国投资者在东道国设立企业的方式主要有两种:一是新设企业,二是收购兼并东道国的现存企业。[④] 并购中并购方或将其知识产权投入到并购企业,或基于并购取得目标方的知识产权,并运用于经营中,使该知识产权由静态资产向动态资本转化。因此,作为无形资产的知识产权与国际投资的这两种方式具有紧密的联系,或体现为私人投资的重

---

① 参见马维野:《科技安全和我国面临的主要挑战与对策》,载《中国软科学》2003 年第 4 期。

② 参见张安:《对国家文化安全基本问题的思考》,载《南华大学学报(社会科学版)》2014 年第 3 期。

③ 参见《国际经济法学》编写组:《国际经济法学》(第 2 版),高等教育出版社 2019 年版,第 213 页。

④ 参见《国际经济法学》编写组:《国际经济法学》(第 2 版),高等教育出版社 2019 年版,第 219 页。

要组成部分，或体现为收购兼并的主要对象。

一、知识产权资本特殊性考量

（一）知识产权的无形性与激励性

知识产权这一概念由来已久，知识产权制度是人类文明的结晶。传统法律主要保护有形财产，而知识产权这一概念的产生，使无形私有财产也被纳入不可侵犯的财产范围之内。保护知识产权这一私权有着深厚的文化和哲学的根基，保护私有财产是对劳动付出的肯定，是对发现的激励，是对有序的经济基础的巩固。知识产权的客体具有非物质性、无形性，这是知识产权作为无形资产，与不动产等有形资产在本质上的区别。有形资产的所有权是排他的，有形资产的所有权人可以基于所有权而占有、使用、支配、处分其财产而不受干涉，除非其滥用所有权而损害了他人利益。作为知识产权客体的知识产品则不具有排他性的特点，这意味着传统有形资产的一些理论不能适用于知识产权这种无形资产。任何人均可以使用一项信息而无损其价值。法学学者突破传统有形资产理论的桎梏，探讨文学艺术作品、计算机软件、技术发明、工业品外观设计、商标及商誉等无形知识产权资产保护的合理性，由此产生了关于知识产权激励发明和创造的实用主义或经济激励主义的知识产权保护理论。

经济激励论认为，知识产权制度的基础是"政治私利"（political expediency），建立知识产权制度就是通过经济利益激励人们的创造热情。[①] 一方面，如果没有这样的激励机制，人们就不愿意将大量的时间和精力用于创造活动；另一方面，经济激励的效用还在于每一种激励在整体上都将为社会带来某种利益。给智慧创作物提供知识产权保护为社会所带来的利益就是为社会全体成员增添精神和物质两方面的财富。[②] 美国《宪法》明确规定国会可以就著作权、专利和贸易进行立法，各州在联邦的知识产权保护法律之外，提供了对于商业秘密、制

① 参见盛洪：《为什么制度重要》，郑州大学出版社 2004 年版，第 43 ~ 45 页。

② 参见曹新明：《知识产权法哲学理论反思——以重构知识产权制度为视角》，载《法制与社会发展》2004 年第 6 期。

止不正当竞争、形象权和作者精神权利的保护。授予专利和著作权的目的是促进实用技术和科学的发展,激励发明和优秀艺术的创造。[①] 正如美国最高法院在 Mazer v. Stein[②] 中所阐释的,著作权制度旨在没有烦琐要求的情况下,通过授予作者或出版社有强制执行力的权利,以鼓励文学艺术创作造福于全社会,这是著作权制度首要的任务,而作者和发明人的回报是著作权和专利制度其次要考虑的内容。相信科学和实用艺术发明者和作者的智慧是提高社会福利的最有效的途径,是授予专利权和著作权的经济哲学意义所在。这些创造活动花费的时间和精力要与提供的服务相称。[③] 发明和创造需要时间、物资等资源投入。在市场经济条件下,只有发明人预见到产出大于投入,他能够获得比投入多的收益时,发明人才会投入时间和精力从事相关的发明创造。著作权法律制度赋予作者以一定的价格出售其作品并从中获益的权利,专利法律制度赋予一项发明的创造者能够以一定的优势使用其创造并从中获利的权利。专利法律制度要求权利人公开其技术以换取法律授予其在一定期限内的独占权。有些人不认可专利权的申请、公开、期限性及缴费等限制,选择以专有技术或商业秘密的方式持有、使用其技术而不申请专利进行保护。

而信息具有经济学所称的“公共产品”的特性,它能够同时为多人消费而无损耗,而且难以识别谁没有付费而使用并阻止其使用这些信息。一项创意被披露后,竞争者很容易竞相模仿;一本书出版后,很容易被复制。思想和信息也很容易无损耗地被多人分享。尤其是在网络时代,信息传播基本上是无成本的,很难对传播迅速且没有产权的信息收费。如果一个作者对其著作索要超出著作传播的费用以期收回其创作投入的话,其他竞争者就会以更低廉的价格提供这本著作。竞争“剥夺”了这本书接近边际成本的价格,即印刷和出版的费用。在竞争的市场中,作者将难以收回其创作的既定成本,于是选择不再从事创作,此时因该作品减产而供不应求导致具有相似公共产品属性的其他发明和创作作品取而代之。基于以上种种原因,国家创建了知识产权保护制度,使作者和

---

① See U. S. Constitution Art I. § 8. C8.

② See Mazer v. Stein, Judgment of 8 March 1954, Series A, No. 228, (1954) 347 U. S. 201.

③ See Mazer v. Stein, Judgment of 8 March 1954, Series A, No. 228, (1954) 347 U. S. 201.

发明者能够控制他们思想和发明的使用和传播,激励他们从事文学创作和技术发明。因此,知识产权具有经济合理性,通过给予创造者劳动回报,激励创作者能有足够热情去从事创作,从而提高社会福利。

(二)知识产权的不完全专属性和激励性

关于知识产权保护的传统经济原理常以肯尼斯·J. 阿罗(Kenneth J. Arrow)开创性提出的知识的不完全专属性为基础。1962 年肯尼斯·J. 阿罗在《经济福利与发明资源的配置》一书中主张知识的特性使它成为一种公共物品。知识不会因为共享而枯竭,并且一经公布,如果其他人想要使用它,就很难被"拒之门外"。此外,若增加一个使用者,它的成本增加值为零,而且不同于其他公共物品的是,知识的存量不仅不会由于广泛使用而缩减,反而会经常扩大。这就意味着知识的传递是一个正向累加的过程。一个理想的经济社会,使用发明创造不需要支付任何费用,一个自由的企业经济,以发明创设产权激励创新,确切地说,对于信息的利用是其成功所在。[①]

肯尼斯·J. 阿罗的知识公共性可以解释专利法和著作权法的经济学原理。相比较而言,商标权和工业设计保护主要限于投资激励机制而不在于发明本身。而商业秘密通过保护不符合严格专利要求的创新,作为专利制度合理的、必要的补充。知识在具有公共产品性质的同时,还具有私有产品的性质。基础科研的不可以公开的成果部分作为知识产品可以交易的部分,或者作为商业秘密或技术诀窍进行保密,或者作为专利形式授权许可或转让给其他企业,或者直接组建生产企业来进行生产,实现经济应用价值和进一步创新。虽然知识具有公共性,但并不是所有人都可以无条件地进入知识成果领域,那些没有研发机构、知识资本储备的企业难以利用这些现存的公共技术知识。同时,由于技术知识创新中有相当一部分内容只有通过企业内部研究和学习经历才能摸索到,企业必须投入研发活动以获取这部分不可言传的知识。开发这项技术的企

---

① See Kenneth J. Arrow, *Economic Welfare & the Allocation of Resources for Invention*, National Bureau of Economic Research, The Rate and Direction of Inrentive Activity: Economic and Social Factors, Princeton University Press, 1962, p. 609 – 626.

业,能够在保密期间或专利有效期间内有效地获取超额利润以弥补技术开发费用,且弥补后还有剩余,这种市场机制能有效激励这一类技术知识的生产,并优化知识生产的资源配置。①

知识产权具有激励创新、促进技术的传播的功能,增强知识产权专属性将促进研发投资和知识创造。知识产权通过增强知识产权权利人的市场力量、垄断实践限制知识的日消耗从而产生静态扭曲,即产生背离帕累托最优②的经济因素。知识产权保护制度赋予权利人一定垄断权,从长远看会激发权利人的创新积极性,通过鼓励技术创新和技术扩散,促进创新激励的长期动态收益和社会福利水平的提高。随着知识产权保护水平的提高,知识产权权利人开始获得越来越多的额外收益,知识产权保护促进技术进步。

(三)知识产权制度价值取向的相对利益平衡性

知识产权法中的相对利益平衡原则与经济法中的谦抑或适度理念不谋而合。知识产权激励创造者与投资者的经济诱因为法经济分析方法运用于知识产权提供了理论前提,从某种程度上说,其决定了知识产权制度建构的价值取向。相对利益平衡是指通过法律权威来协调各方面的冲突因素,使相关各方的利益在共存和相容的基础上达到合理的优化状态。③ 传统观点认为,要在知识产品的创造者、所有者和需要合理利用知识产品的社会公众的利益之间进行平衡,即不至于因知识产权人的权利过大而损害公众接近知识产品的利益,也不会因知识产权保护不足而损害知识产权人的利益,导致知识产品生产的原动力不足。④ 法作为社会控制的手段,必须规定各种利益的分配,平衡各种利益关

---

① 参见袁志刚:《论知识的生产和消费》,载《经济研究》1999年第6期。

② 帕累托最优(Pareto optimum),又被称为帕累托最佳,是指具有以下性质的资源配置状态,即任何形式的资源重新配置,都不可能使至少有一人受益而同时又不使其他任何人受到损害。该概念是由意大利经济学家和社会学家帕累托在1896年提出的。参见胡代光、高鸿业主编:《西方经济学大辞典》,经济科学出版社2000年版,第106~107页。

③ 参见陶鑫良、袁真富:《知识产权法总论》,知识产权出版社2005年版,第17~18页。

④ 参见杨雄文:《反思与完善:信息不完全下的知识产权利益平衡》,载《电子知识产权》2007年第2期。

系，有时候法还是各种相对利益平衡与妥协的产物。[①] 跨国并购的知识产权问题涉及整个并购过程中的多元“平衡点”，相关法律实施与理论运用协调知识产权人与社会公众、并购方与目标方、投资者与东道国、发展中国家与发达国家间各种利益的冲突，使各方利益在相容的基础上达到均衡状态。结合知识产权法的特征，重点分析其中的权利人与社会公益、发展中国家与发达国家间的相对利益平衡关系。

其一，知识产权人利益与公共利益的相对平衡。获取知识产权不是建立知识产权制度的终极目的。从公共利益和公共管理的角度，获取知识产权能通过新技术、新作品的广泛传播利用而促进社会的经济发展，为社会带来福祉。[②] 知识产权制度既应保护知识产权人的利益，激发其创新热情，又要对其权利予以适当限制，以维护公共利益，实现二者之间的平衡。知识产权法相对利益平衡的主要目标当然是合理确定知识信息的首创者或权利人与社会公众之间的权利义务关系，实现信息的私人占有与公众信息利用间的协调。[③] 知识产权法在激励创新和促进社会发展的同时，维持着私权与公共利益之间的动态平衡。为促进智力成果的开发者的创造，知识产权法在制度设计中给予权利人一定的垄断权，使之获取利润，通过一定的合法垄断激励其创新；同时，规制权利人索取高价而阻碍有序的市场竞争，破解社会公众对相关知识产权利用的难题。对权利人的保护与限制不是绝对的，要防止权利滥用，例如，通过著作权中的合理使用、专利权中的强制许可等制度实现知识专有权和知识共享权的平衡。[④]

其二，发展中国家利益与发达国家利益的相对平衡。世界经济一体化的背景下，由于各国的具体情况不同，强化知识产权保护也将产生不同的效果。对发达国家而言，知识产权保护激励了技术创新，增加了社会福利，促进了经济增长；而对于发展中国家而言，知识产权保护造成了市场垄断，抬高了价格，带来

---

① 参见张文显主编：《法理学》，法律出版社 1997 年版，第 54 页。

② 参见文希凯：《知识产权许可合同与防止知识产权滥用》，载《知识产权》2012 年第 10 期。

③ 参见任寰：《论知识产权法的利益平衡原则》，载《知识产权》2005 年第 3 期。

④ 参见冯晓青：《知识产权法中专有权与公共领域的平衡机制研究》，载《政法论丛》2019 年第 3 期。

了损失，同时也促进了技术进步。[①] 在创新不足的发展中国家，知识产权制度将限制贸易、外国直接投资、技术转移。知识产权能够影响贸易和经济增长，且基于发达国家和发展中国家的不同情况其影响也不同，这导致发达国家和发展中国家对知识产权保护的态度不同。发达国家出口货物到知识产权保护不力的发展中国家，为避免仿冒等知识产权侵权，发达国家企业要支付额外的费用。国际协调将会减少不同国家监管环境下的交易成本。发展中国家强化知识产权保护对贸易流量影响不甚明朗。例如，国际经济和金融学会主席基斯·马斯库斯和莫汉教授指出，强化知识产权保护会催生两种相冲突的效果。首先，强化知识产权保护将提升知识产权所有者的市场占有，减少产品的市场需求；其次，强化知识产权保护将抵制仿冒，扩大被保护产品的净需求。贸易净需求因主导因素不同而不同。如果市场势力强于市场扩张效果，贸易流量将会减少；反之，强化知识产权保护将导致贸易膨胀。贸易流量会随着强保护的专利制度的实施增加或减少，专利制度与贸易相关，不同的知识产权制度扭曲了贸易流量。并且实证检验了特别是在发展中国家知识产权吸引了双边贸易流量，知识产权保护和贸易正相关，而且要求对知识产权保护弱的国家的反应不是减少出口而是进行直接投资。生产与创新能力有限的国家的知识产权制度不会影响世界研发，提高知识产权保护水平将有助于产品的输入和社会福利的提高；生产能力较大但创新能力不足的国家，提高知识产权保护水平将会产生抬高价格、替代本国生产等负面影响，即由于价格指数抬高而带来的替代效应；生产和创新能力较强的国家，情况将变得不确定，具体情况取决于与知识产权保护相适应的国内创新弹性。作为对发展中国家的优惠，《TRIPS 协定》规定了最少 5 年的过渡期，以便发展中国家从计划经济到市场经济的转型遵守《TRIPS 协定》的相关规定，但在 2000 年前除最不发达国家外，成员都一体遵循协定的相关规定。[②] 对于知识产权所有者而言，《TRIPS 协定》在世界范围提升了知识产权资产的价值。实践中，《TRIPS 协定》的实施促使财富从发展中国家向发达国家转

---

① 参见权家敏：《知识产权保护与贸易和经济增长：对中国的启示》，载《世界经济情况》2009 年第 5 期。

② 参见《TRIPS 协定》第六部分第 65 ~ 67 条有关过渡性安排的规定。

移。知识产权的实质是授予权利所有人独占权，排除其他人无偿使用其知识产权，这一方面提升了权利所有人知识产权资产的价值，另一方面也意味着增加非权利人的义务和责任。《TRIPS 协定》签订过程中，发达国家以给予发展中成员在 WTO 框架下其他协议的优惠而诱使发展中成员承担知识产权项下的义务，如发达成员承诺削减农业出口补贴，进口热带产品的减让，分阶段逐步取消纺织品进口配额等。《TRIPS 协定》的倡导者曾主张发展中国家提高知识产权保护水平，将提升其外国投资的水平，知识产权的保护标准越高越有助于财富的增长。亦有人担忧知识产权的保护水平越高越有可能导致或造就工业化发达国家知识产权所有权的分层化和集中化，这将在发展中国家和发达国家产生社会影响。[①]

知识产权保护的加强对财富的不同影响因具体国家的不同情况而有所不同。发达国家的相关风险表现为发达国家的经济越来越分层化，大致分为能够承担大规模研发费用、宣传投入的企业[②]和不堪重负的企业。而发展中国家的创新往往缺乏弹性，知识产权保护仅仅局限于与贸易有关的有限领域。随着知识经济的发展，积极研发投入技术先进领域和积极通过并购获取知识产权成为发展中国家获得知识产权的有效途径。同时，外来的知识产权保护压力促进了发展中国家经济的发展，促使中国用 30 年时间走完了西方发达国家 300 年走完的知识产权立法之路。然而，对于广大的发展中国家而言，要使强化知识产权保护的外来压力发挥经济促进作用还需时日。

随着科技的发展，发展中国家面临着越来越大的困境，世界经济体系逐步分化为“技术拥有者”与“非技术拥有者”阵营，并由此引发了世界范围内政治和社会的巨大反冲，涉及进口替代政策的回归、市场封闭、发展中国家经济停滞和对世界安全和社会秩序的威胁。1993 年 10 月，在《TRIPS 协定》即将通过前夕，一些美国公司游说美国政府就印度香米等农产品向 WTO 申请专利，引发印

---

① See Frederick N. Abbott & David J. Gerber, *Public Policy & Global Technological Integration: An Introduction*, Kluwer Law International, 1997, p. 345.

② 例如，微软垄断个人电脑操作系统市场，英特尔垄断个人电脑的微处理器，并肆意在中国等市场上以垄断高价进行知识产权滥用。

度班加罗尔50万名农民的抗议，他们反对美国公司控制农业核心的农产品专利规则。这场抗议愈演愈烈，最后演变为对美国种子加工嘉吉公司在班加罗尔分部的袭击，以此抗议该公司涉嫌剽窃农业技术的行径。示威者发誓要保卫“种子的主权”，推行一个在农民之间自由交换种子的项目，捍卫农民社区种业传统资源。《TRIPS 协定》规定各国可以将农业种子申请专利，[①]这样的措施使跨国公司有机可乘，将其在原先种子基础上运用转基因技术培育出的新种专利化之后再返销给农民。归根结底，这一举措实际上是借用法律手段，把原先属于农民的“共同”智力财富转移给个别公司。美国得克萨斯州大米科技公司就以注册名为 Basmati Rice 的印度香米以及注册名为 Texmati[②] 的大米品种等申请了20项专利。在专利权的保护下，大米科技公司就拥有了原产于印度的大米品种权。如果印度的出口商要把大米出口到美国，应依法向大米科技公司支付品种许可费，而且还要向大米科技公司支付使用 Basmati 商标使用费，这在国际上掀起了轩然大波。2001 年 8 月，美国专利局作出了判决，批准了大米科技公司对 Texmati 等杂交品种的专利申请，判定 Basmati 属于物种名称。[③] 印度香米案反映了大米科技公司这样的克隆者通过公开渠道获得信息并致力于垄断新的市场，利用全球性的立法规则，将几百年来都属于当地农民的智力财富占为己有。发达国家与发展中国家在知识产权上的矛盾以及全球化的发展，促使发展中国家制定新的协调方案，捍卫自身权利。[④] 东亚新兴经济国家大规模金融危机的爆发一定程度上是《TRIPS 协定》对发展中国家经济不利影响的反映。在发达国家意图继续提高知识产权保护水平而发展中国家反对的背景下，在执行《TRIPS 协定》过程中不可避免地会出现发展中国家和发达国家的利益冲突。发展中国家的企业和政府必须开始更多地思考发达国家企业的发展模式，关注

---

① 参见《TRIPS 协定》第 27 条第 3 款第 2 项规定，除微生物外的植物和动物，以及除非生物方法和微生物以外，实质为生产植物和动物主要是生物的方法。

② 大米科技公司申请并获得了一项专利，专利不是印度香米的名字，而是印度香米特有的香气和延伸性。Priya Krishna, *Who Owns Basmati? The Complicated Story of Texmati Rice*, The Kitchn (May 10, 2021), https://www.thekitchn.com/who-owns-basmati-texmati-23153188.

③ 参见薛达元主编：《中国生物遗传资源现状与保护》，中国环境科学出版社 2005 年版，第 45 页。

④ 参见[加拿大]唐·泰普斯科特：《赤裸的公司》，蒋旭峰译，上海译文出版社 1997 年版，第 54 页。

知识经济环境下的跨国并购发展新特点。

二、知识产权纳入投资范畴的依据

随着各国法律制度对个人财产认识的不断加深，尤其是达成了知识产权私权性质的国际共识，国际投资中可用于投资资产的种类不断扩大，并进一步扩展到知识产权。[①] 从国内立法到双边、区域性、多边投资协定中都可见将知识产权纳入投资范畴的规定。知识产权作为一种无形的“具有重大价值的新型财产”[②]，在符合投资条件的情况下能够成为适格的投资资产并受到相应的保护。

（一）知识产权资本适格性的要件分析

在知识经济时代，谁控制了知识资本，谁就控制了知识经济时代。[③] 知识产权作为资本成为投资的一种形式，其无形性、地域性与激励性等特性使其与有形资产的现物出资在要件判断方面具有一定的区别，因此，知识产权资本的适格性不能完全生搬硬套有形资产的现物出资适格要件进行评价，而应当在界定知识产权含义与范围的前提下，根据有关国家国内立法、国际条约规定，结合知识产权的特性，参照有形资产的现物出资适格性要件的既有理论重构知识产权跨国并购出资适格性要件，即价值的可评估性和独立可转让性，本书赞同知识产权出资适格性的二要件说。[④]

回答哪些类型的知识产权资产可以用于投资问题的前提是知道什么是知识产权、知识产权具有怎样的范围。尽管知识产权术语有 300 多年的历史，知识产权的国际条约和国内立法，都有定义条款，但时至今日，何谓知识产权，在

---

① 参见郑成思、黄晖：《法国民法典中的“财产权”概念与我国立法的选择》，载《知识产权》2002 年第 3 期。

② 张庆麟：《论国际投资协定中“投资”的性质与扩大化的意义》，载《法学家》2011 年第 6 期。

③ 参见申明：《知识资本运营论：第三个十年的企业管理核心》，企业管理出版社 1998 年版，第 8 页。

④ 参见胡震远：《知识产权资本化研究》，中国法制出版社 2013 年版，第 13 ~ 15 页。

国际条约层面尚无一个统一的定义。[①] 在17世纪,法国学者卡普佐夫就提出“知识产权”这一称谓,用以概括一切来自知识活动领域的权利。[②] 18世纪中叶,德国知识产权术语主要指文化领域中作者对其创作成果所享有的专有权,亦即我们称为“著作权”(或“版权”)[③]的这种无形产权。20世纪60年代后,知识产权逐渐被绝大多数国家及所有世界性国际条约、国际组织采用,它是指包含一切智力创作成果的产权。[④] 我们发现,多数国家的法理专著、法律,乃至国际条约,都是从划分范围出发,来明确知识产权这个概念的,或给知识产权下定义的。[⑤] WIPO和WTO有关知识产权的协定都相对宽松地界定知识产权包括哪些种类,而不是去定义知识产权具体是什么。例如,“知识产权”包括有关下列项目的权利:文学、艺术和科学作品,表演艺术家的表演以及唱片和广播节目,人类一切活动领域内的发明,科学发现,工业品外观设计,商标、服务标记以及商业名称和标志,制止不正当竞争,以及在工业、科学、文学或艺术领域内由于智力活动而产生的一切其他权利。[⑥] “文学、艺术和科学作品”一词包括文学、科学和艺术领域内的一切成果,无论其表现形式或方式如何,诸如书籍、小册子和其他文字作品;讲课、演讲、讲道和其他同类性质作品;戏剧或音乐戏剧作品;舞蹈艺术作品和哑剧;配词或未配词的乐曲;电影作品和以类似摄制电影的方法表现的作品;图画、油画、建筑、雕塑、雕刻和版画作品;摄影作品和以类似摄影的方法表现的作品;实用艺术作品;与地理、地形、建筑或科学有关的插

---

① 中国的一些知识产权教科书上有关于知识产权的定义,例如,知识产权是人们就其智力创造的成果依法享有的专有权利。参见郑成思等撰:《知识产权法教程》,法律出版社1993年版,第1页。知识产权是人们对自己智力活动创造的成果和经营管理活动中的标记、信誉依法享有的权利。参见吴汉东主编:《知识产权法学》(第7版),北京大学出版社2019年版,第1页。知识产权是基于创造性智力成果和工商业标记依法产生的权利的统称。参见刘春田主编:《知识产权法》(第2版),中国人民大学出版社2002年版,第1页。

② 参见吴汉东等:《知识产权基本问题研究》,中国人民大学出版社2005年版,第3页。

③ “著作权”(author's right)与“版权”(copyright)二者基础不同,著作权基于作者作为一个自然人,而版权从一开始就赋予生产者所有的权利。

④ 参见郑成思:《知识产权法:新世纪初的若干研究重点》,法律出版社2004年版,第3页。

⑤ 参见郑成思:《知识产权法:新世纪初的若干研究重点》,法律出版社2004年版,第171页。

⑥ 参见《建立世界知识产权组织公约》(1979年10月2日修正)第2条第8项的规定。

图、地图、设计图、草图和立体作品。[1] 工业产权的保护对象包括专利、实用新型、工业品外观设计、商标、服务标记、厂商名称、货源标记或原产地名称以及制止不正当竞争。[2] 国际保护工业产权协会将知识产权区分为创造性成果权利和识别性标记权利。[3] 同时,我们注意到知识产权作为由法律确定的权利(束),通常是指一种授权他人使用其知识产权并获得报酬的权利或禁止他人未经许可使用其知识产权的权利。实践中,知识产权的内涵与外延有随着世界科技经济发展不断拓展的趋势,从传统的包括专利和商标的工业产权、包括文学艺术的著作权,到著作权和相关权利、商标、地理标志、工业设计、专利、集成电路布图设计(拓扑图)、未披露信息的保护和对许可合同中限制竞争行为的控制等,[4]这反映了对知识产权范围认识的不断发展。在 WIPO 和 WTO 有关知识产权的划分中,WIPO 的划分带有更多的学理色彩,从尽可能大的范围罗列了知识产权应当包含的内容;WTO 的划分则更多地从与贸易有关的角度进行思考。但一般来看,知识产权至少应该包括著作权及相关权、专利权、商标权和反不正当竞争权。[5]

在明晰知识产权定义与范围的基础上,解决哪些知识产权可以纳入并购投资中这个问题的关键是知识产权出资的适格性要件界定,即纳入国际投资的知识产权具备什么样的条件才可以注入企业的资产中并在运营中转化为资本。实践中,股东可以货币投资,亦可以非货币财产进行投资,而非货币财产包括现物和其他财产权。现物投资强调以所有权纳入投资,而其他财产权投资强调以使用权纳入投资,如以知识产权的许可使用权而非使用权进行投资。知识产权跨国并购兼具资产与资本的属性。作为资产的知识产权代表了并购方获得的静态财产,作为资本的知识产权代表了并购后企业财产运营的动态过程。当知识产权从资产变为资本时,其权利结构从二维的“所有权—债权”结构转变为三

① 参见《伯尔尼公约》第 2 条第 1 项的规定。

② 参见《巴黎公约》第 1 条第 2 项的规定。

③ 参见郑成思:《知识产权论》,法律出版社 1997 年版,第 68 页。

④ 参见《TRIPS 协定》第二部分“关于知识产权效力、范围和使用的标准”的相关规定。

⑤ 参见李明德:《美国知识产权法》(第 2 版),法律出版社 2014 年版,第 18 ~ 19 页。

维的“所有权—债权—股权”结构。[①] 现代公司资本制度中有关现物资本构成要件的学说的主流观点有五要件说，即“确定性、现存价值性、评价可能性、独立转让可能性和有益性”[②]；四要件学说，即“确定性、现存价值性、评价可能性和独立转让可能性”[③]；三要件的实践要求，即“价值性、有益性、评价可能性”[④]；二要件的立法要求，即“评价可能性和转让可能性”[⑤]。而价值性是欧洲国家现物资本的主要构成要件。[⑥] 下面结合知识产权资产特性分析知识产权资本适格性的必备要件、评价可能性要件和独立转让可能性要件等。

其一，确定性要件。该要件强调知识产权出资特定化——要明确记载于相关的法律文件中并登记于企业名下。确定性要件兼顾知识产权资本能力的实体要件和程序要件考察，确定性可能会影响知识产权出资行为的效力，但其不否定出资能力或资格，因此确定性不是知识产权出资适格的必备要件。在知识产权跨国并购中，需要在并购前的尽职调查阶段明确知识产权资产的状态。将知识产权作为资本进行投资时，我们需要重点考量该项知识产权资产的价值属性。例如，专利申请权的资本能力的争议核心在于专利申请权利益具有过渡的不确定性和权利属性的不确定性。[⑦]

其二，现存价值性要件。价值性是资本的根本属性，知识产权作为投资须具备价值性。该要件要求纳入投资的现物资产不但要有价值而且其价值是现

① 参见胡震远：《知识产权资本化研究》，中国法制出版社 2013 年版，第 1 页。

② 冯果：《现代公司资本制度比较研究》，武汉大学出版社 2000 年版，第 46 页。

③ [日]志村治美：《现物出资研究》，于敏译，法律出版社 2001 年版，第 133 ~ 135 页。

④ 三个要件尤以美国和加拿大的司法实践为代表，例如，美国各州普遍规定公司实际获得的、有价值的资产都可以作为出资的资本。

⑤ 参见《公司法》(2018 年修正)将无形资产的出资范围扩大到了知识产权，该法第 27 条规定，股东可以用货币出资，也可以用实物、知识产权、土地使用权等可以用货币估价并可以依法转让的非货币财产作价出资；但是，法律、行政法规规定不得作为出资的财产除外。可见，我国《公司法》(2018 年修正)是以评价可能性和转让可能性两个要件来评价知识产权资本的出资能力的。

⑥ 这方面要求体现于有关国家立法中，例如，德国的公司法要求现物出资为有在资产负债表上记载能力的财产价值且具有转让可能的标的物，芬兰的公司法和奥地利的公司法亦有类似的规定，具体参见德国《股份公司法》第 27 条、芬兰《有限责任公司法》第 6 条、奥地利《股份公司法》第 20 条的规定。转引自胡震远：《知识产权资本化研究》，中国法制出版社 2013 年版，第 16 页。

⑦ 关于这方面的研究，例如，董新凯：《我国股东以专利投资的相关法律问题》，载《学术论坛》2007 年第 11 期；赵玲：《企业知识产权出资问题研究》，载《科技与法律》2009 年第 3 期。

存的，要求"只要在现物交付日期到来前现实存在即可，并不要求在确定章程的条款时即客观存在"[①]，但知识产权价值性有其特殊性，其价值是一个动态发展变化的过程。一项发明专利在保护期的开始几年价值会比较高，在接近保护期的末期价值会比较低，在保护期满进入公有领域后其现存价值基本上就没有了；注册商标权进入市场初期价值会比较低，而随着企业的市场运营其承载的商誉越来越多，其价值也会越来越大。而在没有最低资本限制的国家，其现物资本适格性也不要求现存价值性要件。对于知识产权资本适格性而言，现存价值性不是其出资适格的必备要件，因为现存价值性要件具有局限性，"其武断地排除了将来可能创造的价值物作为出资标的，缩限了出资标的的范围"[②]。

其三，评价可能性要件。评价可能性与前述现存价值性具有密切关联，价值性是评价可能性的前提条件。该要件要求知识产权出资可以量化为货币，具有货币估值的可能性，以便折算成股份，这是一个兼具经济性和法律性的问题。知识产权资产可以进行质押融资等活动说明知识产权价值的货币估值可能性，这种可能性隐含了知识产权资产商业价值性要素，这点进一步印证了现存价值性不是知识产权出资适格的必备要件，因为我们只要求知识产权资产具有评价可能性即可。

其四，独立转让可能性要件。大陆法系民法、英美法系财产法的有关财产处分规则，要求知识产权资产能够不受他人控制或影响地进行转让，强调出资人在知识产权资产处分权上的独立性，即强调知识产权出资在事实上和法律上的可能性。专利申请权的私人财产权权利性质和其独立可转让性已被广为认同，例如，英国《专利法》明确专利申请权可以转让、抵押、许可等方式进行转移或交易。[③]《欧洲专利公约》(The European Patent Convention，EPC）规定，欧洲专利申请可以在指定的一个或一个以上的缔约国内转让或产生权利。[④] 在知识

---

① 冯果：《现代公司资本制度比较研究》，武汉大学出版社 2000 年版，第 56 页。

② 鄂昱州：《论商标出资适格性要件》，载《学术交流》2015 年第 4 期。

③ 参见《欧洲专利公约》第 73 条规定，欧洲专利申请的全部或部分可以作为在指定缔约国的全部或部分领土内有效的许可证的对象。我国《专利法》(2020 年修正）第 10 条也明确了专利申请权可以转让。

④ 参见《欧洲专利公约》第 71 条的规定。

产权层面上,有些类型的知识产权不能或不宜单独转让。著作权中的精神性权利和地理标志、集体商标、原产地证明商标等因为其权利性质,法律明确禁止予以转让。[①] 商号经营中积累了具有价值性的商誉,实践中,商号一般随商事主体同时转让而不具备独立转让性。[②] 商标脱离商标标识的商品或服务进行转让时,如果其被转让后用于的商品或服务质量无保证时,可能有误导消费者之嫌或损害消费者利益。但这不影响独立转让可能性是知识产权出资适格性的要件之一。

其五,有益性要件。该要件要求纳入的知识产权资产在企业设立的目的框架内具有一定的收益力,以实现企业技术升级、营销渠道拓展、品牌获得和资产获取等经营目的。如果用一个与企业生产经营没有任何联系的现物进行投资,那么不但不能达到资产增值的目的,而且还会造成社会资源的浪费。[③] 知识产权并购既要考虑到并购方、目标方的利益,也要考虑社会公众、国家的利益,而这种相对利益平衡并不局限在企业设立的目的框架内。

通过上述分析可知,知识产权资本不同于一般现物资本,其出资适格性要件不能照搬现物资本适格性的全部要件,而应据知识产权资本特性确定其核心构成要件:评价可能性和独立转让可能性。为确定知识产权资本的评价可能性,在知识产权跨国并购中要进行知识产权尽职调查、价值评估;为保证独立转让可能性的实现,在知识产权跨国并购中要进行反垄断和国家安全审查。

(二)知识产权列入投资协定定义条款

投资协定定义了知识产权资产条款,构建了保护外国投资者的法律框架,营造了稳健的投资环境并借此吸引了外国直接投资,促进了本国经济发展。

知识产权可以作为"投资"在国际投资协定中具有一定的历史,为实现保护投资的目的,大多数的双边投资协定(Bilateral Investment Treaties,BIT)以一种广泛而开放的方式界定"投资",如传统的基于资产的投资定义,基于投资特征

① 参见刘俊、黄国华:《知识产权资本化主客体之辨析》,载《求实》2009 年第 12 期。

② 参见冯果:《现代公司资本制度比较研究》,武汉大学出版社 2000 年版,第 50 页。

③ 参见周荃:《对现物出资范围若干限制的理论检讨》,载《辽宁行政学院学报》2007 年第 5 期。

的循环、同义语反复方法的定义,基于企业的封闭式清单定义,以及排除式定义。作为无形资产的知识产权是私人投资的重要组成部分,在双边投资协定广泛发展前,美国的友好通商航海条约中涵盖知识产权投资问题。1946 年《中美友好通商航海条约》涉及著作权保护问题①,另一些条约中则明确提到专利、著作权和商标。一些国家的双边投资协定明确将知识产权视为投资。例如,1959 年的《巴基斯坦和德意志联邦共和国促进和保护投资的协定》(Pakistan and Federal Republic of Germany Treaty for the Promotion and Protection of Investment Agreement)规定专利和技术知识以及由此所获得的收益可以作为投资。② 2009 年的《巴基斯坦伊斯兰共和国和德意志联邦共和国关于鼓励和相互保护投资的协定》[Agreement Between the Islamic Republic of Pakistan and the Federal Republic of Germany on the Encouragement and Reciprocal Protection of Investments, Germany – Pakistan BIT(2009)]明确知识产权,特别是著作权、专利、实用新型专利、工业外观设计、商标、商号、商业秘密、技术工艺、专有知识和商誉可以作为投资。③ 2005 年的《澳大利亚和土耳其共和国之间相互促进和保护投资的协议》(Agreement Between Australia and The Republic of Turkey on The Reciprocal Promotion and Protection of Investments)规定知识产权,包括与著作权、专利、商标、商号、工业设计、商业秘密、专有技术和商誉有关的权利可以作为投资。④ 2008 年的《德国双边投资协定范本》[German Model BIT(2008)]将知识产权,特别是著作权、专利、实用新型专利、工业设计、商标、商号、商业秘密、技术流程、专有技术和商誉、版税收益等包括所有种类的资产定义为投资。⑤ 2012 年的《美国双边投资协定范本》规定知识产权可以作为投资。⑥ 2016 年的

---

① 条约"美国的保留和理解"部分中指出:美方随时准备立即与中方就进一步改善版权关系进行谈判,其中特别强调美方对译文提供保护的愿望。"参议院进一步了解到,条约并没有责成任何一方在版权方面给予最惠国待遇。"第 9 条规定,"在任何情况下,缔约一方的国民、公司和协会应在缔约另一方的整个领土内享有任何性质的关于版权、专利、商标、商号和其他文学作品的权利和特权……"。

② See Article 8.1(a).

③ See Article 1(d).

④ See Article 1.1(a)(iv).

⑤ See Japan – Iran BIT(2016) Article 1.1(g).

⑥ See US Model BIT[2012Article 1(f)].

《日本和伊朗伊斯兰共和国之间关于相互促进和保护投资的协议》(Agreement Betweeen Japan and The Islamic Republic of Iran on Reciprocal Promotion and Protection Investment)明确"知识产权,包括著作权及其相关权利、专利权和与实用新型、商标、工业设计、集成电路布图设计、植物新品种、商品名称、来源标志或者地理标志、未披露信息有关的权利"可以作为投资。[①] 中国签订的双边投资协定中有关"投资"定义的条款明确包括知识产权。[②]

投资和投资者的定义决定了国际投资协定的主题范围,其中,投资概念决定了该协定适用的资产范围,即该协定调整什么类型的投资。一些国际投资协定明确"与知识产权有关的权利"或"可专利发明"这样的无形财产可以作为国际投资。[③] 区别于区域投资协定知识产权章节,一些投资协定没有关于知识产权制定的具体实质性标准,但它们保护了将知识产权作为一种投资模式的投资者权利。由于《TRIPS 协定》没有与 GATT 第 24 条关于自由贸易协定和关税联盟的最惠国待遇例外[④]同等的规定,所以需要进一步分析以确定《TRIPS 协定》的缔约方是否将被要求将双边投资协定或自由贸易协定的受益方扩大到所有 WTO 成员。可见,在判断知识产权是否构成投资的问题上无法一概而论,需要

① See German Model BIT(2008) Article 1.1(b).

② 中国的双边投资协定一般采取基于财产的资产定义。例如,中哈双边投资协定第 1 条第 4 项规定,"投资"包括著作权、工业产权、商标、公司名称、商品产地名称、商业秘密以及专有技术和工艺流程等知识产权;《中华人民共和国政府和大韩民国政府关于促进和保护投资的协定》第 1 条规定,"投资"一词系指缔约一方投资者依照缔约另一方在投资时的法律和法规在缔约另一方领土内所投入的各种财产,包括但不限于知识产权,包括著作权、商标、专利、工业设计、工艺流程、专有技术、商业秘密、商名和商誉;《中华人民共和国政府和马耳他政府关于促进和保护投资的协定》中规定投资包括知识产权,特别是著作权、专利、商标、商号、工艺流程、专有技术和商誉以及其他类似权利;中乌双边投资协定第 1 条第 4 项规定投资包括知识产权和工业产权,如著作权、专利、商标、工业品外观设计、商号、工艺流程、专有技术、商号和商誉,以及任何其他类似权利;中加双边投资协定中亦有将知识产权作为投资的相关规定。

③ 例如,1998 年《多边投资协议(草案)》第二部分将投资作广义解释,明确投资包括所有的知识产权,任何其他无形财产权或根据法律或合同授予的任何权利,包括未来的新权利。在草案谈判之初,谈判者没有直接涉及知识产权,当时协议的谈判者、经合组织秘书处尚未深入了解这一领域。传统上,经合组织比较少关注知识产权领域,草案第三部分为外国投资者规定了完整的国民待遇,即赋予外国投资者、所有者在设立、收购、扩张、运营、管理、维护、使用、享受、销售或其他处置其投资方面不低于东道国国民的待遇。《多边投资协议》未明确强制转让是否涵盖所有的知识产权,但明确对知识产权的强制性可以视为对知识产权的征用。

④ 参见 GATT 第 24 条。

个案审查，区分《TRIPS 协定》前后并考虑具体知识产权在国内市场的取得、使用和发展状况。《TRIPS 协定》前，大多数投资条约允许更广泛地应用最惠国待遇和国民待遇标准。[①]《TRIPS 协定》后，签订的协议中一般将知识产权视为一项投资，并适当考虑到有关《TRIPS 协定》和知识产权条约下的最惠国待遇和国民待遇例外。知识产权可以成为投资，但并非可以无条件地自动成为投资。仲裁庭未就作为"投资"的知识产权的范围和标准进行讨论，直接承认了礼来诉加拿大案中药品专利权具有投资地位。[②] 尽管许多投资协定将知识产权作为投资，但就其范围问题没有统一的界定标准。专利申请是否可以成为无形资产并作为投资呢？由于某些知识产权，例如，专利、商标、工业设计的持有者只有在完成注册程序后才有权享有这些知识产权，因此他们需要提交申请。所以，加拿大与欧盟之间的自由贸易协议之《全面经济贸易协定》（Comprehensive Economic and Trade Agreement，CETA）、中国与加拿大的 BIT 及中国与澳大利亚的 FTA 等投资规则在借鉴美国 2012 年 BIT 中宽泛"投资"定义的同时，又从"涵盖投资"和"投资特征"等方面对"投资"范围进行了合理限制，体现了对东道国外资管制权的尊重与维护。[③]

可见，各国越来越意识到并购投资对于促进本国经济发展的重要性，它为东道国提供新的市场准入、营销渠道及新技术、产品、技能和资金。广大发展中国家竞相采取措施吸引外国直接投资。吸引外国投资需要营造稳健的投资环境，东道国通过签订双边投资协定或国际投资协定达此目的。双边投资协定中，东道国向外国投资者提供了诸如最惠国待遇、国民待遇和公平与公正待遇等保护或待遇标准。此外，大多数的双边投资协定还规定了东道国与他国投资者间的争端解决机制，赋予外国投资者在不满意东道国争端解决时可以诉至国

---

① 例如，《北美自由贸易协定》（North America Free Trade Agreement，NAFTA）第 1108 条第 5 款规定，凡属第 1703 条（知识产权的国民待遇）具体规定的对该条义务的例外或减损的任何措施，第 1102 条（国民待遇）和第 1103 条（最惠国待遇）概不适用。而这里的第 1703 条规定的国民待遇的例外或减损包括以下几个方面：一是不得以国民待遇为由，要求权利人遵守任何程序要件，以取得著作权与相关权利；二是缔约方可在有关知识产权保护或执法的司法与行政程序方面，减损第 1703 条第 1 款的规定，如果此类减损与第 1701 条第 1 款所列相关公约一致。

② Eli Lilly and Company v. Government of Canada（ICSID Case No. UNCT/14/2）.

③ 参见张庆麟：《论国际投资协定中"投资"的性质与扩大化的意义》，载《法学家》2011 年第 6 期。

际仲裁机构的权利。① 并购投资中的知识产权本身是无形的,却越来越成为投资协定所定义的一种投资形式,被广泛认为是国际投资协定中的一种投资。鉴于《TRIPS 协定》对于投资给予的保护比较少,而发展中国家惩处侵犯知识产权的执法机制比较薄弱,有学者建议或进行多边谈判以加强《TRIPS 协定》的保护,或加强东道国已有的知识产权保护,以强化对投资中知识产权资产的保护。

第三节　知识产权保护对并购投资决策的影响

对外直接投资是指外国投资者对外国企业进行的投资,外国投资者对该企业具有实质控制权。外国投资者可以选择在东道国并购已有公司、组建合资企业或设立新公司。并购作为对外投资主要形式,有关知识产权保护对外国投资者海外投资决策的影响理论可以用来作为其决策的理论依据。对于跨国公司对外直接投资的原因及机理,不同学者选择了从不同的角度进行阐释,如美国学者斯蒂芬·海默(Stephen Hymer)的"垄断优势论",哈佛大学雷蒙德·弗农(Raymond Vernon)的"产品周期理论",日本小岛清的"边际产业扩张理论",英国皮特·J. 巴克莱(Peter J. Buckley)、马克·卡森(Mark Casson)与加拿大学者拉格曼(A. M. Rugman)的"内部化理论",英国约翰·H. 邓宁(John H. Dunning)教授的"国际生产折衷论"等理论。本节选取邓宁的"国际生产折衷论"这一主流观点,分析知识产权对于企业在投资决策方面的影响。

一、基于邓宁"国际生产折衷论"的一般理论分析

邓宁的"国际生产折衷论"主张跨国公司对外直接投资,取决于公司的所有权优势、内部化优势和区位优势。首先,跨国公司对外直接投资的条件是在无形资产方面有特定的所有权优势。公司通常必须拥有独特的可以基于提供竞

---

① 在 ICSID 官网之双边投资协定数据库资源,可以按签字国、特定条约和签署年份检索 BIT,并表明 BIT 是否涉及《解决投资争端国际公约》或《附加融资仲裁和调解》,载解决投资争端国际中心网,https://icsid.worldbank.org/resources/databases/bilateral-investment-treaties。

争优势的所有权优势,如专利、商标、市场和资源的独家使用权,商业机密,生产技术,管理和一般组织能力等。拥有无形资产的企业选择以公平交易的贸易关系服务国外市场。外国投资者的特定所有权优势通常对东道国的产权保护非常敏感,外国投资者的决策与东道国知识产权等产权的安全息息相关。所有权优势还不能完全说明企业对外直接投资的动因,企业对外投资还需要具备区位和内部化两项要素。其次,外国须具有区位优势使投资者的海外业务更有利可图。区位优势是东道国拥有的优势,体现东道国经济环境或政府政策的特点。该优势可以用来解释为什么外国投资者希望在东道国进行并购投资。企业在对外直接投资和出口之间选择对外投资的充分条件在于东道国丰富的自然资源、方便的地理位置等产生的不可移动的要素禀赋优势,以及东道国的政治经济制度、政策法规、良好的基础设施等。区位优势常体现为自然与人为差异,常与生产、运输成本、关税、国内企业税、利润汇出或转让定价、特许权使用费、技术转让要求、知识产权保护及当地的监管环境这些因素相结合共同作用。[①] 最后,引入内部化激励优势,通过对外直接投资,跨国公司将其所有权特定优势内部化而拥有收益最大化的优势。企业生产内部化相对于转让或许可其知识资产更有利可图,这说明对外直接投资优于知识产权转让和知识产权许可贸易。企业对其优势的利用实行内部化,避开潜在的被许可方的交易成本,控制输入并保障质量,这样可获得最大的收益。

邓宁的"国际生产折衷论"比较完备地阐释了跨国公司对外直接投资的理论模式,该理论的核心是所有权、区位和内部化,这三种特定优势相互依存、相互结合、缺一不可。当一个企业仅具备所有权优势而缺乏内部化和区位优势,就只能通过出口、许可贸易或专利销售获益;当一个企业具备了所有权和内部化优势而没有区位优势,其可以通过出口贸易获利;当一个企业同时具备所有权、内部化和区位优势,就可以通过包括并购在内的对外直接投资全面获益。一般地,东道国比较容易影响区位优势,而许多投资者由于东道国知识产权保

① 参见李尔华、崔建格编著:《跨国公司经营与管理》(第2版修订本),清华大学出版社、北京交通大学出版社2011年版,第49页。

护得力而选择对其直接投资。在东道国知识产权保护不力的情况下，大多数投资者宁愿选择对外投资也不愿进行许可贸易。内部化的海外生产有助于企业保持对自有知识产权等资产的直接控制。[①] 时下，知识产权跨国并购的数量日益增加，知识产权资产构成许多企业市场价值的主要部分。大多数跨国并购中的并购方选择那些拥有低劳动成本、良好基础设施和其他集聚效应的国家的企业作为并购的目标方。这些目标方常常拥有大量的技术工人、高研发投入、技术密集的工序和产品组合、雄心勃勃的广告宣传和市场战略等。现以邓宁的"国际生产折衷论"展开知识产权保护对并购决策影响的理论分析。

首先，所有权优势通常涉及知识产权资产与跨国并购的联系，企业通过跨国并购扩大本企业的优势，或者利用目标方的现成所有权优势。在传统知识产权体系下，只有小部分的知识资产能够得到法律保护，所有权模式产生以下两方面直接影响，一方面，具有技术优势的企业可能开展跨国并购，通过跨国并购获取相关知识产权，扩大其已有优势；另一方面，知识产权政策直接影响企业跨国并购决策，通过跨国并购获取目标方知识产权并使其所有权优势内生化。

其次，区位优势主要体现在目标方的经营环境等方面，知识产权的地域性意味着不同国家知识产权制度的差异，知识产权保护也可以被解释为区位优势。知识产权的地域性意味着各国制定其特有的知识产权法律，而这些知识产权法律在其制定国之外没有任何效力。例如，美国专利授予可在美国执行的排他性权利不能在美国领土之外执行。同样，中国专利只授予可在中国执行的权利。邓宁指出，全球化时代，企业内部间接产品的流动性日益增强，政府需要关注其政策制度环境。不同国家知识产权保护水平决定跨国并购目标方的地点选择。知识产权保护也可能影响并购方决定其知识产权获取内部化或外部化，企业对知识产权的消化吸收能力影响企业跨国并购的决策。

最后，内部化优势是在考虑跨国并购交易动机及所有与成本、收益有关的因素的基础上，企业通过跨国并购将其所有权特定优势的利用内部化而拥有最

---

① See Michael J. Ferrantino, *The Effect of Intellectual Property Rights on International Trade & Investment*, 2 Review of World Economics 129(1993).

大收益的优势。当企业通过跨国并购将知识产权内部化较其转让或许可其知识资产更有利可图时,企业就会选择跨国并购而不是知识产权许可和转让贸易。企业内部化其知识产权优势,避开潜在的被许可方的交易成本,控制输入并保障质量,这将可使其收益最大化。企业的所有权、区位和内部化优势决定了企业跨国并购的动因。

根据邓宁的"国际生产折衷理论",吸引跨国并购的必备条件是目标方的所有权、区位和内部化优势。加强知识产权的保护强化了区位优势,巩固了企业的所有权和内部化优势,促使企业进行跨国并购。① 企业趋向于在知识产权保护水平高的国家寻找目标方进行跨国并购。当目标方资源供应充分,各项生产要素的供给能够得到满足,跨国并购能获得最大比较利益时,企业就会选择跨国并购的对外投资方式。跨国并购有利于控制技术的专有权,保持公司的技术优势和垄断地位。但过强的知识产权保护使知识产权持有人增加其市场支配力,减少对东道国的贡献,降低跨国公司内部化的必要性,从而促使企业进行更多的许可贸易而不是跨国并购。迈克尔·J. 费兰廷主张在弱知识产权保护下,企业更倾向于通过跨国并购进行海外投资,以确保企业对其知识产权资产的控制权,利用知识产权垄断优势进行跨国并购,规避市场不完全的风险。有的国家规定外商投资企业按照知识产权资产计算对外直接投资的股权比例,但是当外商投资企业有失去其知识产权资产的风险时,外商投资企业是不愿意投资这样的东道国合资企业的。②

二、基于知识产权跨国并购的实证考量

近年来,以并购获得知识产权,再对其资本化、市场化,丰富企业产品线、拓宽涉足市场、优化产品结构、提高企业的竞争力,成为企业发展的一种重要的实践。

---

① 参见余长林、王瑞芳:《知识产权保护、东道国特征与外商直接投资:一个跨国的经验研究》,载《世界经济研究》2009 年第 10 期。

② See Michael J. Ferrantino, *The Effect of Intellectual Property Rights on International Trade & Investment*, 2 Review of World Economics 129(1993).

(一)获取市场优势,扩大规模效应

知识产权作为一种法定的垄断权,天然地构筑了企业发展的行业屏障,通过跨国并购可以实现企业知识产权更广泛地利用与控制,限制和减少竞争对手,强化企业知识产权优势,提升企业技术发展空间,摆脱企业发展知识产权束缚,所以企业越来越重视和强调跨国并购中获取知识产权的重要性。并购方通过获取目标方的知识产权,整合目标方的知识产权投入产出效益,获取巨大的经济价值。实践中,制药企业中的知识产权尤其是药品专利对于企业存续发展至关重要,这些制药企业常常面临新药品开发周期长、投入巨大、专利保护期短暂等困境,许多制药跨国公司在药品专利保护期届满前并购其他实力相当的药品公司获取并整合其知识产权以继续占领市场,保持和扩大规模效应。例如,辉瑞通过2000年以1140亿美元的价格收购兰伯特制药公司(Warner - Lambert Pharmaceuticals)获得立普妥(Lipitor)的所有权、2003年以600亿美元的价格收购了法玛西亚(Pharmacia)、2009年以680亿美元的价格收购惠氏等并购举措巩固其全球最大制药公司的地位。[①] 2012年,在欧债危机爆发、普茨迈斯特欧洲经济及利润空间被挤压、市场份额出现下跌进而选择出售时,中国三一重工以3.24亿美元的价格并购其最大的竞争对手——德国混凝土泵制造商普茨迈斯特混凝土泵控股公司,迅速提升其在国际市场上的知名度,加快国际化进程;为其突破企业“瓶颈”、学习国外技术、收纳海外专业人才、占领国际市场奠基。[②] 2018年,拜耳收购知识产权实力雄厚而财力薄弱的孟山都,获取孟山都有关转基因种子方面的包括专利、专有技术及商标等的知识产权。[③]

---

① 参见《辉瑞完成680亿美元收购惠氏交易》,载新浪财经网,http://finance.sina.com.cn/stock/usstock/c/20091016/01486845058.shtml。

② 参见邱登科:《德国机械制造 中国企业“垂涎已久”》,载《民营经济报》2012年11月1日,第30版。

③ 参见余露:《商务部批准拜耳收购孟山都,但附加了4个条件》,载《农药市场信息》2018年第7期。

（二）推行知识产权防御以规避风险

知识产权防御，通常被认为是为避免竞争对手的知识产权给自身带来威胁及尽可能保护自身利益而实施的一种策略。其中常用的专利防御策略包括公开文献、提起无效、提起非侵权诉讼、交叉许可、绕过专利等。① 并购拥有相关知识产权的目标方，可以减少成本和风险。当目标方或其他企业握有关键的技术专利等知识产权，阻碍了并购方的技术研发和产品拓展时，并购方并购目标方而获取其相关知识产权不失为很好的选择和有效的解决途径。美国威盛公司并购国家半导体公司克莱克斯芯片部门，就是为了对抗竞争对手。美国电脑芯片制造商威盛公司曾经拥有英特尔公司的许可，当威盛公司准备进军与英特尔公司兼容的芯片设施领域时，英特尔公司撤销了给威盛公司的许可，使威盛公司的战略计划受到严重阻碍。后来，威盛公司并购获得了英特尔公司发放许可的国家半导体公司克莱克斯芯片制造部，成功摆脱英特尔公司设置的技术封锁，使自身步入快速发展的轨道。② 在医药行业，每年都有近千亿美元的药品专利到期而成为全球药品仿制的焦点，各公司会在某种收益丰厚的药品上市前后跟踪研发与本公司已上市或潜在上市药物的组合物，申请专利，部署专利防御，以待该药品专利到期时获得批准，及时将其推向市场。1997 年立普妥上市，研发方华纳兰伯特完成了从中间体、组合物、制备方法到晶体和非晶体产品的系列专利布局，在产业链条的各个角度设置专利障碍，阻碍其他药企突破与之相关的专利。与默克公司等其他药企一样，辉瑞一直跟踪研发立普妥并申请了数项与之相关的专利，2000 年 2 月辉瑞通过并购华纳兰伯特抢占了先机，使辉瑞跟踪研发的专利药品能够及时上市并赚取丰厚利润。而默克公司于 1998 年申请组合专利 Liptruzet，直到 2011 年 11 月 30 日立普妥美国专利保护期满后，Liptruzet 才于 2013 年在美国、德国等获得批准而上市。默克公司对于阿托伐他汀的跟踪研发也取得了较好的效果，在其基于阿托伐他汀跟踪研发的药物组合

---

① 参见肖西祥：《从阿托伐他汀看药企并购中的专利策略及药企的专利防御策略》，载《中国发明与专利》2014 年第 6 期。

② 参见冯晓青：《论企业并购中的知识产权战略》，载《贵州财经学院学报》2007 年第 3 期。

物中,已经有药物组合物产品成功上市。在阿托伐他汀领域,默克公司的专利策略更多是防守型的,即对阿托伐他汀与本公司已上市或潜在上市药物的组合物进行快速跟进研究,申请了一系列组合物专利,等阿托伐他汀专利到期,将其组合物迅速推向市场。① 知识产权组合构成企业盾牌,使企业可攻可守、进退自如。爱立信收购北电和谷歌收购摩托罗拉手机是知识产权作为企业防御性工具的鲜活实例。2009 年,爱立信实施进攻性防御战略,成功收购拥有网络、通信等相关专利资产的北电网络,爱立信不仅巩固了其在北美市场的地位,而且进一步加大了诺西、华为等在无线领域追赶的难度。② 2011 年 8 月,谷歌收购摩托罗拉手机,获得摩托罗拉手机约 25,000 项专利和专利组合。后来,谷歌把摩托罗拉移动智能手机业务卖给了联想,但保留了摩托罗拉移动专利组合的绝大部分所有权。谷歌收购摩托罗拉手机的主要动机是专利。从防御和攻击的角度来看,广泛的摩托罗拉移动专利给谷歌带来了许多好处。谷歌 CEO 拉里 · 佩奇(Larry Page)将此次收购的动机归结为防御性收购,“加强谷歌的专利组合,这将使我们能够更好地保护安卓(Android)操作系统来自微软、苹果和其他公司的反竞争威胁”。在这场移动市场的专利大战中,没有相应的防御性专利组合构筑足够的专利保护措施,导致谷歌未能充分保护 Android,谷歌 Android 移动操作系统不断地被诉专利侵权。通常,在软件专利系统中将开源软件与专利防御战略相结合构建其专利组合是一种常用做法。谷歌收购摩托罗拉手机希望得到其 1.7 万项既有专利和技术,欲依靠摩托罗拉手机的专利组合对抗专利侵权诉讼,保护其在手机领域的竞争利益。③ 在北电和谷歌并购案中,并购方通过并购大大提升其在本行业的竞争地位。④ 知识产权作为进攻战略,专利持有人可以起诉侵权者以防止其制造、使用、销售、进口或许诺销售侵犯其专利权

---

① 参见《立普妥:看大佬们如何玩专利并购及专利防御策略》,载环球医药网,https://www.qgyyzs.net/news/newshtml/hyxx/20141110145609.shtml。

② 参见廖剑锋:《爱立信斥巨资收购广东北电 剑指 LTE 布局中国市场》,载《通信信息报》2010 年 12 月 8 日,A14 版。

③ 参见姚传富、黄舍予、林婧:《谷歌收购摩托,移动世界将怎样改变?》,载《人民邮电》2011 年 8 月 17 日,第 7 版。

④ 参见《谷歌 125 亿美元收购摩托罗拉移动》,载《青年记者》2011 年第 24 期。

的产品或服务。专利侵权诉讼中胜诉的专利持有人可能获得赔偿、律师费用，甚至获得禁令，以禁止竞争对手制造、使用、销售、进口或许诺销售侵犯其专利权的产品或服务。如果证明侵权者故意侵权，则法院可以决定将损害赔偿金增加到原来决定或估定数额的 3 倍。作为防御战略，专利拥有强大的威慑力，可以防止竞争对手非法使用专利，维护其已有专利权。如同冷战时期的“相互确保摧毁”原则（Mutually Assured Destruction），美国、苏联的核武器处于蓄势待发的警戒状态，目的是威慑对方。此处的威慑力量不是核武器而是专利，当双方都被专利全副武装时，任何一方都能够减少竞争者专利侵权诉讼。当一方起诉时，另一方可引用已有专利组合对抗之，这样的消耗战无益于任何一方，所以双方决定息事宁人，互不诉讼。

（三）实施品牌战略，不断发展壮大

跨国并购中实施品牌战略中的佼佼者当属世界著名食品巨头雀巢公司，近年来，雀巢公司通过不断并购其他企业迅速提高竞争力，实施其品牌战略。雀巢公司的发展壮大在很大程度上与知识产权跨国并购紧密地联系在一起。雀巢公司的发展壮大是一部知识产权跨国并购扩张史。雀巢公司于 1867 年在瑞士日内瓦湖畔的沃韦创建，20 世纪初与英瑞炼乳公司合并，1929 年并购 3 家巧克力公司，1947 年并购瑞士厨房调理食品品牌美极，1985 年并购卡纳森，1988 年并购英国朗特瑞后拥有了奇巧巧克力，1992 年并购法国毕雷矿泉水，1997 年并购圣裴璐矿泉水和西班牙、澳大利亚、加拿大的冰激凌，2001 年并购美国普瑞纳后成为全球第二大宠物食品制造商，2002～2003 年并购哈根达斯、德国索乐思以及美国的德雷尔，2005 年收购希腊德尔塔冰激凌，2006 年收购珍妮克雷格减肥公司，2007 年收购格伯成为世界最大婴儿食品出口商，2010 年并购云南大山矿泉水，2011 年并购广东徐福记和厦门银鹭，2012 年收购辉瑞旗下的惠氏奶粉，2018 年收购星巴克零售咖啡业务并获得在全球星巴克店外销售星巴克零售

和餐饮产品[①]等的权利。并购中雀巢公司遵循双方自愿善意并购原则,以雀巢公司优势带动、挖掘目标方的优势扩大生产规模的竞争优势原则,以与雀巢公司产品生产、销售有关的领域为并购对象的产品推广原则。雀巢公司拥有8000多个不同的商标,700多个公司商标在一个以上的国家获得注册,80个商标在10个以上的国家获得注册。并购中雀巢公司实施多品牌战略,重视主导品牌和本土化品牌战略。雀巢公司选择业内尖端品牌的企业作为并购目标方,通过并购巩固原有的产品优势和创造新的衍生品,实现相关产业的强强联合,提高雀巢公司知名度和市场占有率;收购成熟、知名的企业,延续原品牌的资源优势,迅速挖深雀巢公司并购渠道,形成优势互补;尊重食品行业地域性特点,并购后不雪藏、不消灭目标方品牌,推行本土品牌与主导品牌平行品牌策略,如并购中国徐福记、银鹭等知名品牌后,维系原品牌与当地百姓的感情联系,仍以原品牌拓展市场。雀巢公司在并购目标方本土品牌后,利用目标方品牌原有的销售渠道和良好信誉,快速地融入目标方当地市场。企业的知识产权增长一方面源于企业内部不断的知识产权投资,另一方面也可以源于企业外部并购的知识产权资产。获取技术诀窍和开发技术能力越来越成为跨国并购的驱动力,跨国并购成为企业成长的流行策略,越来越多的资本投入知识产权跨国并购中,并购方通过跨国并购获取目标方特有的知识产权,整合后提升企业自身的生产力。并购增加并购方获取的知识产权数量,提升并购方整合知识产权的创造性,强化知识产权的潜力。新品牌进入市场的高成本和新品牌导入的高失败率,提高了已有商标特许权的使用费率。有关统计数据表明,每年导入的新品牌有万余种,而其中80%是失败的,只有不到1%的品牌能够存活下来并取得长足发展。其结果是,现存的品牌,尤其是其中具有世界知名度的品牌越显珍贵。品牌力成为经济增长的主要推动力之一。几次并购浪潮的实践促使企业越来越认识到知识产权在公司估值和融资交易中的重要性。例如,英国大都会以57亿美元收购皮尔斯伯里公司,获得汉堡王、绿巨人和哈根达斯等大品牌。

---

① 协议涵盖了星巴克的包装咖啡和茶饮产品品牌,包括Starbucks ©、Seattle's Best Coffee ©、TeavanaTM/MC、Starbucks VIA ©、Torrefazione Italia咖啡和Starbucks – branded K – Cup ©胶囊产品。参见雀巢历史,载雀巢中国官网,https://www.nestle.com.cn/aboutus/history。

(四)绕开贸易壁垒,提升其竞争力

如美国经济学家李斯特·索罗所说:"知识和技能才是优势的唯一来源,成为20世纪末经济活动分布的要素。"[①]知识产权成为推动企业持续发展的核心竞争力,并购中凸显知识产权价值,跨国并购显现出以知识产权获取为目标的特点,知识产权跨国并购就是在这类跨国并购中高度重视专利、商标、商业秘密等知识产权的获取与整合,通过跨国并购获取知识产权提高企业的核心竞争力,满足企业发展壮大的需求。以知识产权的获取为驱动机制,整合知识产权,促进企业发展壮大,跨国并购中要将注意力集中于相关知识产权的获取上。专利、商标、商业秘密等知识产权是知识产权跨国并购的关键要素,通过跨国并购获取并购方的专利、商标、商业秘密等知识产权,提升企业的核心竞争力,提高国际市场知名度。例如,2004年联想集团并购国际商业机器公司(International Business Machines,IBM)的PC部门,获取IBM在个人电脑领域的全部知识产权,提升了联想集团的核心竞争力;联想集团并购IBM PC部门获取了遍布全球160多个国家的销售网络,绕开贸易非关税壁垒,成功将产品打入相关市场;联想集团并购IBM PC部门获取万余名掌握先进技术、能够熟练地生产、懂得管理的员工,引进了先进的管理技术和高端人才;联想集团并购IBM PC部门获取了为期5年的使用"IBM"和"Think"品牌的权利,实现并购方和目标方计算机市场互补,壮大联想集团并使之成为全球高科技制造企业500强和世界第三大PC厂商,实现联想集团国际化。仅仅从收购本身来说,收购使联想集团规模扩大,国际品牌效应提升,获得了IBM全球PC业务的渠道。[②]

(五)控制高新技术,保持竞争优势

获得专利技术是企业并购的重要意图之一,在某些情况下,对于并购方而言拥有专利可能比拥有被并购企业的实体资产的价值高得多,并购方和被并购

---

① 张平、马骁:《技术标准与知识产权(上)》,载《电子知识产权》2011年第10期。

② 参见王雷、叶圣楠:《跨国并购行为下互补性资产效用发挥的影响因素——基于联想集团的案例比较分析》,载《管理案例研究与评论》2016年第5期。

方专利的互补性以及被并购方专利的价值是并购活动中专利质量的主要影响因素。[①] 例如,1997 年前后,微软公司为了控制新技术,保持其竞争优势,进行了一系列的并购行动。其中包括以 4.25 亿美元的价格收购网络电视公司,获取网络电视公司 35 项有关通过电视提供网络服务的新专利技术;并购濒临破产的飞火网络公司,获取飞火网络公司的联合性过滤软件的所有权,通过联合性过滤技术可以使用户通过互联网设备以电视机为平台接受来自网络的电视节目服务。微软公司通过这样的并购实现了获取相关知识产权及掌握这些知识产权的技术精英,保证了微软公司向以电视观众为对象的有线电视服务相关技术领域的开拓。又如,1997 年,美国得克萨斯仪器公司收购阿马提通讯公司,获取美国国家标准院作为数字用户线路标准的阿马提通讯公司数字用户线路 25 项有重大影响的专利权,完成了得克萨斯仪器公司适应技术领域变化的战略调整,增强了得克萨斯公司在调制调解器高速发展的数字用户线路领域中的市场竞争力并主导该行业的发展方向。微软公司并购诺基亚的主要原因在于获取其所依赖的核心专利,并购后形成有利于微软公司自身的竞争力的专利组合,最大限度实现并购的技术价值与目标。[②]

第四节　知识产权跨国并购中法律问题之辨

本节围绕知识产权与跨国并购的主线问题,即实现跨国并购投资规制的合法性目标和知识产权公共政策之间的平衡展开。并购投资规制的合法性目标在于一国政府通过对并购投资的促进、保护、管理等措施以实现对于国内相关合法利益的保护。知识产权保护体现创新、竞争和表达自由等公共政策。知识产权并购投资合法性目标的实现,既要坚持合法利益保护目的实现,又要受到

---

① 参见邱洪华、陈娟:《专利视阈下的"微诺"并购:基于比较研究视角》,载《情报杂志》2014 年第 2 期。

② 参见邱洪华、陈娟:《专利视阈下的"微诺"并购:基于比较研究视角》,载《情报杂志》2014 年第 2 期。

知识产权并购投资最低障碍限度的控制。因此，作者尝试梳理知识产权并购主要环节的法律问题。在既有文献基础上，作者将跨国并购中与并购获取知识产权各阶段相伴而生的相关法律问题归结为：知识产权尽职调查法律责任分担、知识产权价值评估法律因素考量、并购中关于知识产权滥用的反垄断规制以及由知识产权引发的国家安全审查等四个问题，并在最后提出中国应对外资并购中国优质知识产权和中国企业海外并购优质知识产权的可行对策。

一、知识产权尽职调查法律责任的认定与承担

缺乏对目标方知识产权状况的具体了解导致并购失败的案例，生动地说明了在知识产权跨国并购中，知识产权尽职调查具有重要的意义。例如，因商标尽职调查不利而失败的大众汽车并购劳斯莱斯案，因专利尽职调查不利而失败的 TCL 并购汤姆逊案、华立汪氏并购飞利浦 CDMA 案[①]。大众汽车并购劳斯莱斯，但不了解"劳斯莱斯"商标不属于目标方劳斯莱斯，导致并购完成后大众汽车不能在制造的劳斯莱斯汽车上以"劳斯莱斯"商标进行标注。TCL 不了解汤姆逊专利技术即将过时，导致高价并购得来的专利技术变得没有价值。华立不了解飞利浦的 CDMA 专利非其所有，而是被高通许可且不得转让于第三方，导致其花了高价而未获得专利。并购前的知识产权尽职调查参与主体具有多元化特点，既有知识产权并购的目标方和并购方，又有专业的中介机构的参与；知识产权跨国并购形式多样，既有资产并购，又有股权并购。在知识产权跨国并购中，如何平衡投资规制与各方利益保护，明确各方义务与法律责任分担是关键。

（一）目标方的知识产权瑕疵担保责任

知识产权瑕疵是权利瑕疵的一种重要形式，知识产权瑕疵担保责任连接合同法与知识产权法律制度，体现民法与知识产权法律制度的互动。知识产权瑕疵不仅发生在以往的货物买卖交易合同、知识产权交易合同中，而且发生在知

---

① 参见王伟力：《华立　因何陷入困境》，载《新财经》2005 年第 1 期。

识产权跨国并购这样的投资中。在知识产权跨国并购中,要保护善意交易人利益,规制滥用权利者,使之承担相应的法律责任,具体要解决以下三个方面的问题。其一,在知识产权跨国并购中,目标方的知识产权瑕疵仅限于权利瑕疵还是包括标的物瑕疵?其二,在知识产权跨国并购中,目标方具有知识产权瑕疵的担保是适用严格责任还是过错责任?其三,在知识产权跨国并购中,在目标方具有知识产权瑕疵的情况下守约方的救济路径有哪些呢?

(二)并购方违反保密协议的法律责任

在知识产权跨国并购中,目标方必须披露构成其业务核心部分的最具价值的信息以吸引并购方,获得较高的出价,因此,在知识产权审慎调查中,不可避免地涉及并购方违反保密协议的法律责任问题。其一,目标方和目标方所定保密协议中如何界定不得披露信息的范围?其二,如何明确保密协议相关限制条款?其三,并购方违反保密协议时的责任承担,是违约还是侵权?适用民法还是刑法的有关规定?是补偿性还是惩罚性赔偿?能否适用临时救济措施?

(三)管理层违反相关义务的法律责任

在知识产权跨国并购中,当董事推动的善意并购或者董事对恶意并购采取适当反并购措施时,可能出现董事利益与公司利益不一致的情况。在知识产权尽职调查中,要求董事从公司利益大局出发,谨慎作出并购决策,争取本方利益最大化;要求董事,尤其是并购方董事在并购过程中称职和谨慎,其作出的并购决策无瑕疵,尽到勤勉义务。就并购方管理层违反勤勉义务的法律责任而言,有以下几方面问题。其一,如何平衡董事勤勉义务认定与公司治理、董事权利行使之间的关系?其二,在知识产权跨国并购中,追究董事违反勤勉义务的法律责任应适用什么标准?其三,中国现行公司法结果导向标准的司法可操作性如何?目标方在知识产权尽职调查阶段,主要涉及违反重大事项告知义务的法律责任问题。在订立合同时,一方应当告知他方可能对合同成立有影响的情况,如批准或许可的要求、合同形式上的要求、具体合同条款中存在分歧或错误的可能性;可能导致合同标的物丧失价值或价值急剧下跌的隐蔽瑕疵;涉及合同当事人所期待的标的物的特定性质的事项。①

（四）律师等中介机构的违约或侵权责任

律师，尤其是知识产权律师在知识产权尽职调查中具有重要作用。并购中知识产权的具体种类涉及具体不同领域的专业人员参与，这些中介机构与人员会涉及怎样的法律责任？其一，在知识产权跨国并购尽职调查阶段中，因知识产权类型不同会涉及怎样的责任主体？其二，责任的性质是违约责任，还是侵权责任？其三，法律责任的具体客观方面或情形是怎样的？

二、知识产权价值评估的法律影响因素考量

作为私权的知识产权是有价值的，需要动态地对其进行价值评估。知识产权跨国并购价值评估环节关系此次跨国并购是否能进行、并购价格的多少、并购成败等。知识产权价值评估中重要的不是方法和计算公式这样的会计或经济学问题，而是要了解待估知识产权的特殊性，知识产权有不同于一般有形产权的特性，知识产权各类型又各具特殊性，不从本质上把握每一具体知识产权类型的特殊性、每一具体国家知识产权法律的地域性，只是简单、机械地以传统有形资产的成本法、收益法和市场法等方法对待知识产权价值评估是难以适应并购实践需要的。知识产权类型不同，其跨国并购的选择依据也有所不同，知识产权的不完全专属性决定了其不同于一般有形资产，例如，专利不因公开并为多家企业使用而减损其价值，保护期内专利的价值也是呈动态变化的，专利价值与技术发展适时相关。结合并购中具体的知识产权分析其法律因素考量，以下信息对相关知识产权价值评估具有重大的意义。其一，就专利权而言，哪些法律因素影响专利权的价值评估；其二，就商标权而言，哪些法律因素会影响商标权的价值评估；其三，就商业秘密而言，哪些法律因素会影响商业秘密的价值评估。

---

① 参见许德风：《并购交易中的尽职调查》，载《法学杂志》2006 年第 4 期。

三、知识产权反垄断规制问题

知识产权激励创新,促进竞争公共政策的实现;反垄断法保护有序竞争,促进创新。因此,知识产权与反垄断在某些方面具有一致性。跨国并购中会产生知识产权滥用与反垄断规制问题。

首先,对跨国并购中知识产权垄断行为的辨析。何谓知识产权滥用?知识产权滥用概念到底是不是个伪命题?是不是一个模糊的无须重视的概念?既有的知识产权滥用界定有何不足?仅关注知识产权权利人的主观恶意是否足以认定知识产权滥用,抑或仅关注知识产权权利人的客观行为能不能准确做出知识产权滥用界定?在分析前述问题的基础上,知识产权滥用界定应采取怎样的标准?知识产权滥用在专利、著作权、商标领域有怎样的表现形式?

其次,跨国并购中知识产权垄断行为具有怎样的表现?从主体、行为性质和行为表现方面分析知识产权跨国并购受反垄断法规制的一般垄断行为和垄断协议、滥用审查支配地位、经营者集中的垄断行为。

最后,基于禁止权利滥用、相对利益平衡理论分析跨国并购中知识产权滥用反垄断规制的理论基础,探析跨国并购中知识产权滥用反垄断国际规制和跨国并购中知识产权滥用反垄断国内规制。在多边合作一时难以达成的情形下,双边或区域合作成本低、难度小,不失为一种较佳选择。结合中国的实际情况,维护消费者和社会利益,开展以双边合作方式进行并购的反垄断规制的国际合作,积极参与国际竞争网络和 WTO 的竞争政策谈判和竞争规则制定,争取建立有利于自身发展的协调机制,并尝试利用自由贸易区等形式进行反垄断政策的协调。在多边推进艰难和双边推进受限的情况下,以单边自我约束方法应对跨国并购中知识产权滥用反垄断规制问题也是有效的。

四、知识产权国家安全审查问题

基于不同的层面和角度,各国对于国家安全存在不同的认识。对于国家安全的考察最初多集中于国防和国际关系层面。而随着全球化和知识经济的推进,国家安全的内涵不断丰盈充实,发展成为包含经济、文化、技术安全等在内的有机体系。知识产权跨国并购涉及并购方和目标方等多方的知识产权法律制度,知识产权的地域性决定了知识产权的非标准化和非统一化,每一次并购的知识产权转移必然要接受其可能影响的每一地域的关于知识产权的国家安全审查。在这一层面,鉴于知识产权跨国并购的特殊性,主要存在以下问题。

首先,并购方利用知识产权规则和自身的知识产权优势,制约目标方新兴产业的发展,拖累和钳制目标方技术发展,威胁目标方国家的技术安全。技术安全主要涉及过往技术的创造与研究成果,研究成果的保密等,技术不受侵害、威胁等方面的静态技术存在安全;涉及未来技术的创新和可持续发展,技术人才、智力力量的流失等方面的动态技术发展安全。

其次,现实中并购目标方的著作权产业存在威胁目标方国家文化民族性的保持、民族文化理念的尊重、文化资产的保护、文化传统的传承等内容。并购方和目标方的文化存在差异与冲突,优势地位的并购方利用其优势地位破坏目标方民族文化特质的延续,损害目标方国家文化利益,侵犯国家文化主权,侵犯目标方国家个性文化独立自主性,破坏国际文化交流平等性等。

最后,雪藏并购来的品牌以消灭与之竞争的目标方,吞噬排挤目标方苦心经营多年的本土品牌,进而掌控目标方市场定价权,威胁目标方国家产业安全。跨国并购越来越向产业垄断、消除产业竞争力和强化控制力方面转移,并购方在并购中多选择控股,通过并购消灭目标方的竞争品牌。品牌经济价值是企业赖以生存的基础,品牌蕴含民族情感,有影响力的品牌可以说是目标方国家形象和民族精神内涵的外在体现,事关一个国家的产业安全。通过并购这样合法方式,并购方逐步控制甚至消灭目标方。在并购中,并购方越来越多地选择以目标方国内市场中具有强竞争力的、对产业具有深远影响的行业为其目标,以扩大其市场份额,强化竞争力。

第二章 知识产权跨国并购尽职调查中的法律保护

并购是并购方实现获得商标或分销渠道、获得专利或其他知识产权以应对竞争对手或其他索赔人等战略目标的重要途径之一。在知识产权跨国并购中,知识产权尽职调查至关重要。但是,在并购实践中,并购方常常面临信息不对称的问题,目标方常常夸大其知识产权资产价值,虚构其知识产权所有权,并购的知识产权与并购方内部资源不相容等问题均可导致并购的失败,所以有人将知识产权资产称为并购交易的最终破坏者。[①] 要破解这些难题,知识产权跨国并购尽职调查是必要的选择,通过知识产权尽职调查,并购方明确目标方知识产权产权链、目标方知识产权价值、被许可资产的可转让性等问题,以决定有无必要进行相关的并购交易。本章以什么是知识产权尽职调查为逻辑起点,探讨为什么及如何在并购中进行知识产权尽职调查,以及在知识产权尽职调查中未适当履行其义务时将导致怎样的法律责任问题,以适应知识产权法律和技术的新变化,制定规范跨国并购中日益增多的知识产权争议的行为和责任标准。

---

① See Martin B. Robins, *Intellectual Property & Information Technology Due Diligence in M&A: A More Substantive Approach Needed*, 2 Journal of Law, Technology & Policy 321(2008).

第一节 知识产权尽职调查的独特性

一、知识产权尽职调查内涵界定

"尽职调查"概念来自英美法系,最早是用于对证券市场上投资人(股东)的保护,后来被移植到企业并购等交易中来。美国《1933 年证券法》第 11 条规定,对注册声明中的重大事实进行虚假陈述或遗漏者,应负民事责任。[①] 尽职调查是针对发行人、董事、承销商和会计师在公开发行中披露信息的义务而言的,如果当事人没有进行尽职调查,则有可能要对投资者承担民事损害赔偿责任。[②]《元照英美法词典》中对"尽职调查"的解释有三:一是应有的、适当的注意;二是在合理的时间内完成某一事项所作的具有持续性与坚定性的刻苦努力或为否定过失或共同过失,一个理智而又谨慎的人所作的努力;三是为了迫使证人出庭当事人所作的合法而适当的努力。[③] 对于并购中的尽职调查,作者认为,就其本意而言,主要包含前两项含义,即在并购中,为排除并购中的过失,一个理智而又谨慎的并购方在合理时间内为了解目标方所作的刻苦努力。

基于不同视角,学者对知识产权尽职调查作了不同的阐释。例如,有学者认为,知识产权尽职调查是指对一个企业的知识资产进行系统化的梳理,记录其知识产权现状,发现其存在的问题,评估其存在的风险,并提出专业的解决方案。换句话说,知识产权尽职调查是指对企业的知识产权资产进行摸底,发现问题并解决问题。也有学者认为,知识产权尽职调查是指在任何知识产权资产投资前,为调查和确认该知识产权资产的状况所进行的一种法律活动。知识产权资产包括相关公司的专利、商标、著作权、许可以及业务和专有技术。应在企业并购及知识资产证券化等众多领域适用知识产权尽职调查。还有学者认为,

---

① See 15 U. S. C. § 77 k(2006).

② See William K. Sjostrom, *The Due Diligence Defense Under Section* 11 *of the Securities Act of* 1933, 44 Brandeis Law Journal 549(2006).

③ 参见薛波主编:《元照英美法词典》(缩印版),北京大学出版社 2013 年版,第 447 页。

知识产权尽职调查就是对一个企业的公司名称、商标、专利、设计、著作权以及域名等知识资产所作的系统化的揭示、确认、记录和估价。[①] 知识产权尽职调查是一项法律活动,在该活动中,有经验的知识产权律师定义、审查和分析目标公司的知识产权组合。无论是目标方还是并购方在并购业务中涉及知识产权尽职调查,其目的旨在通过调查验证知识产权的范围、可执行性及知识产权潜力来揭示专利、商标、著作权、商业秘密等无形资产的价值。这些调查的广度和深度应与知识产权的重要性及其对交易价值的相关影响成正比。[②] 由此可见,上述知识产权尽职调查阐释强调知识产权尽职调查的过程,如前两个定义,第一个定义指出知识产权尽职调查的知识资产梳理、记录、发现、评估、解决的过程;第二个定义指出知识产权尽职调查的知识产权资产揭示、确认、记录和估价的过程。而第三个定义则从侧面强调采取尽职调查的时间,应在对任何知识产权资产进行投资之前。可见,不同学者各有侧重,从发生时间、进行过程阐释知识产权尽职调查的含义。作者认为,并购中的知识产权尽职调查是为了规避风险,是一个谨慎的并购方在并购的合理时间内,经过一系列相关活动查明、评估、分析目标方知识产权资产有无、知识产权资产所有权归属、知识产权资产的数量、知识产权强度、知识产权战略有效性等所作的努力。它可以体现为中介机构对目标方的规模、资产、信用等情况进行调查并出具专业的法律意见。[③] 作为在投资知识产权资产之前确认其状况的过程,知识产权尽职调查旨在评估公司关键资产和负债的活动,是进行相关业务交易的基础。它关注目标方在知识产权交易中所涉及的知识产权资产的管理,包括对目标方相关知识产权的真实和适当价值的评估,以及对并购方可能在交易中招致的知识产权相关风险的评估。具体而言,就是在知识产权跨国并购中,并购方通过相关知识产权尽职调查,获取目标方的知识产权相关资料,确定并购方知识产权权利归属、知识产权

---

① 参见王宁玲、吴晓群:《全球创新浪潮下的知识产权尽职调查》,载《今日财富(中国知识产权)》2010 年第 4 期。

② See Michele C. Bosch & Adriana L. Burgy, *Demystifying IP Due Diligence*, 7 Managing Intellectual Property 160(2006).

③ 参见王晋刚、张铁军:《专利化生存:专利刀锋与中国企业的生存困境》,知识产权出版社 2005 年版,第 23 页。

的真实有效性、知识产权的权利范围、知识产权的法律状态等，分析相关跨国并购交易的风险和收益，评估预期交易定价。

二、知识产权尽职调查的特征

通过知识产权尽职调查，确认目标方知识产权的具体状态，为准确评估作价打下良好基础，这是知识产权跨国并购顺利进行和成功的有力保障。从上述含义阐释出发，分析知识产权跨国并购价值尽职调查的特征，具体包括以下五个方面的内容。

第一，就时间而言，知识产权尽职调查发生在跨国并购中，具体而言可以分为知识产权跨国并购合约缔结前和缔结后的知识产权尽职调查。缔约前的知识产权尽职调查需要调查了解、分析目标方的知识产权状况，结合相关依据初步确定并购的价格；缔约后的知识产权尽职调查多发生在并购的知识产权为商业秘密的情况下，并购方在外部了解目标方知识产权概况及目标方自我陈述知识产权和担保的基础上，缔结并购合同，进行详细的知识产权尽职调查并调整合同。

第二，就主体而言，进行知识产权尽职调查的主体既可以是并购方或目标方，也可以是并购方或目标方委托的从事知识产权调查的律师事务所或会计师事务所等中介机构，还可以是某行业协会或有关知识产权局。在知识产权跨国并购中，进行知识产权尽职调查的主体主要是并购方内部律师，其和聘请的具有知识产权专业知识的专家、律师等共同完成知识产权尽职调查。知识产权资产的特殊性，要求从业人员一定要具备专业的知识产权知识，这一点不同于一般并购中的尽职调查。由于企业法务对于企业经营目标十分熟悉，其对目标方合法权利是否满足企业并购后的经济目标的把握具有不可替代性。

第三，就内容而言，知识产权尽职调查的内容是指确定目标方知识产权资产的结构、资产的法律状况和有无涉诉等方面的法律风险。具体包括确定目标方专利或可申请专利的资产、商标、设计、机密商业信息、著作权、域名等正在使用或未使用的知识产权资产，确定相关知识产权是否以独资或合资、独家或非独家许可证等形式为目标方所有，检查知识产权有无许可等协议限制而影响经营自由,评估知识产权的合法期限和使用期限等有效性,评估潜在的知识产权侵权等。

第四,就目的而言,跨国并购中进行知识产权尽职调查是为了要识别目标方注册专利和未注册的知识产权资产,如商业秘密、专有技术、域名、未注册商标或著作权的状况,以防范并购过程中的过失或共同过失,避免风险和减少损失。在知识产权尽职调查中,并购方越是审慎,就越能减少知识产权并购的失误,防范知识产权法律风险,降低知识产权并购成本。并购中为什么要进行知识产权尽职调查?1998 年,大众汽车收购劳斯莱斯的实际案例为此提供了极好的理由。大众汽车在从威克斯购买劳斯莱斯和宾利之前,忘记了确认核心资产"劳斯莱斯"商标的所有权。尽管他们为这些汽车、设计和制造设施支付了 7 亿多美元,但当交易完成后,大众汽车仍然不能在其新款豪华车上使用著名的"劳斯莱斯"商标。相反,宝马从真正的所有者——飞机制造商劳斯莱斯公司手中以 6500 万美元的价格买下了"劳斯莱斯"的商标。①

第五,就性质而言,本章界定的知识产权跨国并购尽职调查是法律尽职调查的一种,强调从事调查的律师或知识产权法务人员运用专业的知识产权法律知识,借助于一定的媒介手段与方法,对目标方知识产权有关的法律事项进行审慎的、适当的调查,基于调查素材进行法律核查,最终向并购方提交书面文件。

由于并购重点不同,所需调动的手段与方法也有所不同。在知识产权尽职调查中还须遵循一些指导性准则。例如,保密性原则,即对在尽职调查中获悉的商业秘密等信息,在该信息进入公有领域前或为公众知晓的合理时间内要保密;勤勉尽责原则,即在知识产权尽职调查中,律师及知识产权法务人员除尽到普通人的一般注意义务外,还要尽到法律人的专业注意义务,要在全面性基础上根据个案具体情况突出重要性,有所针对地、经济高效地完成尽职调查。

---

① 参见徐锋:《汽车故事:宝马大众争购劳斯莱斯的后遗症》,载《21 世纪经济报道》2002 年 5 月 17 日,第 14 版。

第二节　知识产权尽职调查解决的法律问题

基于并购方总体发展战略,一个合格的尽职调查过程并不是仅仅考量知识产权"是什么",更应该考虑在其司法管辖权内知识产权潜在权利的扩展,即"可以做什么"。围绕知识产权资本适格要件之价值可评估性和独立转让性,在知识产权尽职调查这一承上启下的环节中,明确知识产权主体,查明并识别目标方有无相关知识产权的所有权、目标方知识产权有无涉诉或涉诉危险、目标方知识产权有效性、目标方被许可知识产权资产的可转让性问题、目标方知识产权有无设立抵押等限制,审查知识产权许可协议、保密协议、合资协议等文件,确定相关税费、维持费或续展费的支付情况,更好地判断目标方知识产权价值和独立转让性,有效利用资源并控制风险,为后续的知识产权评估和转让打好基础。

一、识别目标方有无相关知识产权

(一)关于合作开发知识产权的归属问题

知识产权确权是一个复杂的过程,因知识产权类型的不同而有所区别。在知识产权并购中,确定目标方实际是否拥有其声称拥有的知识产权资产、目标方的知识产权所有权链是否有缺陷非常重要。目标方拥有相关知识产权的所有权,还是拥有第三方知识产权的被许可权?这些问题可能引发第三方的索赔。并购中既要考量知识产权资产的竞争性等积极价值,同时也要考量知识产权所有权链中知识产权使用、转让等受限的消极问题。知识产权的无形性决定了其与有形资产物权权属的不同,目标方知识产权权属可能有诸多状态:目标方经自主研发而拥有知识产权所有权,目标方将自主研发的知识产权独占许可给他方而使其在一定的时间和地域内没有该项知识产权的使用权,目标方知识产权是通过独占、排他、交叉许可而获得在既定时间和地域内的使用权,目标方因雇员发明创造而获得某知识产权使用权,目标方与合作或协作方共有知识产权等。根据知识产权类型的不同,运用不同的方法识别目标方知识产权所有权,具体涉及职务作品或发明成果的归属、知识产权共有权利归属、合作开发或者委托开发下权利归属等问题。一项发明可能是发明人自己独立完成,也可能是两个以上的发明人合作完成,此时称为共同发明,该项发明获得的专利权属于共同专利权人。合作共同研发、申请某项专利技术,所有参研人都是该专利技术共有部分的所有者,取得全部权利人的同意方能转让该专利技术。共同专利权人对该专利共有,每个权利人可以转让其所享有的份额,但无权转让全部专利,除非征得其他专利权人的同意;每个专利权人可以自行签发许可证;每个专利权人可以自行实施全部专利。当一项商标是共同工作成果时,每个共同工作者都拥有一个不可分割的部分财产权,此时涉及参与商标创作的各方对商标的权属确定问题。因此,并购方应寻求并获得职务作品及其相关知识产权的明示转让。公司初创期,雇员一般没有签署协议明确其在工作范围内完成的具有著作权的软件、文档如何进行转让,由此可能引发权属方面的诸多问题。

一件作品既可以是一个人创作的,也可以是两个以上的人创作的。当一件作品是由两个以上的作者创作时,可能属于合作作品。[①] 两个或两个以上的作者创作作品的目的是将其成果合并为一个整体,其各自的创作成果是其中不可分割或相互依存的部分。根据合作作品的定义和相关判例,判定有关的作品是否属于合作作品,创作者的意图和每一位作者对合作作品的贡献是关键要素。在 1989 年的维斯曼案中,上诉法院在判定合作作品标准时,确定了“意图 + 贡献”标准,一是要有创作合作作品的意图,二是要求每一位作者对合作作品做出了“贡献”。[②] 如果两个以上的作者在创作作品的时候,具有将其创作成果合并为一个整体的“意图”,那么其创作出的作品就属于合作作品。如果没有这种“意图”,即使另外有人将两个以上作者创作的成果合并为一个整体,这个整体作品也不属于合作作品。关于“贡献”标准的判定,哥德斯坦教授的“可获著作权性标准”为法院普遍接受。只有当合作者的贡献是独创性的表达,属于著作

① 参见美国《版权法》第 101 条。

② See Heidi S. Weissmann, M. D. , Cross - Appellee v. Leonard M. Freeman, Judgment of 23 Feb. 1989, 2d Cir. No. 353(1989)10 USPQ 2d 1014.

权保护的客体时，才有可能形成合作作品。[①] 在合作作品的情况下，每一位作者都是共有著作权人，可以自己利用作品或许可他人利用作品，而不必获取其他合作作者的同意。但是，通过其利用或者许可他人利用作品而获得的收益，应当由合作作者共同分配。[②]

（二）关于职务作品或发明成果的归属问题

职务发明，是发明者拥有其发明一般规则的一个例外。在德国，雇员发明是职务发明的上位概念，德国《雇员发明法》（German Employee Invention Act 1957）第4条第1款规定，“本法所称雇员发明包括受约束的发明和自由发明”。第2款规定，“所谓受约束的发明，即职务发明……”[③]就专利而言，对于雇员在工作中完成的职务发明，不同国家专利法规定的专利权归属有所不同。在德国，依《雇员发明法》规定，职务发明是雇员在劳动关系持续期间，基于雇员在企业内部或公共行政机关承担的义务，或者主要基于在企业或公共行政机关的工作或积累的经验而作出的发明。雇主须满足一定程序要求才可以取得职务发明上的专利申请权和专利权。[④] 在美国，根据《专利法》的规定，当一项发明有共同发明人时，在没有相反协议的情况下，每个发明人均被认为是该专利的共同所有人，对“该发明作为一个整体具有不可分割的平等利益”[⑤]。除另有规定外，每个共有人都有制造、使用、销售和实施其发明专利的权利，包括未经同意向第三方许可其发明专利的权利，并负有向其他共有人转移利润的义务。[⑥] 在美国有些州，根据雇佣发明原则（hired－to－invent doctrine），即使在没有转让协议的情况下，雇员也被假定已将其受雇或基于职务行为而完成的发明转让给雇主。例如，一名专门为法拉利制造新型数字喷油器的员工，被假定已经将这项发明转让给了法拉利，即使法拉利忘记在雇佣合同中加入转让条款。该转让

---

① 参见李明德：《美国知识产权法》（第2版），法律出版社2014年版，第336页。

② 参见李明德：《美国知识产权法》（第2版），法律出版社2014年版，第334～335页。

③ 该法案于1957年7月25日颁布，1994年6月24日修正，2009年7月31日第7条修正。

④ See German Employee Invention Act Section 4(2)(i)(ii).

⑤ 35 U.S.C. § 116(2008).

⑥ See 35 U.S.C. § 262(2008).

意味着法拉利拥有该发明的所有权，而发明者无权制造、使用、销售或进口其发明。而如果这个负责制造喷油器的员工提出了一个全新的生产线配置方案，在没有专门合同约定的情况下可能导致这个专利不会授予法拉利，因为雇佣发明原则并不适用于此种情况。在英国，一项专利授予二人以上的，除非协议另有约定，否则每个人享有该专利的同等不可分割份额。[①] 未经其他合作专利权人同意，合作专利权人不得根据专利授予许可，或转让或抵押专利的份额，或在苏格兰引起或允许对其授予担保。[②] 在日本，法律要求合作发明人颁发许可协议授予其他合作人行使专利权。[③] 在中国，《专利法》将职务发明的专利权归属为单位。执行本单位的任务或者主要是利用本单位的物质技术条件所完成的发明创造为职务发明创造。职务发明创造申请专利的权利属于该单位，申请被批准后，该单位为专利权人。该单位可以依法处置其职务发明创造申请专利的权利和专利权，促进相关发明创造的实施和运用。[④] 可见，单位拥有职务发明创造专利申请权；该发明申请被批准专利后，该单位为专利权人。职务发明归属单位的，进行发明的雇员可以获取一定的报酬。在有些国家，雇员在工作之外完成的发明，专利权属于雇员。美国则规定，在工作中完成构思或付诸实践的发明人或合作发明人个人拥有专利权，除非有明示约定或发明是雇员为完成工作任务而产生的。而一些英联邦国家劳动法或合同法规定，当雇员与雇主签订了劳动合同，在履行合同中雇员所做的全部发明归雇主所有。有时候，共同发明人不属于同一公司；有时候，职务发明和非职务发明界限模糊，发明归属确认困难。此时，关于知识产权的归属识别就是一个非常复杂的过程。

就著作权而言，职务作品的认定要求雇员在其受雇工作范围内完成并需要符合一定的标准。例如，该成果是因专门的指定或委托而完成，该成果要构成某一类作品，双方须书面明确同意该作品实际上是因受雇而完成的作品。根据美国《著作权法》的规定，委托作品和雇佣作品（Works Made for Hire）关系密

---

① See The Patents Act 1977 (as amended) Section 36.1 (1).

② See The Patents Act 1977 (as amended) Section 36.1 (3) (b).

③ 参见张荦：《跨国并购知识产权尽职调查问题研究》，载《科技资讯》2017 年第 30 期。

④ 参见我国《专利法》第 6 条第 1 款的规定。

切。委托作品是指一方当事人委托另一方当事人创作的作品。在这里，委托人与受托人之间不存在一般所说的雇佣关系，只存在一种由合同界定的委托关系。而职务作品产生于两种情形：一是某一雇员在其职责范围内所创作的作品；二是某些通过特别订购或委托而产生的作品，也可以被视为雇佣作品，即某些委托作品可以在明确约定并属于法定的 9 种作品之一这样特定的情形下成为雇佣作品。[①] 在保护作者精神权利的国家，雇佣作品的著作权属于创作者，他可以通过合同将著作权中的财产权转让给雇主。但在美国，雇佣作品的著作权是属于雇主的，而不属于作品的实际创作者，即雇员。[②] 当不满足相关国家有关著作权法的职务作品标准时，开发方将保留其作品的所有权或至少是著作权，而委托方最多只是拥有非排他的许可权，而许可的范围及能否再许可是不确定的。关于委托开发下的成果归属问题，委托开发的软件程序、网站或其他工作，并不因为委托方指导并支付了相关的开发费用而想当然地拥有成果的知识产权。在著作权法下，无论该作品或发明是由谁委托或支付费用的，开发者均可以保留其成果的所有权。

在知识产权尽职调查中，如果没有发现作为雇主的目标方没有取得其雇员的发明专利申请权和专利权、著作权等知识产权，将会给并购方带来严重的影响，不仅会使并购方的并购目的落空，甚者可能使并购方卷入雇员提起的侵权诉讼，并因法院的禁令而无法实施并购获得的知识产权。为避免此类问题的发生，在知识产权尽职调查中要识别其是否为职务发明。

（三）关于知识产权的所有权和使用权问题

在知识产权跨国并购中，从不同的数据库和知识产权局查阅产权记录，确定目标方对知识产权是否拥有所有权，还是仅仅通过许可获得知识产权的使用权。被许可获得的是独占许可、排他许可还是普通许可，通过许可获得的专利权在并购后能否继续使用等都是复杂的问题。

---

① 参见美国《版权法》第 201 条（b）的规定。

② 参见李明德：《美国知识产权法》（第 2 版），法律出版社 2014 年版，第 338 页。

就专利权属而言,涉及确定专利权和专利申请权,其中包括每个专利和专利申请的所有权链。2001 年华立并购飞利浦公司 CDMA 案[①]是跨国并购没有明确目标方专利技术权属进而导致并购失败的典型事例。在本案中,华立没有做好并购前的知识产权尽职调查,而想当然地认为飞利浦公司的 CDMA 是其自主专利。并购后华立才知道飞利浦的 CDMA 芯片技术是通过与高通公司签署交叉许可协议获取的,且许可协议中高通公司限制飞利浦公司将相关技术向第三方公开。华立没有搞清楚目标方飞利浦公司 3G 专利技术的权属,误将飞利浦公司经许可获得的 CDMA 3G 专利使用权当成所有权,高价并购获得属于飞利浦公司所有但没有任何意义的 2G 专利技术,华立的并购目的落空并造成巨大损失。

就商标权属而言,要获取所有商标注册和注册申请的副本及与企业运营相关的用途,验证商标是否注册;检查所有的许可协议和销售协议,确定目标方是相关商标的许可方还是被许可方;检查目标方是否使用了第三方注册的商标。在 1998 年德国大众汽车收购劳斯莱斯公司案[②]中,目标方劳斯莱斯公司与宝马公司签有在先协议,该协议限定并购交易转移相关商标权,导致德国大众汽车在并购劳斯莱斯公司后,能够生产貌似劳斯莱斯的汽车,但不能在其上使用“劳斯莱斯”商标。

就商业秘密而言,联想并购 IBM PC 部门案,是由于美国所谓国家安全而没有获得相关商业秘密的实例。报纸媒体大多报道联想成功并购 IBM PC 部门,而甚少报道联想在并购中放弃相关商业秘密才能成功并购。由于 IBM 是美国政府的计算机供应商,联想并购 IBM PC 部门引发美国安全部门极大关注,担心联想通过并购获取 IBM 相关信息而秘密进入美国政府网络,美国安全部门要求 IBM 在交易中必须对重要信息提供保护,限定联想的雇员进入 IBM 的办公楼,防止联想获取美国政府客户的名单等。

越来越多的企业创建知识产权控股公司这一具有特殊目的的商业实体,以

---

① 参见李立红:《揭开盖看华立收购案》,载《中国经营报》2001 年 11 月 1 日,第 11 版。

② 参见徐锋:《汽车故事:宝马大众争购劳斯莱斯的后遗症》,载《21 世纪经济报道》2002 年 5 月 17 日,第 14 版。

管理和持有企业的知识产权资产,这些资产包括专利、商标、设计、著作权和商业秘密。例如,为了维护和管理知识产权而创建知识产权控股独资子公司,母公司将知识产权的所有权转移到该子公司,然后由该子公司将知识产权授予母公司。这样的安排不仅可以使公司获得税收优惠,①而且可以使公司获得知识产权资产独立控制方面的优势。当目标方是存有这样安排的母公司时,并购方在尽职调查中要调查清楚母、子公司间的知识产权所有和使用安排。②

在并购剥离的情况下,还会涉及知识产权许可丧失的问题。受并购交易等结果影响,企业可能会失去其享有的所在企业集团提供的权利或服务,特别是在并购剥离的情况下,专利权、软件和其他信息技术的丧失问题应作为尽职调查的内容加以确定和处理。其一,专利权的丧失问题。专利许可通常不仅使直接被许可方受益,而且使其子公司或其他附属公司受益。但是,当一个企业被剥离,不再是被许可方的子公司或关联公司时,它可能失去先前的豁免而被索赔。作为尽职调查的一部分,分析专利许可的覆盖范围是很重要的。其二,软件和其他信息技术的丧失问题。主协议下规定的软件许可和其他信息技术安排对同一企业家族中的其他实体都是有利的。但是,在资产剥离的情况下,被剥离的企业可能不再享有这些协议赋予的权利,也可能没有了软件使用权,还可能没有了维护和支持,或者可能维护价格大幅上涨。作为尽职调查的一部分,了解交易的信息技术影响非常重要。

并购中的知识产权尽职调查识别目标方有无对外知识产权许可协议是非常必要的,越早发现问题,越早采取补救措施。有时候,在申请专利前,发明人就已经转让了该发明。例如,发明人对其发明不申请专利而将其发明作为一项专有技术进行转让。不同国家商标法律法规规定了不同的商标权获得途径,商标权人可能经使用或经注册而获取商标权,成为商标权人。商标权可以合法转让,所以商标权主体可以是注册商标的所有人,还可以是注册商标转让的受让

---

① 一般地,特许权使用费可以给被许可方带来所得税减免。此外,还可以考虑将公司注册地设在对特许权使用费收入不征税或以较低的税率征税的司法管辖区。

② See Lanning G. Bryer & Matthew Asbell, *Combining Trademarks in a Jointly Owned IP Holding Company*, 98 Trademark Reporter 834 (2008).

人。有时候,在并购前,如果目标方已经全部或部分地许可第三方使用其知识产权,该并购的知识产权就涉及许可,此时,并购方需要明确目标方的知识产权转移是否受制于相关协议。同时,尤其要注意目标方知识产权许可协议中的再许可限制条款、保密限制条款、非竞争限制条款、反垄断限制条款等。

二、识别目标方有无涉诉或涉诉威胁

在并购交易进行前,并购方需要分析市场进入、技术开发自由,评估制造、使用、承诺销售、进口开发技术是否侵犯第三方的专利权等。在并购之前进行尽职调查可以使并购方免于因并购而卷入知识产权诉讼,耗费巨大的人力、物力和财力。如果并购方的相关尽职调查人员在并购尽职调查中接触到了有关目标方知识产权侵权的律师意见书、警告函等,目标方一定要足够重视这些法律文书,通过这些法律文件确定潜在的纠纷赔偿问题。对于并购中目标方涉诉的,需要明确该诉讼的当前状态,诉讼已经审结还是处于审理中。对于已经完结的知识产权案件,需要进一步明确争议解决途径是协商还是庭审,注意相关调解或裁决书的遵守情况和性质,确定相关裁决对知识产权的影响。对于尚在诉讼中的知识产权争议,需要分析相关的风险因素。对于知识产权侵权纠纷,需要确定由该知识产权侵权引发的损害以确定赔偿数额,此时,可以核查目标方律师的法律意见以进行相关的尽职调查。要分析诉讼进行中知识产权争议的侵权损害赔偿,预测法庭是否会支持原告的请求权。对于在尽职调查中发现的问题知识产权,并购方可以采取回避措施,也可以考虑通过许可收购问题知识产权,还可以向有关机关请求宣告问题知识产权无效。此外,知识产权权属的转让不等于对过去侵权行为提起诉讼权利的转让。并购方常常因专利的防御性布局,或对竞争者提起诉讼,或对威胁提起诉讼的一方进行抗辩而并购相关知识产权,如果并购方就其并购前的侵权行为提起诉讼的权利受限,则其获得专利的效力可能是有限的。因此,对于并购前侵权行为提起诉讼的权利转让也是非常重要的。

三、识别目标方知识产权有效性问题

第一,就专利的有效性而言,专利有效性一般取决于专利权的法定保护期限,如《TRIPS 协定》第 33 条规定,保护期在自提交申请日期起的 20 年期限结束之前不应终止。[①] 对于无原始批准制度的成员,保护期应自原始批准制度的提交申请之日起算。我国《专利法》规定,发明专利权的保护期限为 20 年,实用新型专利权的期限为 10 年,外观设计专利权的期限为 15 年,均自申请日起计算。专利制度通过授予专利权人有期限的独占权获得经济效益,体现了专利制度的市场经济激励机制。有时候,由于权利人没有按照规定缴纳年费,或者专利权人因其专利权收益不足以支付逐年增加的专利维持费而书面声明放弃专利权,导致专利权在期限届满前终止。[②] 有时候,技术的迅猛发展导致在有效期内的专利已无实际意义。因此,在判定专利权有效性时需要结合专利的法定保护期和存续期进行综合判定。专利的存续期是判定专利权价值大小的一个重要指标,专利权人经过申请获得专利权,通过市场实施检验并获得经济效益,存续期长的专利权会伴生一定的商誉价值和垄断价值,有效期维持长的专利,经济效益高,收益价值大。

第二,就商标的有效性而言,一是商标自身因素,即商标是否已经核准注册、商标是否已过争议期、商标是否接近续展期、商标核准保护范围。一般而言,核准注册的商标人在法定有效期内享有商标专有权。根据《TRIPS 协定》第 16 条的规定,注册商标的所有人享有专有权,以阻止所有第三方未经该所有权人同意在商业过程中对与已注册商标的货物或服务的相同或类似货物或服务使用相同或类似标记,因为此类使用会导致混淆的可能性。在对相同货物或服务使用相同标识的情况下,应推定存在混淆的可能性。上述权利不得损害任何已有的优先权,也不得影响各成员以使用为基础提供权利的可能性。[③] "注册商标的有效期为 10 年,自核准注册之日起计算。"[④]注册商标有效期满,需要继续使用的,商标注册人应当在期满前 12 个月内按照规定办理续展手续而使自己可以无限期地使用注册商标。[⑤] 《TRIPS 协定》第 18 条规定,商标首次注册及其

---

① 参见张乃根主编:《与贸易有关的知识产权协定》,北京大学出版社 2018 年版,第 188 页。
② 参见我国《专利法》第 42 条第 1 款的规定。
③ 参见张乃根主编:《与贸易有关的知识产权协定》,北京大学出版社 2018 年版,第 152 页。
④ 我国《商标法》(2019 年修正)第 39 条的规定。
⑤ 参见我国《商标法》(2019 年修正)第 40 条第 1 款的规定。

每次续展的期限不得少于 7 年。商标的注册应可以无限期地续展。核定注册的商标,如果连续停止使用一段时间,该商标有被撤销的危险;超越核准范围使用的商标具有不确定性;经过争议期的注册商标相对具有较高的法律稳定性。二是商标依附商品或服务因素,即商品生命周期、行业前景、市场竞争力、盈利能力等。这些因素相互作用,构筑商标的知名度、鲜明性和可靠性,进而决定商标的有效性。通过商标依附商品或服务的广泛使用获得的高知名度、商标代表商品或服务的高品质使商标获得的强识别度、消费者对商标的忠诚度等考量商标的有效性。三是商标有无其他许可、质押等附属权利。

第三,就商业秘密的有效性而言,从理论上讲,商业秘密可以无限期地发挥作用。权利人对早期的发明、生产流程、有关供应商和客户名单等商业信息可以采取相应的保护措施,只要这些信息具有秘密性、商业价值性。秘密性是指这些信息既不为公众所知,也不为有关部门的专家所知,一旦该信息被盗用或被错误获取则丧失秘密性,也就丧失商业价值。商业秘密出质担保是其积极价值功能体现。在知识产权的抵押不需要登记的目标方所在国进行知识产权并购,并购方需要翔实的尽职调查以确定目标方的商业秘密有无设立抵押权担保,设立抵押担保的商业秘密权利将受到诸多限制。

第四,就域名的有效期而言,在并购交易中,目标方域名是否到期是一个容易被忽略的问题。一般情况下,权利人注册域名时可以选择 1 年至 10 年有效期。如果权利人选择 1 年,域名将需要每年更新,以保持有效。如果权利人选择多年,域名将一直有效,直到这段时间结束。域名相关主管机关会在域名到期前通知有关权利人付费。域名到期后,如果权利人想继续使用该域名,只要在自域名到期日起的一定续费期内缴费,就可以恢复域名的使用。超过续费期没有缴费的域名,将被删除并进入高价赎回期,权利人想继续使用该域名须高价赎回。赎回期一过,域名将被彻底删除。此时,任何人都可以申请注册被删除的域名。有时候,目标方可能因疏忽而没有告知并购方域名有效期,也没有将有关通知告知并购方,并购的域名被删除,导致并购方遭受巨大的损失。随着互联网的发展,域名的价值常常高达数百万美元,有时高达数千万美元。目标方签署转让文件转让域名所有权,每一个域名转让适用独立的转让协议。并购方需要在并购交易有关协议中明确目标方域名在正常有效期、续费期、高价回赎期，以确定此次知识产权跨国并购交易是否能继续进行，并确定交易价格。

四、识别目标方被许可知识产权的可转让性

在目标方的知识产权非所有而是通过许可而来的情况下，许可协议对被许可知识产权有无禁止转让性限定？除从分析知识产权许可协议本身着手外，还需要从跨国并购方式着手，考量并购交易方式选择对知识产权许可转让的影响。在并购交易中，知识产权资产可转让性是知识产权跨国并购中的一个重要问题，并购方关心并购后公司的知识产权许可权是否会因为并购而保持不变的问题。

首先，许可合同一般会规定禁止转让条款，例如，规定“被许可方不得转让其在本协议项下的任何权利，除非事先得到许可方的书面同意”。根据法律的一般规则，除法规、合同中定有禁止转让条款，转让违反法律规定或公共政策以及转让对另一方有重大不利后果外，合同及权利是可以自由转让的。如果知识产权许可协议未规定许可方是否可转让许可，那么许可方通常可以转让，除非许可方提供的服务是独特的，在这种情况下，被许可方可以根据一般合同法原则认定许可是不可转让的。如果知识产权许可协议未规定被许可方是否可转让许可，那么通常认为被许可方无权转让。与一般商业合同的自由可让渡性不同，公共政策规定对知识产权的许可要区别被许可方特定性、竞争对手、与个人服务契约的相似性而不同对待。专利、著作权、商标许可中的排他性许可一般不可转让。可见，不得转让条款可以通过明确规定“因控制权的变更构成转让”而被禁止。

其次，股权收购、反向和正向并购等不同的并购方式，对许可转让具有不同的影响。通常，股权收购只会导致所有权的变更，因此并不违反禁止转让条款，因为许可方仍在与同一被许可方交易。[①]“如果并购方购买了目标方的股票，这

① See Institute Pasteur v. Cambridge Biotech Corp., Judgment of 17 Nov. 1997, No. 96 - 2028; (1997) 104 F.3d 489.

种购买本身并不构成对目标方任何合同权利或义务的‘转让’。”[①]如果股票收购实为掩盖许可的转让行为，即通过股权收购实际上将专利权许可转让给了非合同方，那么许可合同不能在控制权变更的情况下继续有效。在1987年的瑞利特塑料有限公司案中，法庭认为如果出售股票的行为是为了掩盖转让专利权许可的行为，那么禁止通过重组计划获得公司债务人股票的实体行使债务人（被许可人）的专利被许可权。[②] 而在目标方（被许可方）存续的反向兼并中，许可方与相同的被许可方进行交易而不受前述不得转让条款的限制。被许可方存续下来，因此其专利许可继续有效，不受禁止转让条款的限制。[③] 在反向子公司合并中，并购方成立全资附属子公司并入目标方，目标方的股东获得合并对价，使目标方成为并购方的全资子公司而存续下来。1997年美国第一巡回上诉法院审结的巴斯德研究所诉剑桥生物技术公司案涉及许可协议的可转让性（知识产权许可协议的可转让性需要特别考虑，因为默认其规则不同于许多其他协议的处理方式。特别是，除非许可协议明确允许转让方或许可方另有同意，否则被许可方的权利一般是不可转让的），该案法院判定，1994年7月7日，加拿大商业银行根据加拿大《破产法》第11章的规定申请破产保护，其重组计划提出剑桥生物技术公司承担两个交叉许可，利用巴斯德研究所的HIV2专利程序继续经营其反向转录病毒诊断学部门，并将所有剑桥生物技术公司的股票出售给巴斯德研究所在国际生物技术销售方面的直接竞争对手——法国生物技术巨头梅里埃的子公司。法院裁定，重组后的债务人在新所有权下的交叉许可的假设不构成对梅里埃交叉许可证的实际转让。根据加拿大《破产法》第365条（c）的规定，剑桥生物技术公司可以作为债务人将交叉许可占有，巴斯德研究所和剑桥生物技术公司之间的预先申请许可关系既不是“独特的”，也不在“个人

---

① Baxter Pharmaceutical Products, Inc. v. ESI Lederle Inc., Judgment of 11 March 1999; (1999) WL 160148.

② See In re Alltech Plastics Inc., Judgment of 26 March 1987, No. 86 – 23673 – L, (1987) 71 B. R. 686.

③ See Hartford Empire Co. v. Demuth Glass Works, Judgment of 11 June 1937, No. 8023 (1937); 19 F. Supp. 626.

服务合同的范畴"。[1] 例如，1987 年，结构化查询语言（Structured Query Language，SQL）系统公司从甲骨文公司（Oracle Corp.）获得了软件授权。1990 年，为获得甲骨文公司的相关软件授权，甲骨文公司的竞争对手赛贝斯（Sybase）通过反向子公司合并使得 SQL 系统公司成为其全资子公司并存续下来。甲骨文公司与 D&N 签订许可协议的禁止转让条款规定，未经甲骨文公司同意，该许可不得转移或转让。根据联邦法律，未经许可方的同意，著作权许可不得转让。法院裁定，合并导致"被许可方的所有权形式发生了根本变化"，并裁定许可方可以终止许可。许可可能在最初的反三角合并交易中"幸存"下来，但如果目标方随后试图在后续的内部交易中将其并入并购方，结果可能会有所不同。SQL 系统公司的解决方案受到了许多实践者的批评，法院间也没有统一的适用实践，因此适用时仍需谨慎。根据加利福尼亚州的法律，罗申美国际会计师事务所（RSM）是否属于法律操作的转让尚未确定。其他加利福尼亚州联邦地区法院已经驳回了 SQL 系统公司的解决方案，将其与加利福尼亚州的股票销售法律进行类比，指出"从法律角度讲，公司的许可将被消灭是毫无争议的，因为两个合同方仍然在共同利益关系中存在"[2]。新泽西州法院认为，根据新泽西州合并法令，RSM 可以通过法律操作转让合同。[3] 罗氏出资 6 亿美元以反向子公司合并方式收购 BioVeris 公司。Meso 认为反向子公司合并持有不可转让著作权许可；罗氏认为反向子公司合并类似于股票购买之所有权的变更，而不是转让。特拉华州衡平法院裁决，反向三角并不会导致目标公司的合同因法律操作而被转让。在 2003 年，Meso 签订了一份非独家知识产权许可协议，根据该协议，该公司将技术授权给 BioVeris 公司。2007 年，罗氏通过反三角合并与 BioVeris 公司达成协议，以 12.5 亿美元收购了 BioVeris 公司，并在合并中幸存下来，成为罗氏的全资子公司。2011 年，Meso 提出驳回动议，称 BioVeris

---

① See Institute Pasteur v. Cambridge Biotech Corp., Judgment of 17 Jan. 1997; 1st Cir. No. 96 - 2028 (1997); 104 F.3d 489.

② Florey Inst. of Neuroscience & Mental Health v. Kleiner Perkins Caufield & Byers, Judgment of 26 Sept. 2013, No. CV 12 - 6504 SC; (2013) 31 F. Supp. 3d 1034.

③ See DBA Distribution Services v. All Source Freight, Judgment of 13 March 2012, No. 11 - cv - 3901 (2012) WL 845929.

公司的反三角合并与罗氏子公司构成了法律操作的转让，Meso 有权终止许可。Meso 还提到了一个未发表的联邦法院案例，即 SQL 系统公司的解决方案，加利福尼亚州法律认为反三角合并重复经颅磁刺激器 RTMs 的结果是法律操作的分配。罗氏认为，反三角合并不同于正三角合并，即目标公司不复存在，其类似于股票购买，即所有者身份发生变化，但目标公司的合同和其他法律关系保持不变。法院裁决，由于特拉华州没有考虑过反三角合并是否涉及通过法律手段转让资产，因此无法驳回对罗氏有利的判决。[①] 在失去使用这项技术的最初的非独家许可证后，被告罗氏寻求从专利权人、被告国际基因技术公司（IGEN）处重新获得电子学元件实验室（ECL）许可证。2013 法院作出了有利于罗氏的裁决。根据所提出的事实，罗氏对不转让条款的解释更为合理，即反向子公司合并通常不是法律操作或其他方面的转让。[②] “如果一项转让仅仅是因为企业所有权的法律形式发生了变化，那么它的有效性取决于它是否影响了受合同不可转让性保护的各方利益。”[③]法院驳回了“在资产出售中，不起诉的契约是不可转让的”这一说法，不支持未经同意的专利许可不可转让的规则可以控制受让人法律形式的转变。[④] 根据州法律协议授权存续方，因为正向并购中被许可方一般不会存续，所以正向合并一般不会触发反转让条款。法院实践中多遵循 1979 年第六巡回上诉法院的工业公司（PPG）PPG 案原则，在合并中，如果被许可人没有在合并中存活下来，则专利许可不能由继承人继承。结果可能因涉及的知识产权种类和许可证是否具有排他性而有所不同。作为联邦普通法的一个问题，专利许可和著作权通常不可转让，专有技术和其他商业秘密许可证应完全由国家法律解决，商标许可涉及联邦和州法律的混合适用问题。排他性许

---

① See Meso Scale Diagnostics v. Roche Diagnostics, Judgment of 8 April 2011, C. A. No. 5589 - VCP (2011).

② See Meso Scale Diagnostics v. Roche Diagnostics GmbH, C. A., Judgment 22 Feb. 2013, Series A, No. 5589 - VCP (2013) 62 A. 3d 62.

③ Trubowitch v. Riverbank Canning Co., Judgment of 24 June 1947 No. 5725 (1947) 30 Cal. 2d 335.

④ See Syenergy Methods, Inc. v. Kelly Energy Systems, Inc., Judgment of 20 April 1988 No. 83 - 0697; (1988) 695 F. Supp. 1362.

可可能赋予被许可方一定的转让权。[①] 受交易的实际效果、许可是否最终落入许可方的竞争对手手中以及交易是否会扩大许可的范围等不同因素的影响，美国州法院的司法实践有所不同。在美国，《版权法》和《专利法》是联邦法律的产物，著作权和专利问题涉及联邦普通法的适用。由此可见，并购交易形式对知识产权许可具有一定的影响，资产并购下知识产权许可一般可以转让，正向兼并下知识产权许可依法可能转让，而反向兼并下知识产权许可可能不可以转让，股份并购下知识产权许可一般不能转让。一般来说，如果双方希望对可转让性有所限制，则合同必须包括与之相关的明示条款。如果双方都想要自由转让，合同中应该规定一个转让条款，这有助于消除混淆或误解。

最后，根据知识产权种类不同区别对待。因涉及的知识产权种类和许可是否具有排他性而结果可能有所不同。一是知识产权的种类不同，结果可能不同。在美国，专利、著作权、专有技术和其他商业秘密许可由联邦普通法进行调整，一般禁止转让；商标许可问题由联邦和州法共同进行调整。二是就许可是否具有排他性，结果也可能有所不同。排他性的许可意味着可能赋予被许可方转让的权利。在许可协议对是否可以转让没有明确规定或者在破产重组的情况下，许可协议条款可能不具有约束力，此时因知识产权种类不同，适用法律有所不同，其转让性的结果也会有所不同。非排他性的著作权许可通常被视为联邦普通法中不可转让的事项，[②]但是实际上，依据加利福尼亚州法律来解释隐含的非排他性许可，发现它是可转让的。[③] 此外，法院在排他性著作权许可的可转让性上也存在分歧。第九巡回上诉法院曾裁决，即使是独家许可也不可转让；[④]而后又说由于排他性许可在著作权法中被视为转移，它们应该是可转让的，除

---

① See PPG Industries, Inc. v. Guardian Industries Corp., Judgment of 1 Oct. 1998 No. 97 - 1513; (1998) 24577.

② See Harris v. Emus Records Corp., Judgment of 29 May 1984 No. 81 - 5753, 82 - 5613; (1984) 734 F.2d 1329.

③ See Foad Consulting Group, Inc. v. Musil Govan Azzalino, Judgment of 30 Oct. 2001 No. 98 - 56017; (2001) 270 F.3d 821.

④ See Gardner v. Nike, Inc., Judgment of 31 Jan. 2002 No. 00 - 56404; (2002) 279 F.3d 774.

非许可协议另有明确规定。[①] 专利非排他性许可并不是联邦普通法的调整对象;[②]专利独占许可的可让渡性不明确,曾有法院主张排他性专利许可是不可转让的。[③] 法院集中在专利法的原则而不是联邦普通法的一般原则可能区分的情况下,基于"所有实质性权利"是否已经向独占被许可人让与这个标准确定的基础,被许可方有权对侵权提起诉讼,需要更多的不仅仅是排他性。商标许可的一般规则规定,无论是排他的还是非排他的商标许可,被许可方都不能转让。[④] 然而,判例中也有其他的情况,特别是在破产程序中,许可对债务人的重组能力很重要。[⑤] 商业秘密的一些案例和评论者引用了不可转让的一般原则,[⑥]但这些说法几乎没有根据,相反的情况时有发生。[⑦]

五、识别目标方知识产权有无抵押等障碍

(一)目标方有无设立担保权限制

专利、著作权、商标等知识产权会因设定了担保权益而使其行使受到限制。一般地,对于并购方而言,如果债权人在债务人(目标方)特定知识产权上设定了担保权益,目标方逾期没有清偿相关债务,债权人可变卖留置知识产权资产而优先受偿。在美国,知识产权融资担保历史悠久,早在19世纪80年代,爱迪生创办的电灯公司所需资金就是以其白炽灯专利抵押贷款而来的。时下,高科技企业越来越重视知识产权担保融资,根据相关担保合同的约定,抵押人可以继续进行知识产权研发,运用其知识产权。在美国,唯有根据《统一商法典》的

---

① See Nimmer on Copyright, Section 10.02(B)(4).

② See, e.g., In re Catapult Entertainment, Inc., v. Catapult Entertainment, Inc., Judgment of 28 Jan. 1999 No. 97 - 16707; (1999) 165 F.3d 747.

③ See In re Hernandez, Judgment of 12 Dec. 2002, No. 99 - 01192 - YUM - EWH; (2002) 285 B.R. 435.

④ See McCarthy on Trademarks & Unfair Competition, Section 25:33 (4th ed.).

⑤ See In re Rooster, Inc., Judgment of 31 May 1989, No. 89 - 10737F; (1989) 100 B.R. 228.

⑥ See Verson Corporation v. Verson International Group plc, Judgment of 17 July 1995, No. 93 CV 2996; (1995) 899 F. Supp. 358.

⑦ See In re Sentry Data, Inc., Judgment of 22 June 1988, No. 87 Civ. 6863(RWS), 87 Civ. 7261 (RWS); (1988) 87 B.R. 779.

规定提交相关文件,方可设立专利和商标抵押担保。担保权人会在美国专利商标局保存协议,在著作权局登记,这样抵押担保才能够具有知识产权法上的安全意义。因此,在知识产权跨国并购尽职调查中,目标方可以通过在有关当局查询目标方相关文件或登记记录,以确定目标方知识产权有无设立抵押权。

(二)目标方有无技术开发障碍

在某些情况下,并购开发中的技术,可能因为第三方专利权而阻碍并购方进入新技术领域或增大其进入的难度。实践中,技术开发存在许多不可预知的障碍,有时候竞争者可能利用反向工程破解了目标方的商业秘密,有时候竞争者可能独立开发出目标方的商业秘密并将该商业秘密申请专利,这样的公开会导致商业秘密失去秘密性而没有价值。

(三)目标方知识产权有无不相容问题

结合并购方具体情况分析目标方知识产权状况,分析目标方知识产权在本次跨国并购中的地位和作用,制定系统的知识产权整合计划,考察目标方知识产权与并购方知识产权的相关性或协同性。一般而言,横向并购通过并购竞争对手的知识产权实现正向的协同效应,亦可实施防御性策略弱化竞争对手的知识产权,提升其市场影响力而强化竞争地位;纵向并购是借助目标方的知识产权来延伸并购方的产业链,优化产业布局,提升产业整合,发挥产业优势。①

此外,各国法律制度的巨大差异给尽职调查带来了一定的挑战,法律规定的差异性导致知识产权相关判断具有很大的不同。在跨国并购知识产权调查中,还需要就目标方所在国并购法律法规,尤其是其中的知识产权转移、反垄断、安全审查等规则进行调查和研究,关注这些法律有无禁止相关知识产权转移,消除目标方和并购方知识产权认知和使用分歧,提前做好知识产权跨国并购申请、转让等规划,以免因并购目标落空而遭受损失。

---

① 参见刘云波、余炳文:《我国企业跨国并购中的知识产权调查》,载《知识产权》2014 年第 9 期。

第三节　知识产权尽职调查的法律责任认定分析

结合合同法、公司法和知识产权法的相关规则，探讨跨国并购知识产权尽职调查中的目标方知识产权瑕疵担保责任、并购方违反保密协议的法律责任、管理层违反相关义务的法律责任、律师等中介机构的违约和侵权责任等。

一、目标方的知识产权瑕疵担保责任

在现代买卖法中，出卖人应当向买受人保证无瑕疵交付，即承担物之瑕疵担保和权利瑕疵的担保责任，出卖人违反瑕疵担保责任将适用合同法的救济原则。

（一）目标方知识产权标的物的瑕疵担保责任

在古罗马，买卖标的物具有瑕疵时，买受人可以提起解除之诉、提起价金减少之诉。[①] 现代买卖法关于瑕疵担保责任的措辞与当时有所不同。现代买卖法中有采“瑕疵说”的，如“权利瑕疵的举证责任，出卖人对买受人主张的权利瑕疵有争议时，应由买受人证明其瑕疵”[②]，“出卖人对于明显的且买受人得以辨认的瑕疵，不负担保责任”[③]。现代买卖法中也有采“与合同相符说”或“合约说”的，例如，“卖方交付的货物必须与合同所规定的数量、质量和规格相符，并须按照合同所规定的方式装箱或包装”；“货物符合通常使用目的、订立合同时买方通知卖方的特定目的，符合买方提供的货物样品或样式，按照同类货物通用或足以保全、保护货物的方式装箱或包装”[④]；销售者必须向消费者交付符合买卖

---

① 参见梅仲协：《民法要义》，中国政法大学出版社 1998 年版，第 345 页。

② 德国《民法典》第 442 条的规定。

③ 法国《民法典》第 1642 条的规定。

④ 《联合国国际货物销售合同公约》第 35 条第 1、3 款的规定。

合同约定的商品;[①]出卖人必须保证所交付的商品与合同相符。[②] 出卖人应当按照约定的质量要求交付标的物,出卖人提供有关标的物质量说明的,交付之标的物应当符合该说明的质量要求。中国合同立法在法律技术连结点问题上采取"合约说",单独规定出卖方违反标的物瑕疵担保法律责任,[③]规定了卖方按照约定的质量要求交付标的物之"标的物的瑕疵担保"。[④] 美国《统一商法典》规定了品质担保、商销性担保和货物适用于特定用途的担保。[⑤]

在跨国并购知识产权尽职调查中,如果目标方交付知识产权时该知识产权存在瑕疵,在异议期内目标方尽到了检验和通知义务,而并购方没有进行检验和通知的,则视为标的物符合合同约定;如果并购方在缔约时不知且不应当知道该知识产权存在瑕疵,并购方通过尽职调查发现了目标方知识产权的瑕疵,而在随后订立的股权转让或资产转让等合同中忽略了这项内容,则因明知标的物的瑕疵而丧失主张救济的权利。卖方交付的货物必须与合同所规定的数量、质量和规格相符,并须按照合同所规定的方式装箱或包装。如果买方在订立合同时知道或者不可能不知道货物不符合合同约定,卖方就无须负有此种不符合合同约定的责任:货物符合通常使用目的、订立合同时买方通知卖方的特定目的,符合买方提供的货物样品或样式,按照同类货物通用或足以保全、保护货物的方式装箱或包装。[⑥] 出卖人对买受人主张的权利瑕疵有争议时,应由买受人证明其瑕疵。[⑦] 出卖人对于明显的且买受人自己得以辨认的瑕疵,不负担保责任。[⑧] 买受人订立合同时知道或者应当知道第三人对买卖的标的物享有权利的,出卖人不承担我国《民法典》第 612 条规定的义务,[⑨]限制买受人明知或应知标的物有权利瑕疵的权利。目标方违反知识产权标的物瑕疵担保责任的,并购

---

① 参见欧洲联盟《消费品买卖指令》第 2 条第 1 款的规定。
② 参见《欧洲私法共同基准框架草案》第Ⅳ. A. -2:101(d)条的规定。
③ 参见杜景林:《现代买卖法瑕疵概念的考察》,载《法学论坛》2012 年第 3 期。
④ 参见我国《民法典》第 613 条的规定。
⑤ 参见美国《统一商法典》第 313 ~315 条的规定。
⑥ 参见《联合国国际货物销售合同公约》第 35 条的规定。
⑦ 参见德国《民法典》第 442 条的规定。
⑧ 参见法国《民法典》第 1642 条的规定。
⑨ 参见我国《民法典》第 613 条的规定。

方可以请求目标方对知识产权标的瑕疵进行补救;可以要求目标方减少并购价金;如果由于目标方的恶意欺诈导致知识产权并购目标落空,此时并购方还可以要求解除并购合同,要求目标方承担违约赔偿责任等。

(二)目标方的知识产权权利瑕疵担保责任

此处所说的目标方知识产权权利瑕疵包括所有权和知识产权权利方面的瑕疵,例如,目标方将没有所有权或没有再许可的知识产权与并购方进行了交易,目标方将侵权的知识产权与并购方进行了交易,这些都属于此处所说的权利瑕疵情形。普通法中瑕疵担保责任由当事人确定,如果当事人在合同中没有作出约定,则法院认为当事人不承担瑕疵担保责任。① 在国际货物买卖中,一般卖方负有知识产权担保义务,须保证第三方不能根据工业产权或其他知识产权对其所交付的货物提出任何权利或请求。② 我国没有单独规定知识产权权利瑕疵担保责任,统一适用《民法典》合同编有关权利瑕疵担保的一般规定,出卖人就交付的标的物,负有保证第三人对该标的物不享有任何权利的义务,但是法律另有规定的除外。③ 买受人在订立合同时知道或应当知道第三人对买卖的标的物享有权利的,出卖人不承担《民法典》第612条规定的义务。④ 综合起来,中国确立的权利瑕疵担保责任是以第三人主张为卖方承担责任的要件,仅辅以买方知悉为卖方免责事由,这是一种严格责任。结合《联合国国际货物销售合同公约》相关规定理解跨国并购知识产权中目标方的知识产权权利瑕疵担保责任:目标方承担知识产权权利瑕疵担保责任的时间为订立合同时,目标方只有在订立合同时已经知道或不可能不知道第三方对其交易的知识产权会提出权利或请求时,才对并购方承担知识产权权利瑕疵担保之责;目标方知识产权权利瑕疵担保责任的地域限定为目标方营业地或交易合同约定的预期转售地,以

---

① See Cordis Corporation v. Medtronic, Inc., Judgment of 17 December 1985, Appeal No. 85 - 1987;(1987)780 F.2d 991.

② 如1980年《联合国国际货物销售合同公约》第41~42条的规定、我国《民法典》第612~613条的规定。

③ 参见我国《民法典》第612条的规定。

④ 参见我国《民法典》第613条的规定。

平衡双方权利和义务;并购方在明知目标方知识产权权利瑕疵的情况下坚持并购或在知道目标方知识产权瑕疵的合理期限内没有通知目标方的,免除目标方知识产权权利瑕疵担保责任。

知识产权的特殊性决定了判断其瑕疵转让成本比较高。一是知识产权的无形性决定了它须采用有形物占有之外的其他公示方法。又因知识产权的范围宽泛,门类众多且庞杂,公示方法不一而足,专利权、商标权和实行登记取得制度的著作权采用登记公示,而自动取得的著作权、商业秘密、专有技术等其他门类甚至无法建立起有效的公示方法。二是知识产权的地域性决定了它的法律规定差异性大,形成了一客体多权利的复杂状态。[①] 这些都加大了跨国并购中知识产权尽职调查的难度。

二、并购方违反保密协议的法律责任

并购中,卖方(目标方)必须披露构成其业务核心部分的最具价值的信息以吸引买方(并购方),获得较高的出价,即在知识产权尽职调查中,为满足买方(并购方)要求不可避免地会涉及商业秘密等保密信息的披露。例如,在 Stac 诉微软案中,Stac 根据在尽职调查期间收到的信息,以专利侵权、著作权侵权和商业秘密侵权等理由起诉微软,最终专利侵权的主张得到支持,使微软获得了法庭的永久禁令以阻止其进一步侵权并从微软获得了巨额补偿性损害赔偿。[②] 为了减少尽职调查过程中目标方因披露保密信息而承担风险,有必要在相关知识产权正式转让之前签订保密协议以保护在其尽职调查中披露的软件程序著作权、尚未申请专利的发明、商业秘密、专有技术、数据库、客户名单、商业方法等信息。保密协议和信息披露行为有关,在知识产权跨国并购磋商阶段,涉及如何处理在谈判中,尤其是在尽职调查中处理目标方披露信息的保密问题。通常,目标方与并购方要签署保密协议并明确以下几点内容。

---

① 参见石慧:《知识产权瑕疵担保责任在我国立法中的重构》,载《法学杂志》2019 年第 5 期。

② See Stephen C. Glazier, *Technology Deals*, Law & Business Institute, 2004, p. 10.

(一)保密协议不得披露信息界定范围

需要界定哪些信息受制于保密协议,属于不得披露的保密信息,此处所讲的保密信息包括但不限于商业秘密,当事方可以约定保密信息的定义与范围。借鉴有关国家国内立法和国际条约的规定,重点介绍商业秘密的内容。

目前没有统一的商业秘密定义。我国《反不正当竞争法》第 9 条第 4 款规定,本法所称的商业秘密,是指不为公众所知悉、具有商业价值并经权利人采取相应保密措施的技术信息、经营信息等商业信息。《TRIPS 协定》为成员提供了商业秘密(未披露信息,undisclosed information)相关的法律参考,其规定的商业秘密“三性”——秘密性、价值性与保密性,为各国商业秘密的共同属性。根据《TRIPS 协定》第 39 条第 2 款规定,所谓“未披露信息”包括:(1)传统的商业秘密,即自然人和法人有可能防止他人不当披露其合法控制的信息,包括技术信息和经营信息;(2)新增未披露的药品和农化品的试验数据或其他数据。[①] 此类信息属秘密,即作为一个整体或就其各部分的精确排列和组合而言,该信息尚不为通常处理所涉信息的人所普遍知道,或不易被他们获得;因属秘密而具有商业价值;并且由该信息的合法控制人,在此种情况下采取合理的步骤以保持其秘密性质。[②] 2016 年,美国《商业秘密法》(The U. S. Trade Secrets Act 2016)沿袭了《TRIPS 协定》第 39 条第 2 款的规定,在《经济间谍法》规定的“所有形式和类型的财务、商业、科学、技术、经济或工程信息,只要符合秘密性、价值性和保密性要件,即可获得保护”的相对宽松的认定基础上,新增加了对侵害和不正当手段的定义,同时认定反向工程、独立研发和其他合法手段获取商业秘密不构成商业秘密侵权行为,并增加了《经济间谍法》规定的赔偿数额。[③] 欧盟《商业秘密保护指令》第 2 条第 1 款的规定,也沿用《TRIPS 协定》的上述规

---

① 参见张乃根主编:《与贸易有关的知识产权协定》,北京大学出版社 2018 年版,第 248 页。

② 参见《TRIPS 协定》第 39 条第 2 款的规定。

③ 参见傅宏宇:《美国〈保护商业秘密法〉的立法评价》,载《知识产权》2016 年第 7 期。

定，明确商业秘密的秘密性、价值性、保密性构成要件。[①] 保密信息的定义非常重要，实践中，有时候不能详尽列举出全部保密信息，此时需要概况地定义这些保密信息。值得注意的是，保密信息包括可以依著作权保护的信息和数据、谈判中提出的具有创新性的商业方法等。定义保密信息并做好保密信息的内容列表，避免简单贴标签式的对保密信息非常狭窄的定义，这种狭窄的定义会将敏感信息置于巨大的风险之中。同时，要根据保密信息对目标方的重要性，区分完全保密信息和非完全保密信息。载有完全保密信息的资料文件应详尽列出，并制定特别的披露制度，处以严厉的惩罚措施。

（二）明确保密协议相关限制条款

要谨慎选择签署保密协议的对象，从技术、资金实力、投资状况等各方面评估潜在的可能的"并购方"。不仅要了解与目标方进行交易的并购方企业，还要确定哪些个人将了解保密信息。要列出这些自然人名单，并考虑与所有这些将会了解保密信息的人单独签署保密协议。这样保密协议不仅约束并购交易的企业，而且强调交易中的具体人员在保密协议项下的合同责任。除此之外，还要界定保密协议的目的与范围，将其与知识产权尽职调查目的相关的预期结果联系起来。需要谨慎定义尽职调查中的预期目的和结果，恰当运用限制性条款。例如，明确并购方不能利用在尽职调查过程中接触掌握目标方核心技术人员的机会将其挖走，不能利用尽职调查中获取的保密信息与目标方进行商业竞争，还有不能在签署保密协议后一定时间内将潜在目标方的某些高管或掌握核心技术的人员招聘为员工。

（三）明确违约时的责任条款

违反保密协议的，可以适用民法、行政法、刑法上的救济措施，例如，民法上

---

① See Directive (EU) 2016/943 of the European Parliament and of the Council of 8 June 2016 on the protection of undisclosed know - how and business information (trade secrets) against their unlawful acquisition.

的补偿性损害赔偿[1]和惩罚性损害赔偿、民事扣押令和禁令等临时救济措施等。

对于保密协议中约定违约时的赔偿数额问题，即便是由个人签署的保密协议，也可能约定相当大数额的违约赔偿金。然而，在考虑数额条款时，有几点需要注意。根据民法中的相关规定，赔偿数额按照实际损失、不当得利及许可费用顺序确定。例如，欧盟自由贸易协定中的贸易与可持续发展章节(EU－TSD)之自主意见规定，经由商业秘密持有人申请，法院可判令侵权人向持有人支付与实际损害相当的损害赔偿金，法院作出判令需综合考虑受损害方的利润损失、侵权人因获取商业秘密的不当得利，以及因非法获取、使用或披露商业秘密给其持有人带来的精神损害等因素。此外，还有一种便捷算法，即法院直接以许可费等为参照标准，不区分具体情况确定损害赔偿数额。DTSA 中的补偿性损害赔偿主要包括不正当使用商业秘密所造成的实际损失和额外的不当得利，这一赔偿数额可根据不正当使用者对其未经授权的披露或使用行为应承担的合理许可费用加以计算。如果处罚条款的金额过高或者与当事人实际遭受的损失相差太远，法院有权进行适当调整。对于恶意侵害商业秘密的行为，法院可以裁决不超过补偿性赔偿 3 倍的惩罚性损害赔偿。[2] 违约金条款只要求提供对违约方将遭受损失的真实预估违约证明，不要求提供证明其金额合理性的证据。根据民法中的相关规定，事后损害赔偿超过违约金数额的，当事人可以按照损害证明的要求，主张违约金以外的数额。

在知识产权尽职调查这样的商业谈判中，会涉及目标方的商业秘密等保密信息，这些信息的披露不仅受到保密协议的保护，还受到有关商业秘密的立法保护。并购中的惯常做法是，尽职调查之前双方签订秘密协议作为目标方为保护其敏感信息作出合理努力的证明。随着商业秘密受到各国的重视，各国都制定了保护商业秘密的国内立法，有的国家还确立了窃取商业秘密的刑事责任。例如，在美国，根据 1996 年《经济间谍法》第 1831、1832 条的规定，窃取商业机

---

① 补偿性损害赔偿主要是针对侵权人已经实施的获取、披露或使用商业秘密的行为给权利人造成的损害进行救济，属于补偿性的救济措施。

② See 18 U. S. C. 1836 (3)(C).

密是联邦刑事犯罪；2016 年 5 月 11 日生效的美国《保护商业秘密法》在联邦层面完善了包括民事救济和刑事打击两个方面的商业秘密保护体系。在意大利，《刑法典》第 513、623 条规定，商业秘密盗窃是一种犯罪。在波兰，1993 年 4 月 16 日修订的《不正当竞争法》涉及商业秘密的披露、不正当取得和不正当使用等内容；第 18 条规定了对侵犯商业秘密的禁制令和其他衡平法上的补救办法，特别是损害赔偿和金钱救济；第 23 条规定以罚款、限制自由或监禁 2 年为刑事补救办法。在西班牙，1996 年 5 月 24 日起生效的《刑法》第 278 条和第 279 条规定，对窃取、泄漏商业秘密处以罚款、监禁（最高 5 年刑期）的刑罚。

保密信息一旦被并购方非法披露，目标方保密信息将失去商业价值和商业利用的可能性，因此需要法院在相对较短的时间内采取行动以禁止滥用信息。采取便捷、易行的民事扣押令和禁令救济等临时救济措施确有必要，其可对目标方的商业秘密提供最大限度的保障。

为防止谈判失败、并购不成而泄露机密信息，目标方需要采取特别的预防措施，特别是在并购方与目标方生产或经营同一、相似产品的横向并购中，例如，在国际油气业的并购实践中，有的石油公司只为获取其不熟悉区域的地质资料，采取"有机会就看、有卖家就联系、有资料就收集"策略，并没有并购的诚意，这会给目标方带来很大的困扰。[①] 为防止工业间谍利用知识产权尽职调查过程获取目标方披露信息，可以采取如下措施：一是签署保密协议，要求并购方尽职调查人员承诺对其获得的资料和信息保密。二是目标方采取相关保密措施，如目标方可以专设资料室进行有形资料披露；设立虚拟资料室，通过互联网访问数字平台进行无线资料披露，虚拟资料室进行数据复制、下载或转发要受到时间、共享等方面的技术限制；规范并购方能够接触有关目标公司的知识产权资料的流程。并购方尽职调查人员应按照承诺用途使用获得的信息和资料，在调查完成后按照承诺返还或销毁目标方提供的信息资料。

---

① 参见张伟华：《保密协议：国际并购交易的起点》，载《中国外汇》2015 年第 20 期。

三、管理层违反相关义务的法律责任

（一）目标方管理层违反重大事项告知义务的法律责任

目标方的管理层则应对并购方的尽职调查进行一定的协助和防范，承担知识产权并购重大事项的告知义务，以平衡双方的利益，如果目标方违反该重大事项告知义务，并购方可以通过缔约过失追究目标方的相关责任。重大事项，是指与订立合同相关的重大事实，影响出售价格的企业资产负债、损益状况等重大事项。例如，企业出售时，出卖人对所售企业的资产负债状况、损益状况等重大事项未履行如实告知义务，影响企业出售价格，买受人就此向人民法院起诉主张补偿的，人民法院应当予以支持。[①] 就知识产权跨国并购而言，关系并购合同成立的、可能导致并购知识产权丧失价值或价值急剧下跌的、涉及并购方所期待的知识产权特定性质的事项的，都可以认定为重大事项。目标方管理层应披露发明及发明分配政策、政策实施细节问题；知识产权是否由其他实体、学术机构或研究中心开发的，这些实体、机构或人员有无保留相关知识产权；知识产权许可协议、参与其他与知识产权相关的重要协议；任何未决的、可能的或潜在的诉讼，关于知识产权资产的终止函和注册程序请求信息，相关诉状、决定或命令的副本以及信函。在并购实践中，双方还可以在并购协议中定有告知义务的条款，约定目标方违反告知义务或者虚假陈述需要承担的法律责任。

（二）并购方董事违反注意义务的公司法责任

跨国并购中知识产权尽职调查的公司法责任主要是并购方董事的法律责任。公司董事在执行管理公司职务过程中应勤勉、谨慎，应为公司利益最大目的而行为。董事违反注意义务应承担相应的法律责任。为降低知识产权跨国并购风险和控制并购价格，并购方管理层应组织相关人员进行知识产权跨国并购尽职调查。在知识产权尽职调查中，如果并购方忽略目标方或第三方特别提

---

① 参见最高人民法院《关于审理与企业改制相关的民事纠纷案件若干问题的规定》（2020 年修正）第 22 条的规定。

醒，并因此未能了解目标方知识产权的有关瑕疵，则根据“买受人自负其责”原则由并购方承担过失责任，如果并购方构成重大过失还可以减轻或免除目标方的违约责任，对于并购方遭受的损失有关董事应当赔偿公司的损失。董事、监事、高级管理人员执行公司职务时违反法律、行政法规或者公司章程的规定，给公司造成损失的，应当承担赔偿责任。[①] 该条关于董事违反注意义务和忠实义务责任的一般规定适用于有限责任公司和股份公司。在跨国并购知识产权尽职调查中追究董事注意义务责任时，适用过错推定原则，如果董事能够证明其与并购无利害关系，证明其作出的判断和决策是合理的，则免除董事的相关责任。董事承担责任的要件有主观上违反义务、客观上给公司造成损失，董事违反义务与公司损失之间具有因果关系。注意义务较忠实义务要求更为宽松，毕竟技能与品质是不同的。

四、律师等中介机构的违约或侵权责任

跨国并购中知识产权尽职调查因其专业性和跨国性，需要熟悉企业及投资融资方面的法规、并购产业知识、知识产权法律等，具有丰富的尽职调查实务经验的全方面人才参与其中。在知识产权尽职调查中，具有完善的公司知识产权治理结构的并购方会派出资深的首席知识产权官在交易之前的阶段参与交易，并在整个尽职调查过程中继续参与，建立交易结构，直至交易完成。越来越多的企业将知识产权作为一项策略性商务资产来管理。首席知识产权官是企业从知识产权成本中心向知识产权利润中心转变时期理想的设计。知识产权中心化管理成功的核心原因是有效管理与知识产权利润有关的各部门关系，有效管理利润流。首席知识产权官具有使企业有效应对快速改变的知识产权领土环境的能力。专利改革、知识产权相关商务模式对机构投资者有越来越大的吸引力。在这种情况下，管理的变革成为必需。随着知识产权在企业运作中重要性的增加，很多大型传统企业也都设置相当于首席知识产权官的职位，名称包括首席知识产权顾问、首席专利顾问、知识产权主管、主管知识产权的副董事长

① 参见我国《公司法》(2018 年修正)第 149 条的规定。

或执行董事。很多以知识产权立足的创业企业、一些专业的专利许可企业也都设置了首席知识产权官的位置。首席知识产权官具有战略规划和技术开发方面的经验,并对法律原则、财务和企业管理具有深刻理解,其不仅精通法律,而且精通相关行业知识,再加上从知识产权角度对公司成长有远见卓识,首席知识产权官实际上是每一笔知识产权相关交易的关键人物。①

当并购方企业内部没有专业人员足以胜任尽职调查的工作时,有必要寻找外部中介机构提供尽职调查等并购服务,以弥补并购方内部并购团队专业性的不足。在知识产权跨国并购中,特别需要具有广泛知识产权知识和专门知识的知识产权专家,企业要根据并购交易的核心知识产权类型的不同聘请不同专门人员,如影视娱乐行业并购中知识产权以著作权为主,既包括小说、剧本、影视作品、音乐作品、游戏软件等著作权法保护内容,还包括各种创意、商标权、影视作品片名、角色商品化权等需要法律保护的无形资产内容,这些需要文艺专家等参与尽职调查;②在以专利为主体内容的并购中,尽职调查及技术评估需要工程师、科学家和专利律师参与其中;在以商标为主体内容的并购中,尽职调查需要销售和营销领域的商标顾问等提供专业意见;此外,大数据环境下可能还涉及网络共享平台的专业工程师等中介人员配合尽职调查。并购方聘请律师等中介机构介入知识产权尽职调查时,会签有相关的服务合同、保密协议,服务质量瑕疵、违反保密协议等行为将会导致相关人员承担违约责任甚至侵权责任,并且违约责任和侵权责任的请求权常常竞合。限于篇幅,本章不着力论证违约与侵权竞合问题。

律师等中介机构承担违约责任是由于其违反了合同义务,包括约定、默示或法定义务,但以违约方式侵害债权使并购方期待利益落空的是合同相对人。③违约救济可以保护基于合同产生的期待利益,也可以保护信赖利益或者返还利

① 参见王晋刚:《首席知识产权官:一个即将崛起的知识产权职业群体!》,载 IPRDAILY 中文网 2017 年 2 月 17 日,http://www.iprdaily.cn/news_15593.html。

② 参见米新磊:《并购文娱影视游戏公司法律尽职调查之要点》,载《中国律师》2017 年第 8 期。

③ 参见叶名怡:《再谈违约与侵权的区分与竞合》,载《交大法学》2018 年第 1 期。

益。[1] 如果并购方与参与尽职调查中介机构约定的义务内容只是狭义的法定义务或一般注意义务时，形式上对约定义务的违反也可能构成侵权。就其本质而言，侵权就是对法律规则的侵犯，以侵权方式侵害债权的是合同外第三方。可见，不可简单以违反约定或法定义务来区分违约或侵权责任，而要结合个案具体判断。

其一，律师等中介机构加害给付侵害服务接受方即并购方的企业利益，造成财产权益损失的情形。在整个尽职调查中，熟悉当地知识产权法律规范的知识产权律师等专业人员要以其专业知识和技能按照专业准则进行审慎调查和适当分析，在此基础上出具跨国并购法律意见书和审核相关并购合同。[2] 律师等中介机构的尽职调查工作作为重要的法律问题调查和披露机制，是影响并购方投资决策的重要参考。当律师等中介机构提供尽职调查的服务质量或标准不符合约定或法律规定造成并购方并购利益受损时，中介机构就要承担财产损失的责任。如中介机构服务人员不具备知识产权尽职调查相应资质、服务流程存在瑕疵甚者缺陷，并购方有权请求相应的损害赔偿。

其二，律师等中介机构未尽合理注意义务，侵害服务接受方即并购方的企业利益，造成财产权益损失的情形。约定义务的标准可以高于法定义务的标准，对于尽职调查中发现的知识产权风险，律师等中介机构负有告知义务；对于尽职调查中获知的目标方和并购方的商业秘密，律师等中介机构负有保护义务。此外，尽职调查中律师等中介机构还负有对委托人的忠实和合理注意义务等。在跨国并购知识产权尽职调查中，律师事务所与委托人并购方签订非诉讼事务委托合同。如果律师未按约定履行义务或未尽应有的注意义务使委托人利益受损的，应承担违约或侵权责任。

若律师等中介机构在完成跨国并购知识产权尽职调查委托任务的过程中有违约行为，给受托方造成了损害，且律师对损害有过错，律师违约行为和知识

---

① 参见张家勇：《合同法与侵权法中间领域调整模式研究——以制度互动的实证分析为中心》，北京大学出版社 2016 年版，第 11 页。

② 参见中国证券监督管理委员会发布《公开发行证券公司信息披露的编报规则第 12 号——公开发行证券的法律意见书和律师工作报告》（证监发〔2001〕37 号）第 5 条的规定。

产权尽职调查损害事实有因果关系,律师对其知识产权尽职调查违约行为要负赔偿责任。而对于两个以上中介机构共同来处理并购事项,对委托人利益造成损害的,要承担连带责任。我国《民法典》第929条规定,在有偿的委托合同中,因受托人的过错给委托人造成损失的,委托人可以要求受托人赔偿其损失。我国《民法典》第932条规定,两个以上的受托人共同处理委托事务的,对委托人承担连带责任。律师等中介机构运用其法律知识和技能,采取实地调查和约谈等手段,在调查中恪守职业道德,尽到高度的注意和忠实义务,甄别目标方知识产权的真伪、有无等。律师等中介机构因为过失而提供错误的或虚假的信息导致委托人遭受经济损失的,委托人可以选择或对律师主张违约责任或侵权责任。除民事赔偿责任之外,中介机构未尽到尽职调查义务的,还要承担行政责任。若中介机构构成犯罪,还要根据相关规定承担刑事责任。①

并购中的知识产权尽职调查富有魅力,并购目标是驱动知识产权尽职调查的内在动因,进行相关知识产权尽职调查的最根本原因是要确定目标是否现实、业内主导的知识产权、该笔并购交易是否适合进行。如果目标方的知识产权与并购方的知识产权不相容,或者目标方的知识产权被夸大或不存在,并购方就可能因该并购交易不适合而终止该并购交易,除非有合同义务规定不得这样做。尽职调查的有效性决定并购所创造的价值,有利于目标方知识产权向并购方的转移和并购方并购预期目标的实现。在并购尽职调查中甄别知识产权,尽可能发现反映目标方的知识产权事实,确保并购的知识产权有效可靠,这些决定合理的并购价格并保障并购成功进行。不做详细的知识产权尽职调查将导致严重的后果,或表现为并购交易价值非预期的显著变化,或表现为并购交易的非预期终止。知识产权并购存有诸多风险,跨国并购进行知识产权尽职调查具有必要性,除上述考虑外,还有诸多的风险因素。例如,目标方有无知识产权纠纷或纠纷的威胁,目标方专利是基础专利还是从属专利,目标方专利是已经获得批准的专利权还是尚待批准的专利申请权,商标是注册商标还是非注册

---

① 参见《律师事务所从事证券法律业务管理办法》(中国证券监督管理委员会、司法部令第41号)第37条的规定。

商标,注册商标有无经过异议期,目标方有无其他障碍阻碍其未公开申请的专利权利、竞争方反向工程获取技术,是否限制对既存知识产权的利用,知识产权所有人与知识产权持有人的关系等。

在知识产权跨国并购尽职调查中,有关尽职调查人员就像在给目标方知识产权做 X 光片检查,在 X 光下目标方知识产权相应部分的状况一览无遗。尽职调查人员确定目标方资产是否良好,揭露目标方隐藏的义务或限制,据此确定获取目标方资产或股权的合理价格。知识产权尽职调查旨在从程序上发现目标方潜在的知识产权风险,评估目标方知识产权实力,分析目标方知识产权效力,确定目标方主要知识产权资产数量,确定目标方知识产权权属,确定目标方知识产权有无许可,确定目标方知识产权有无瑕疵,评估目标方知识产权资产,签订知识产权担保协议等。[①] 通过知识产权尽职调查汇集目标方知识产权资产与债务信息,减少并购后非预期的知识产权索赔与义务承担。知识产权尽职调查实质上是集中从商业角度确认目标方知识产权价值的可评估性,调整目标方知识产权经济价值和战略价值。知识产权的类型与权利范围及地域、时间或合同等的限制决定其经济价值;目标方知识产权与并购方资产有力整合的有效性决定其战略价值。通过知识产权尽职调查,评估、识别、规避目标方知识产权风险。知识产权尽职调查程序的最后阶段应致力于综合直接来自目标方或其他可用来源的信息。只有在发现的知识产权风险与潜在的并购利益相当平衡的情况下,将并购交易推进到后续阶段才是合理的。

---

① See Paula Mena Barreto Pinheiro, *Trademarks & Due Diligence for M&A in Brazil*, 102 Trademark Rep. 1280 (2012).

第三章　知识产权跨国并购价值评估中的法律保护

在知识经济时代，知识产权等无形资产成为高新技术企业的主导资产。过去企业的市场价值主要体现为资金和有形资产的价值，现在企业的市场价值越来越多地体现为专利、商标、著作权和商业秘密等无形资产的价值。据美国知识产权资本综合性投资服务集团 Ocean Tomo 统计，近 30 年来，知识产权等无形资产已经成为大部分企业的主导资产。对美国主要交易所上市公司投资综合指数分析后发现企业专利、商标、著作权和商业秘密等无形资产占其资产市场价值的百分比到 2005 年爆发式地增长到了 79.7%。[①] 2018 年，标准普尔 500 强公司的包括知识产权在内的无形资产达到创纪录的 21 万亿美元。知识产权等无形资产从支持资产发展为投资者的主要考虑因素，知识产权资产评估比厂房、设备等有形资产的评估更重要。在知识产权跨国并购中，资产评估关系企业跨国并购的成败，如果并购方不清楚目标方未来价值的变动就实施并购，会产生极大危害。因此，专注于目标方的知识产权评估有助于并购方识别关键知识产权资产的有无、大小，这能够成就或毁坏一桩跨国并购生意。本章重点是基于跨国并购中知识产权价值评估界定及特性分析，指出知识产权价值评估的需求，提出知识产权跨国并购价值评估方法选择，以应对知识产权跨国并购价值评估法律问题。

---

① 参见[美]戈登·史密斯、[美]罗素·帕尔著，国家知识产权局专利管理司组编：《知识产权价值评估、开发与侵权赔偿》（增补本），周叔敏等译，电子工业出版社 2012 年版，第 1 ~ 2 页。

第一节 并购中的知识产权价值评估的界定

知识产权具有巨大的价值已然是社会各界的共识,知识产权价值的可评估性使之可以纳入投资,成为并购这一投资形式中的资本。在贸易中转让或许可知识产权时,在企业破产清算时,在融资时,在计算侵权损害赔偿时,常常需要对知识产权进行评估。“对知识产权类无形资产价值进行科学评估,是维持知识产权资产再生产、从价值形态上进行定额补偿的需要,也是资源优化配置的必要条件。”①但知识产权价值从何而来?什么是知识产权价值评估?知识产权跨国并购价值评估具有怎样的特性?

一、知识产权价值来源分析

在知识产权评估中,需要将无形资产与有形财产权、智力资产与体现智力资产的有形物区别开来。在这方面,美国《著作权法》第202条做了经典说明,“对著作权的拥有,不同于对体现了作品的任何有形物的拥有”。可以说,这一说法同样适用于专利权、商标权和各种反不正当竞争权的拥有。②“无形资产”(intangible asset)一词在会计学上常常被用来描述非货币性资产,即没有实体的、可识别的、由所有者控制的、有望产生经济效益的资产。对于具体企业,其无形资产除了专利、商标、著作权、专有技术、商业秘密等知识产权资产,还包括其商誉、广告形象、许可证合同、销售网络、员工素质等。③而“智力资本”(intellectual capital)一词通常在更为广泛的语境中被用来描述所有有助于创造价值的非货币和非物质资源。从企业角度,知识产权是无形资产的一个子集,而无形资产又是企业总资产的一部分。知识产权是一种无形财产权,无论是著

① 陈昌柏:《知识产权战略——知识产权资源在经济增长中的优化配置》(第2版),科学出版社2009年版,第260页。

② 参见李明德:《美国知识产权法》(第2版),法律出版社2014年版,第9页。

③ 参见周林:《试论知识产权评估的基本概念和理论依据》,载《法商研究(中南政法学院学报)》1996年第6期。

作权法保护的作品,还是专利法或商业秘密法保护的技术发明,抑或商标法和反不正当竞争法保护的商标,都是传达给人类的一种信息。知识产权是就某些特定信息所享有的财产权,就是让信息的创造者对有关信息拥有某种财产权,并通过这种财产权控制信息的传播和他人对信息的使用,从而收回创造成本和获得一定的利润。[①] 商标、著作权、专利、商业秘密这四种被人们普遍接受的知识产权形式,都具有经济价值性。

价值有两层含义:一是体现在商品里的社会必要劳动,即经济学上的商品的价值;二是用途或积极作用,具有满足人们某种需要的属性,即使用价值。[②] 知识产权具有价值和使用价值。知识产权的价值是凝结人类智力劳动成果创造的具有特殊性的劳动,以脑力劳动为主,并受到市场等其他诸多因素的影响;使用价值表现在企业拥有的知识产权在开发、整合和重构时,企业的竞争优势日益增强,因此,有必要清楚地认识到知识产权对企业价值的贡献。与有形资产相比,知识产权的经济价值具有显著性。知识产权可以为多方同时使用,而不减损其价值;知识产权的价值常常与企业的其他资产相联系;知识产权可以独立许可,而出售一般要与经营相结合进行;知识产权的价值可以来自很多方面,包括通过直接利用知识产权、通过知识产权所有权转让、通过知识产权许可,甚至通过不利用知识产权而获取价值。知识产权所有者可以将知识产权直接用于其生产和销售的产品,如专利产品的开发。知识产权所有者可以通过拥有专利或商标,防止竞争对手在其产品中利用知识产权,从而使竞争对手处于市场劣势,而产生经济价值。知识产权所有者可以通过将知识产权授权许可给第三方进行开发和营销而产生价值。知识产权所有者可以通过不开发知识产权而产生经济价值。如果不开发知识产权会对第三方的业务产生不利影响,则第三方可以通过向知识产权所有者支付合理的回报而产生经济价值。知识产权价值的来源包括主要来源、次要来源和推测性扩展。以电视节目品牌为例,电视节目为权利人带来了主要的收入来源,权利人同时还可以依靠其电视节目

---

① 参见李明德:《美国知识产权法》(第 2 版),法律出版社 2014 年版,第 9 ~ 10 页。

② 参见中国社会科学院语言研究所词典编辑室编:《现代汉语词典》(第 5 版),商务印书馆 2005 年版,第 658 页。

品牌价值向市场推广其品牌的相关产品而获得收益。

二、并购中的知识产权评估特点

知识产权评估，是指具有知识产权评估资格的资产评估师依据相关法律、法规及资产评估准则，对知识产权资产的价值进行分析、估算并发表专业意见的行为和过程。[①] 知识产权评估是通过现时的知识产权效用性和稀缺性来评价未来利用该知识产权实现的资产价值和盈利能力。知识产权评估的对象是知识产权的使用价值，这种价值评估是基于预计的未来现金流量，是对其使用价值未来收益能力的评价。[②] 知识产权跨国并购价值评估是指在跨国并购交易中，具有知识产权评估资格的资产评估师依据相关法律法规及资产评估准则，对目标方待估值的商标权（商誉及商号）、专利权、著作权、专有技术等知识产权价值进行分析、估算并出具相关意见的专业行为和过程。知识产权价值评估不同于有形资产评估不能简单依耗费的物资与时间等成本计算。例如，评估方法上不能照搬有形资产评估方法。知识产权的地域性特点、法定时间性特点、权利与载体分离的特点，决定了其评估方法与有形资产不同，这点目前在学界已达成了共识。不同于一般无形资产评估，知识产权跨国并购价值评估既具有一般知识产权价值评估的特点，又独具特色。

第一，并购中知识产权价值评估的对象是目标方依法取得的专利权、商标权、著作权、商业秘密等进行商业性使用的支配、利用或控制权，评估对象落足于权利的稀缺性，[③]这种支配或控制权受市场动态、一般经济气候、地缘政治问题、知识产权在市场中的应用等多方面因素影响。市场动态在知识产权的价值中扮演着重要角色，尤其是对品牌和商标这样的知识产权。例如，在著名的“万宝路星期五”事件中，1993 年 4 月 2 日，菲利普·莫里斯公司宣布美国市场上万宝路香烟降价 20%，当日该股遭受重挫，一天之内损失了 23% 的价值。万宝路

---

① 参见《知识产权资产评估指南》（中评协〔2017〕44 号）第 3 条。

② 参见李鹃：《担保融资中的知识产权价值评估》，载《中国海洋大学学报（社会科学版）》2016 年第 4 期。

③ 参见杨雄文：《知识产权评估基础理论解析》，载《知识产权》2010 年第 1 期。

品牌的市场价值损失达到惊人的130亿美元。[①] 一般的经济气候也在知识产权评估中起着重要的作用,其在很大程度上取决于市场的乐观或悲观态度。例如,在20世纪90年代末掀起的互联网热潮中,市场对高科技知识产权潜在经济回报的乐观情绪推高了价格和专利使用费,而到2002年中期,在遭遇数十亿美元的损失后,市场对高科技知识产权潜在的经济回报的态度由乐观转为悲观。市场对高科技知识产权的悲观态度导致了当时的互联网相关知识产权的定价走低。此外,知识产权的盈利能力、开发知识产权所需的资本数量、与知识产权相关的现金流的时间安排等其他因素也会影响知识产权价值。资产评估师必须考虑所有实际和重要的影响知识产权价值的因素。如果在交易中没有考虑这些因素,就可能在实质上歪曲知识产权的价值。发现侵权行为的能力是知识产权价值重要的驱动因素。容易发现侵权行为的知识产权比不容易发现侵权行为的知识产权更有价值,这是因为发现侵权行为的成本更低,而且在与侵权方的纠纷中更容易证明。难以发现侵权行为的知识产权价值较低,因为在纠纷中发现和为侵权行为辩护可能会产生额外的成本。例如,对耐克来说,起诉一家生产仿冒其最畅销高尔夫球产品的衬衫公司是很容易的事情。

第二,并购中的知识产权价值评估要与目标方的知识产权经营管理相联系而不能够孤立进行。并购中需要评估的是目标方的知识产权,而不是其他第三方的知识产权。这种知识产权评估建立在对目标方知识产权尽职调查的基础上,估值时要考量目标方的知识产权经营管理状态。在评估知识产权时,资产评估师对需要定期缴费的专利等知识产权,应确认目标方作为知识产权人能够及时向政府机构缴纳维护费用,从而使知识产权保持受保护状态。如果没有适时缴费维持该项知识产权,将导致目标方不可逆转地失去对前述知识产权的垄断权和法律保护。失去知识产权法律的垄断保护,知识产权的经济价值实际上等于零。商业秘密虽然不会从政府注册和授予的垄断权力中产生价值,但其价值取决于保密和竞业禁止协议的保护程度。如果目标方的雇员协议宽松、商业

① See Russell L. Parr & Gordon V. Smith, *Intellectual Property: Valuation, Exploitation & Infringement Damages*, John Wiley & Sons Inc. Press, 2017, p. 171.

秘密安全程序宽松、知识产权保护条款宽松，将会使其商业秘密的价值面临风险。

第三，并购中的知识产权价值评估是主客观平衡的结果。估值是一门艺术，也是一门科学，是资产评估师基于知识产权的定性，运用财务公式和模型对知识产权进行量化并得出价值结论的过程，具有一定的客观性。同时，“评估”一词从字面上看就天然地蕴含主观性，要求资产评估师在评估行业的概率范围内对给定并购情形下知识产权价值作出合理估计。从平衡主客观的角度，需要强调知识产权评估的客观性。知识产权估值标准确定应与交易相匹配。价值标准取决于评估目的，目的不同则价值衡量标准不同。委托进行知识产权评估时，应基于评估目的的公允价值、公平市场价值、投资价值、清算价值和强制清算价值选择与交易相匹配的估值标准。错误的价值标准可能会在交易中产生截然不同的估值结果。为了保证知识产权价值评估的客观性，应注意并购中知识产权评估具有动态时效性特点。知识产权价值是个变量而不是常量，是动态的而不是静态的。要基于知识产权的时间性特点，考虑知识产权在并购中的特定时间段权利运营状态，并对并购后企业运营中的权利状态作出合理预判。注意评估方法选择服务于并购目的原则，关注知识产权目标方产业前景、知识产权价值法律状态等。①

在并购中，并购方和目标方都需要更好地理解知识产权是如何在企业并购中发挥重要作用的，特别是知识产权价值评估对企业估值溢价的重要作用，以及知识产权对并购方的重要作用。②

第二节 知识产权价值评估的需求

知识产权已经触及企业的方方面面，企业可以采取多种方式运用知识产权

① 参见徐鲵：《价值流转中的知识产权评估研究》，载《知识产权》2014 年第 6 期。

② 参见申海成、张腾：《知识产权评估的驱动因素、存在问题及对策》，载《会计之友》2019 年第 2 期。

资产并进行估值，例如，企业可以买卖知识产权，企业可以通过许可分享知识产权，企业可以捐赠知识产权资产实现其税收计划，企业可以在诉讼中以法律目的使用知识产权资产等，在财务报告、税务合规、收购前尽职调查和战略资产管理方面的内部报告中，知识产权估值也是必需的。尽管有些学者认为知识产权不能也不应该估值或评估，但事实上，近年来，知识产权跨国并购价值评估在并购活动中的必要性有所提升，并购活动的参与者越来越意识到并购中知识产权价值评估的重要性与必要性。在并购交易时，并购方一定要彻底调查目标方目前在资产负债表或损益表上有没有体现潜在知识产权价值。同时，并购方应积极寻找那些未被确认的有价值的知识产权，因为它可能为并购方提供隐藏价值。

一、价值评估的战略需求

（一）知识产权创造价值

在知识经济时代背景下，知识产权创造价值，知识产权是企业价值的源泉。

1. 独占价值。独占价值源于知识产权权利人具有排除他人制造、使用或销售知识产权产品的合法权利。这种独占地位使知识产权权利人能够收取较高的费用，增加其市场份额或降低制造成本。就独占许可而言，其可以在协议约定的时间和地域内排除知识产权所有人及第三方使用知识产权，独占者可以通过阻止竞争者使用该知识产权而获取价值。

2. 防御价值。从法律上讲，专利赋予了所有者独占权。知识产权防御性使知识产权权利人能够有效防范竞争对手以知识产权为武器进行市场狙击，由此创建权利人在市场竞争中的优势。随着知识产权成为市场竞争中的有效武器，跨国公司建立防御性知识产权战略至关重要。美国联邦巡回上诉法院的首席法官兰德尔·R. 雷德（Randall R. Rader）指出，随着科技的发展，知识产权市场竞争激烈，知识产权活动日益活跃，要保护知识产权，防御是最好的进攻，国际市场上运作的公司更是如此。很多知识产权交易诉讼背后的主要原因在于这些专利估值不当，专利组合资产产生了通货膨胀，专利价值不当，知识产权资产产生了“世界贸易的通货”。由此可见，知识产权交易中知识产权评估具有重要性，其能避免花费巨资并购估值不当的专利组合等知识产权。

3. 转让价值。知识产权转让产生价值，近年来，专利许可收入取得了长足发展，越来越多的企业活跃在知识产权交易的舞台。

4. 期权价值。当一项专利发明完成时，可能由于市场等的限制或已有替代技术使该发明不能投入企业生产进入市场，不能够直接实现商业价值，但其具有巨大的期权价值，可以运用实物期权价值理论来评估其价值。实物期权是相对于金融期权而言的，宽泛地说，是以期权概念定义的现实选择权，是与金融期权相对应的概念。实物期权为企业管理者提供了如何在不确定性环境下进行战略投资决策的思路，实物期权的一般形式包括放弃期权、扩展期权、收缩期权、选择期权、转换期权、混合期权、可变成交价期权以及隐含波动率期权等。实物期权法是当今投资决策的主要方法之一，而二项式模型是目前应用最为广泛的实物期权估值方法。企业通过先期的技术研发投入耗费一定的资源得到某种选择，在未来某个有利的时刻行使其权利以取得一定的回报。

（二）知识产权评估满足企业知识产权战略需求

党的十八大报告将创新驱动发展战略上升为国家发展战略，《国家知识产权战略纲要》明确“促进自主创新成果的知识产权化、商品化、产业化，引导企业采取知识产权转让、许可、抵押等方式实现知识产权的市场价值”战略重点。知识产权战略实施的重要目标是技术创新，知识产权战略实施的关键是知识产权产业化。创新驱动改变着世界，从电报、电话到互联网再到信息高速公路，知识产权法律制度促进创新与知识产权战略的融合，知识产权评估构筑技术创新产业化桥梁。创新与知识产权战略提高企业核心竞争力，创新是企业知识产权战略的重要目标，知识产权评估促进创新成果产业化，激励创新和创造，优化创新资源配置。

在知识经济时代背景下，知识产权评估分析可以使企业高级管理人员了解和把握企业专利、商标、商业秘密等知识产权相关信息，判断目标方与并购方知识产权的互补性和共存性，有效运用企业自身和并购的技术以及品牌竞争性优势，维持高利润率，使企业做大做强。根据目标方的知识产权类型采取不同的知识产权并购战略，以获取著作权、商业秘密为目的的并购一般适合采用吸收型战略；以扫除知识产权障碍为目的的并购一般适合采用控制型战略；以获取研发、市场资源为目的的并购一般适合采用共生型战略。[①] 企业经营实践需要评估知识产权价值，了解自身知识产权优势，重视知识产权重要性，实施企业知识产权战略。如陶氏化工，作为创造全面知识资产管理方法的先驱者，将知识产权组合与管理创造了结构资本法，将知识产权和技术管理完全纳入业务活动，节省知识产权维护费，发挥知识产权在价值创造方面的关键性作用。陶氏化工重视创新技术开发与商业化过程，确定最佳收购对象后收购了联合碳化物公司以及罗门哈斯公司。陶氏化工通过运用有关资源解决技术问题，创建具有包容性的企业文化，奖励合作并组织竞争；通过知识产权评估推进知识产权价值实现，促进知识产权产业化进程，推动自主创新及实施企业知识产权战略。美国通过《联邦技术转移法》和《技术转移商业化法》等推动知识产权向现实生产力的转化，日本活用知识产权产业化战略，通过产业化渠道将专利与市场紧密结合，建立和完善知识产权评估体系是日本实施和实现其知识产权战略的重要环节。

二、价值评估的交易需求

企业日常经营中常会涉及知识产权评估，确定企业的知识产权许可与被许可合理使用费率需要知识产权评估，确定知识产权并购合理价格需要知识产权评估，企业分立及合资经营会涉及知识产权评估，知识产权融资等交易也会涉及知识产权评估问题。适当的知识产权评估直接关系到知识产权许可、转让、出资交易方的权益，有助于交易主体在交易中审慎决策。

（一）知识产权许可需求

在知识经济时代，一件产品可能结合了专利、商标、商业秘密等多种知识产权，如一瓶可口可乐既包含饮料配方的商业秘密，还包含可口可乐的商标权等，

---

① 参见彭辉、张虹：《中国企业海外并购中知识产权的风险识别》，载《科学发展》2014 年第 3 期。

知识产权许可成为企业产品创造的基础。知识产权许可是指不转让知识产权所有权而转移知识产权使用权的转让行为，一般就标的而言，涉及专利实施许可、商标使用许可、著作权许可、商业秘密许可等；就许可权的范围而言，涉及独占许可、排他许可、普通许可和交叉许可等。知识产权许可协议的经济目标是确定一个合适的特许权使用费额度，一个使许可方和被许可方都能赚取最大利益的特许权使用费。独立的资产评估有助于确定合理的特许权使用费数额。适当的评估有助于影响交易的产品定价、盈利能力、潜在的市场渗透力、所需的资本开支、通货膨胀、回报率、有效的生命周期、技术有效期等关键变量量化后，许可方与被许可方双方协商达成风险转移事项、基本的财务模式，并有助于监测许可费用与预期支付。

（二）知识产权转让需求

知识产权转让是出让方与受让方依据现行法律法规签订知识产权转让合同，并由知识产权相关机构进行登记，[①]获得转让利益的有偿行为。知识产权评估在知识产权转让中具有重要的作用，知识产权交易获取一次性补偿不同于其许可收入。税后现金流量、资金影响的时间价值、购入资产的税务及技术的有效期处理在知识产权转让一次性转移中是重要的，选取适当的时期评估知识产权价值有助于确定合理的交易价格。网上资料显示金嗓子喉宝配方当年的转让价格只有 5 万元人民币，经过成功的营销，到 1997 年金嗓子喉宝的年销售额突破了 1 亿元人民币大关，到 1999 年其年销售额达到 3 亿多元人民币，随着金嗓子喉宝的成功运作，金嗓子喉宝的知名度大增，其商标的价值远远超出了当年其配方的转让价格，这个实例再次向我们显示了知识产权的巨大价值。

（三）知识产权出资需求

各国公司法或商法都允许股东用知识产权作价出资，以知识产权出资应合理估价并办理财产权转移手续。我国《公司法》规定了知识产权出资和估价，但

---

① 参见我国《专利法》（2020 年修正）第 10 条的规定。

没有规定具体的评估机构。[①] 英国《公司法》规定,知识产权估值要由专家独立进行,并将知识产权价值评估报告提交给待估值公司,同时将该报告副本送给指定的认股人;法国《商事公司法》要求由投资评估员进行知识产权评估并制作知识产权评估报告;日本《公司法》规定法院指定的检查人对高于500万日元的知识产权出资进行知识产权评估作价,而对不足500万日元的知识产权出资适用简化评估程序,当事人可以选择是否申请检查人进行相关知识产权评估;韩国由法院选任的检查人或者公认鉴定人行使知识产权出资的评估调查权;德国由董事会和监事会成员以及公司设立的审计员行使知识产权出资估价审查权;美国各州授予公司董事会进行知识产权估值的权利;欧盟要求由行政机关、法院指定的专家对知识产权评估作价。[②] 知识产权出资便利筹资和推动知识产权产业化,知识产权出资作价的基础是知识产权评估,通过知识产权作价知识产权价值得到认可。知识产权评估作价有利于知识产权出资防范风险,保护债权人利益。对无形资产的出资正确评估不仅具有重要的财务、税收意义,而且关系出资方的股权确定。例如,上海天娜药物的"圣洁医生"消毒洗洁液被估值作价2550万元入股新公司,占其注册资本的51%。北京金易奥科技的"供水系统节能优化技术"的专利技术被估值作价6472万元入股新公司,占其注册资本的99.57%。上海(老庙)黄金品牌价值待估值为2亿多元,后来老庙黄金在全国各地拓展门店时,以其无形资产估值的20%约4000多万元入股,取得了良好的社会和经济效益。

此外,随着企业竞争压力的增大,许多企业或选择剥离非核心业务而专注于核心业务,或选择将剥离的资产设立为一个独立企业,或选择单纯地将其资产剥离,此时知识产权评估将影响企业分立中的交易结构。

三、价值评估的税收需求

遵守税收法律法规前提下,执行相关的知识产权评估策略可以使企业合理

---

① 参见我国《公司法》(2018年修正)第27~28条的规定。

② 参见侯东德:《知识产权出资的比例界定和评估作价研究》,载《学术论坛》2007年第4期。

进行税收估价,协商提交有关知识产权的独立估价意见,无形资产评估在企业提交相关税收文件资料中发挥重要作用,知识产权评估成为满足企业税收需求的手段。

(一)确定关联企业的公平市场价值需求

关联企业之间通常存在于拥有或控制关系、同为第三者所拥有或控制的企业之间,可以表现为母子公司之间、总分公司之间、同受母公司或总公司拥有或控制的子分机构之间的关联关系。这种关联关系可以表现为资金、经营、购销等方面的关系。分处在两个以上国家境内的跨国关联企业,为企业整体利益,通过转移定价行为以避税。跨国关联企业可以将高税率国的企业利润转移到低税率国企业,从而减少联属企业的总体税负。[①] 例如,母公司将其商标或专利特许国外关联子公司使用,而该特许权费率远高于或低于双方在独立自主无关联的正常交易情况下的公平市场价值。这个非正常转移价格的存在,削弱了企业财务绩效的有效性。美国财务会计准则委员会(Financial Accounting Standards Board,FASB)要求,财务报表要包含有关关联方交易的披露资料。反映在财务报表中的交易应该是各自独立的交易方在正常的基础上进行的。

1986 年美国税收改革法案增加《国内税法典》(The Internal Revenue Code,IRC)第 482 节关于超级版税规定,要求许可或转让无形资产的支付应当与该无形资产收入相称,规定美国实体与国外相关机构之间正常交易下的知识产权转让价格可归因于该知识产权的相应收入价值,美国国税局调整关联企业间的无形资产定价,以反映公平交易收入的正常水平。第 482 节最后章程探讨无形资产的估值方法和要求纳税人按交易选择最佳方法,即根据具体情况采取正常交易条件下最可靠的措施,考虑数据的可比性、完整性、准确性,假设的可靠性等因素。此外,法规要求纳税人证实关联企业间符合正常交易的同期资料与专利使用费率。如果企业能够提供证明关联企业间符合独立交易原则的资料,由审计审核的专利费率则可以免除罚款。日本《税收特别措施法》第 66 条和该法施

---

① 参见陈安主编:《国际经济法学》,北京大学出版社 2006 年版,第 469 页。

行令第 39 条是转让定价税制的根据条款。该法第 66 条之 4 第 1 款规定，本国法人及在日本具有常设机构的外国法人等，与其国外关联方进行交易时，视为该交易是以独立企业间价格进行的。[①] 针对涉及关联企业知识产权等无形资产交易采用了转移定价的方法，需要在收集必要信息和正常交易的基础上，采用可比较未受控制价格法、可比较未受控制交易法、转售价格法、成本加成法、可比较利润法以及利润分割法，估算出相关知识产权交易的正常价值，调整待估值估算的财务报表以在独立的基础上反映其财务状况。

（二）无形资产特许权收入的税收优惠

在美国许多州，企业的无形资产是不被包括在要征收从价税的财产中的，作为无形资产的知识产权收益要从企业所在州的应纳税额中扣除，随着应纳税额的降低，企业其他资产按照一个相对低的财产税税率缴税。企业向相关税务机构提供其知识产权估值，税务机构接受这一估值后，企业就可以减少公司的税负。据此，企业需要通过知识产权评估来调整其应纳税额。在特拉华州，在公司组建初期，无形资产特许权收入可以从州所得税中免除而不需要交纳税赋。许多企业在特拉华州成立一家控股公司，将专利或商标等无形资产转让给控股公司，随后将其授权给运营公司，由运营公司支付给控股公司特许权使用费，而控股公司所赚取的特许权收入是免征州税的，这样就降低了运营公司的应纳税所得额并减轻了其州纳税义务。税务机关通过控股公司税负正常经营判断控股公司与运营公司交易的有效性，并通过独立估值确定转让资产价值及公司间的特许权使用费率。如 2008 年生效的卢森堡《所得税法》第 50 号文件规定，源于所有权和使用软件著作权、专利、商标、设计、模型和域名使用的收入和资本收益可以免除 80% 的税。[②]

---

① 参见［日］中里实等编：《日本税法概论》，西村朝日律师事务所西村高等法务研究所监译，法律出版社 2014 年版，第 327 ~ 328 页。

② 参见白福萍、郭景先：《知识产权评估背景因素与评估方法的选择》，载《财会月刊》2012 年第 36 期。

（三）专利及相关技术慈善捐款的税收优惠

在美国，给予政府公共事业慈善捐款的捐款人可以获得相应的税收减免待遇。美国国税局税收规则规定专利是一项可以捐赠的财产，[①]专利的公平市场价值通过独立的评估来确定。“因慈善捐赠减免税收的财产”，是指在捐献中捐赠的任何财产（公开交易的证券除外），如果前述财产的价值超过 5000 美元，可以依据美国《国内税收法典》第 170 节请求税收减免。[②] 通过税前扣除捐赠款项鼓励捐赠行为。新闻报道 1998 年杜邦公司捐赠 6400 万美元的知识产权资产给三所大学，一方面，捐赠促进了美国高等教育的发展；另一方面，捐赠使公司得到了税收减免优惠。鼓励企业做出有利于社会的贡献，减少企业维护专利的成本，加强企业与大学等非营利性研究机构的关系。

（四）并购无形资产摊销的税收优惠

无形资产成本扣除预计残值后的金额为该资产应摊销金额，一般应将企业的无形资产摊销额计入当期损益中，可以将摊销金额列为管理费用、其他业务成本等。美国《国内税收法典》第 197 条颁布前，并购公司可以享有税收优惠政策，即可摊销分期支付购入无形资产的费用。根据该法第 197 条规定，大部分无形资产（包括商誉及持续经营价值）摊销超过 15 年，无形资产常常未满摊销期限就丧失了全部或绝大部分价值，应对其做减值的会计处理。美国《会计准则委员会意见》第 17 号规定，并购企业所并购的无形资产的成本应在目标无形资产的预期收益期限（一般不超过 40 年）内，根据收入费用配比原则进行摊销。中国相关税收法律制度也有相关股权转让的营业税税收优惠政策。自 2003 年 1 月 1 日起，以无形资产投资入股、参与利润分配、共担投资风险的，不征收营业税。[③] 一个纳税年度内，居民企业转让专利技术（法律授予独占权的发明、实用

---

① 参见 IRC 第 6050L 节“关于某些被捐赠的财产的申报”之“（b）限定知识产权的捐赠规定”。

② 参见李锐、李堃编译：《美国国内收入法典——程序和管理》，中国法制出版社 2010 年版，第 141 页。

③ 参见财政部、国家税务总局《关于股权转让有关营业税问题的通知》（财税〔2002〕191 号）。

新型和非简单改变产品图案的外观设计)、计算机软件著作权、集成电路布图设计权、植物新品种、生物医药新品种,以及财政部和国家税务总局确定的其他技术所有权或5年以上(含5年)全球独占许可使用所得不超过500万元的部分,免征企业所得税;超过500万元的部分,减半征收企业所得税。① 使用寿命有限的无形资产,其应摊销金额应当在使用寿命内系统合理摊销。② 使用寿命不确定的无形资产不应摊销。③

四、价值评估的融资需求

随着无形资产变得越来越重要,知识产权评估在企业融资中变得越来越普遍。

(一)融资、资本募集、知识产权资产抵押证券情形

知识产权可以用来筹集资金、担保债务或发行资产担保证券获得融资。国家知识产权局有关数据显示,"十二五"期间,中国专利权质押融资总额达1533亿元,5000余家企业通过专利权质押融资盘活无形资产,拓宽融资渠道,有效缓解资金短缺,促进创新成果运用。2019年,中国知识产权融资总额突破1500亿元;到2021年,中国专利权商标质押融资金额突破3000亿元。④ 人类历史上第一次知识产权证券化的实践发生在音乐著作权界,1997年美国银行以英国音乐人大卫·鲍伊(David Bowie)预期唱片收入为担保发行了总额为5500万美元的"鲍伊债券"(Bowie Bonds),吸引众多投资人购买证券,"鲍伊债券"成功利用特许权使用费收入来发行债券,并吸引一些金融机构参与未来无形资产证券化,在无形资产证券化中面临着如何评估未来无形资产的问题。电影界著作权证券化的佼佼者当推"梦工厂",其在发展过程中多次以拟拍摄电影著作权进行知识产权融资。

---

① 参见我国《企业所得税法实施条例》(2019年修订)第90条规定。

② 参见《企业会计准则第6号——无形资产》(财会〔2006〕3号)第17条第1款。

③ 参见《企业会计准则第6号——无形资产》(财会〔2006〕3号)第19条。

④ 参见杜雨萌:《2021年全国专利商标质押融资金额首破3000亿元》,载《证券日报》2022年1月13日,A02版。

（二）企业重组、破产、贷款情形

在企业重组或破产的情况下，债权人和破产法庭要得到准确的企业资产价值，确定清算价值或评估剩余商业利益。在贷款的情况下，贷款人将知识产权抵押作为知识产权担保获取贷款。例如，1992 年，磁盘驱动器制造商海怪公司申请破产，当时该公司资产为 130 万美元，负债 250 万美元。该公司破产拍卖其专利组合，最后三星电子以 365 万美元的价格拍得了海怪公司的专利组合，该价格超过公司负债额 115 万美元。

五、价值评估的诉讼需求

除上述的跨国并购中知识产权评估的战略、交易、税收、财政原因之外，在知识产权跨国并购中可能因并购引发诉讼而需要进行知识产权评估，通过知识产权评估确定知识产权侵权案件中权利人的损失、侵权人的获益、许可使用费的合理倍数和法定赔偿等数额。诉讼与损失赔偿属于无形资产评估的一般目的。在侵权和涉税诉讼中需通过知识产权评估确定补偿性赔偿数额。一般专利所有者获得的专利侵权损害赔偿不得低于合理的专利许可费用。知识产权损害赔偿的计算通常包括利润损失及合理使用费等，类似于在诉讼之外的知识产权价值评估。知识产权损害赔偿意在补偿受损方，使其享受知识产权不被侵犯经济效益。确定损害赔偿额时，要考量销售量、价格、市场份额、收益率以及专利费税率等变量。因为诉讼的高昂费用，一些公司诉前进行评估以确定诉讼的预期经济效益，包括潜在的损害赔偿金、禁止令的经济价值及诉讼费用，并决定是否进行侵权诉讼或和解。在宝丽来诉柯达案（Polaroid v. Eastman Kodak）中，相机制造商宝丽来和胶卷制造商柯达曾亲密合作多年，但 1972 年宝丽来推出享有相机及胶卷专利 SX70 型瞬时相机，宝丽来拒绝了柯达生产宝丽来瞬时相机的要求，柯达拒绝为宝丽来生产配套胶卷。后来宝丽来建立了胶卷工厂，柯达开始销售瞬时相机。1976 年，宝丽来状告柯达侵犯其瞬时相机和胶卷的专利权。1990 年 10 月 12 日，法院裁决柯达侵犯宝丽来瞬时相机及胶卷的专利权，赔偿宝丽来 9. 095 亿美元，创下了当时侵犯专利赔偿额最高的世界纪录。

知识产权价值评估也可用于确定侵权诉讼赔偿金数额。例如，2005 年美国 Medtronic 公司支付原告 13.5 亿美元知识产权使用费，微软向 Sun 公司支付知识产权许可与反垄断费用共计 19.5 亿美元。

第三节 知识产权价值评估方法及选择

由于有形资产与无形知识产权资产之间的差异，涉及有形资产的并购通常采用的估值方法在知识产权的并购中并不适用，所以常常由于评估方法选择的不当导致相关知识产权交易中存在不合理交易价格或不适当交易结构。正如美国约瑟夫·克拉林格所说，“较难量化估价的项目之一，即现在或者将来的专利品、专利权、商标、品牌和交叉许可证的价值以及行业中的好名声”[①]。美国国税局收入规则肯定知识产权评估方法的多样性：“没有任何一种公式能够被设计以适用于多种不同的评估问题，基于相关事实的评估是恰当的，同时结合常识、明智的判断、合理性等要素权衡这些事实，并确定其整体意义。”虽然没有一个适用于所有知识产权估值的万能公式，但实践中，跨国并购知识产权价值评估通常涉及市场法（market approach）、成本法（cost approach）和收益法（income approach）等知识产权评估方法。传统的市场法、成本法和收益法等知识产权评估方法不适合每种情形的评估，在不同背景下，任何一种知识产权只采用其中一种方法来评估是远远不够的，时间和背景是最重要的因素。[②] 有时候，需要根据知识产权出现的新情况选择除交易法以外的方法来评估[③]，需要将与无形资

① [美]约瑟夫·克拉林格：《兼并与收购：交易管理》，陆猛等译，中国人民大学出版社 2000 年版，第 126 页。

② 参见[美]韦斯顿·安森编著：《知识产权价值评估基础》，李艳译，知识产权出版社 2009 年版，第 180 页。

③ See Paul Flignor & David Orozco, *Intangible Asset & Intellectual Property Valuation: A Multidisciplinary Perspective*, WIPO (Jun. 1, 2006), https://www.wipo.int/export/sites/www/sme/en/documents/pdf/ip_valuation.pdf.

产创造、保护和转移相关法律更有效地整合到资产评估模型中。①

一、市场评估方法

当市场中存有与并购的知识产权相同或相似资产时,并购方会比较目标方知识产权的价格与市场上这些相同或相似资产的价格,这是知识产权估值中最为直接与简便的一种做法。

(一)市场法的概念

市场法,也称现行市价法或市场价格比较法,是指从近期交易中选择若干同类或类似的比较资产,分析待估值资产与比较资产成交价格和交易条件异同,调整类似资产的市场价格,确定待估值资产价值的一种资产评估方法。知识产权跨国并购中的市场法,即从近期知识产权交易市场上选取同类或类似的知识产权资产作为参照,结合其他影响因素分析调整差异,进而确定待估值的知识产权价值的方法。运用市场法评估知识产权资产有一个假设前提,即假设待评估的知识产权已经成熟,评估企业正试图拓宽该知识产权资产的利用范围,研究开发其潜在市场价值和市场用途。②

(二)市场法的分类

第一,可比市场价值法,即根据谨慎和客观性原则,参考最近一次交易中可比知识产权的价格来确定许可合同中待估知识产权的价值,这种方法常受制于市场中知识产权的交易活动信息匮乏。

第二,可比使用费率法,即参考最近一次交易中双方商定的可比使用费率决定知识产权的价值,这种方法常和经济评估法一起使用。

---

① See Jeffrey H. Matsuura, *An Overview of Intellectual Property and Intangible Asset Valuation Models*, 14 Research Management Review 33 (2004).

② 参见冯晓青:《企业知识产权评估探析》,载《河南省政法管理干部学院学报》2000 年第 5 期。

(三)市场法的适用条件

市场法是基于拥有类似资产的一方在同等或类似条件下进行市场交易从而确定公允市场价值的一种资产评估方法。其适用需要存在活跃的专利、商标、著作权资产市场,并要求有足够的具有可比性的相关知识产权资产交易,能够获取足够的具有可比性的交易价格信息,而且这一可比交易需要在近期一个合理的时间内进行。

类似资产的类似交易价格要与当前交易中资产价格具有类似性,需要考虑待评估资产的属性(如其为专利还是商业秘密)、产品的相似性、所处的行业、市场规模、盈利能力、市场进入难易度等,据此判断以往可比交易是否提供了一个足够相似的待评估资产公平市场价值指标。就其本质而言,知识产权或与知识产权相关的交易具有独特性,常常难以找到具有类似性的可比交易。如软件价值评估很少使用市场法,因为缺少对软件许可证发放者/持有者的公开披露,缺少与高级商业软件应用的直接比较因素导致很难找到类似的软件市场交易数据。此外,如果软件是内部开发的,则通常与商业软件的市场价格不相关。但是,当合适的经验数据可以获得时,市场法也可以有效地用来估算软件的价值,而且当相关的交易能够提供一些指导时,可以根据交易的差异进行适当的调整,因此市场法不失为一种简单而有效的资产评估方法。应用市场法需要有一个充分活跃的市场、能够收集的可比较的资料等。在某些情况下,市场法对确定其他评估方法中的投入是十分有用的。例如,评估某一专利组合的一次性交易价格是很困难的,因为很难找到相似的交易进行比较,但能够比较容易找到相似专利许可协议及其约定的特许权使用费。当在公开交易市场上很难找到相同或类似的无形资产参照对象时,市场法就难以适用。

二、成本评估方法

(一)成本法的概念与计算方法

成本法中的"成本",即资产创建或资产重置成本,以及开发知识产权耗费的成本。成本法是以与待估值资产同类或类似的资产开发成本为基础,计算待估值资产价值的一种资产评估方法。成本法进行资产评估，要以待估值的知识产权可替代开发为假设，即以有关企业宁愿选择开发一种替代技术也不愿为类似技术许可支付更多的特许权使用费为前提。在开发替代技术可行的情况下，接下来的任务就是估算开发替代成本。替代成本包括开发和测试中使用材料的费用、工程设计费用、样机试制费用、间接制造成本及咨询费等。除此之外，还要考虑开发替代技术的时间成本和机会成本，如由于延迟而造成的销售和利润的减损，为替代产品获得类似市场地位而必要的市场增量或促销开支等。

在跨国并购知识产权价值评估中采用成本法，是以替代经济原则为基础，即在并购目标方的知识产权整合后获取预期收益情况下，并购方为获取目标方知识产权，愿意支付给目标方的不超过构建与并购知识产权相同或类似的替代品所需要成本的最小支出。其计算公式为：成本法评估值 = 历史成本或重置成本 - 各项损耗 - 经济性贬值 - 功能性贬值。其中，确定各项损耗的关键是通过知识产权法定期限、契约期限、预测年限及根据行业惯例等途径确定待估值知识产权的经济寿命，然后将知识产权剩余寿命与经济寿命进行比较以便给出评估价值。市场情况变化、经济形势突变、经济政策改变或法律、法规的重大修改等外部的原因会造成待评估的企业知识产权价值的经济性贬值。企业某项知识产权因不能执行其市场功能造成知识产权价值减少被称为功能性贬值，可能表现为新的知识产权上市使原知识产权价值减少，如 FOXPRO 软件上市导致 DBASE 数据处理软件价值大大降低。

（二）成本法的种类

根据不同情况，可选择以历史开发成本（历史成本）或开发类似技术的预期成本（重置成本）两种成本为依据来评估并购中的知识产权价值。

1. 历史成本法。历史成本是历史上企业开发相同或相似知识产权时实际支出的成本。根据企业开发相同或相似知识产权比较详细的费用记录，在考虑通货膨胀等因素、满足客观一致性要求的基础上将历史成本换成现值，然后得出现在开发这项知识产权的总成本。这种方法在实际运用中也会遇到诸多实际困难，如难以确定研发时间，难以区分知识产权价值的维持成本和增加投资成本,难以确定剥离研发该知识产权实际支出成本与相关研发费用,缺乏相同或相似知识产权资产研发历史记录,难以调整历史成本以反映现值等。当开发知识产权成本与其收益没有直接的关系时,历史成本就不能作为企业知识产权估价值基础,即开发知识产权耗费的资产与它以后的价值没有直接的关系。企业开发某项知识产权所耗费的成本常常不能决定该知识产权的收益,有时企业知识产权开发成本高而应用前景小,投入大量资金开发及销售产品而只得到很少的收益;有时企业知识产权开发成本低而应用前景十分广阔,企业开发知识产权成本与该知识产权可能带来的收益不正相关。例如,某专利药品尚在专利期内,其他药企耗资巨大跟踪该专利药品研发,跟踪研发的药品专利无法获得有关部门批准因而不能投入市场产生收益。

2. 重置成本法。重置成本法是指当没有详细知识产权研发成本历史记录时,依据假设重新购买或开发一个与待估值知识产权完全相同功能和效用的知识产权所耗费的成本来确定待估值知识产权价值的方法。重置成本法不需要将历史成本转换成现值,具有很强的主观色彩。当在知识产权应用中难以单独计算出收入或现金流,或在近期知识产权研发成本容易判断时,潜在的被许可方可能利用重置成本对相关知识产权价值进行分析。实践中,在评估许可政策和条款时经常要与其他许多因素一起考虑研发成本。[①] 如评估商标权时商标的创立成本是个重要的依据选择。任何一个标识能够获得公众认知,获得一定的知名度,都需要人力、物力、财力的支出,从商标设计到广告宣传,都需要庞大的广告等费用支持,据《广告时代》2004 年统计,美国排名前 100 位的广告商花费超过 980 亿美元,其中通用汽车广告花费达 39.97 亿美元位于第一,宝洁公司花费 39.20 亿美元位于第二。美国排名前 100 位的广告商中花费 1000 万美元以上的品牌有 569 个,例如,宝洁公司使用最多的 45 个品牌,强生公司使用的 26 个驰名品牌。而威瑞森电信广告费用达 15.10 亿美元,成为单一品牌之冠。[②]

---

① 参见董晓峰、李小英:《对我国知识产权评估方法的调查分析》,载《经济问题探索》2005 年第 5 期。

② 参见[美]戈登・史密斯、[美]罗素・帕尔著,国家知识产权局专利管理司组编:《知识产权价值评估、开发与侵权赔偿》(增补本),周叔敏等译,电子工业出版社 2012 年版,第 9 ~ 10 页。

(三)成本法的局限性

在一项新的技术刚刚研发,其市场应用前景不明而且其他评估方法难以适用的情况下,成本法是非常有用的,但实践中成本法具有很大的局限性。历史成本法不能体现知识产权形成成本与未来收益的关系,也不能有效区分知识产权维持费用和价值增加的投资成本;知识产权的独占性决定了重置成本法主观性强难以现值依存。一般成本法多适用于收益法和市场法无法适用的情况或以重置、补偿为目的的知识产权评估。

实践中,成本法的局限性有以下几点。

第一,知识产权成本和收益的弱对应性。知识产权所创造的价值不能按照社会必要劳动时间来衡量。企业开发某项知识产权所耗费的成本常常不能决定该知识产权的收益,如商标价值可能随着时间的推移逐渐增长导致其收益可能不容易确定,软件的专利和著作权价值可能因其被作为商业标准广泛采用而实质提升,如微软 Microsoft ©及其视窗操作系统 Windows ©,其知识产权价值提升部分大大超过了其作为计算机操作系统的内在价值。

第二,知识产权成本的识别和计量比较困难。在一些情况下,相当一部分企业知识产权成本的识别和计量比较困难,企业难以区分知识产权维持费用和增值开销,对未来收入流量因素、市场状况、有效使用期限、未来收益风险等缺乏了解,很难获知从知识产权的应用中得到的收益,此时建议适用其他的评估方法。如果企业某项知识产权是在短期内研发而来且各项成本易于判断时,适宜选择重置成本法分析待估值知识产权价值。

随着技术的进步、有效期的经过和环境的变化,有些种类的知识产权垄断性会减弱,从而引发知识产权贬值;有些专利在剩余年限里,由于新的技术出现,已有技术价值越来越低或者接近于零。如 2003 年 TCL 并购汤姆逊案①中,TCL 本意通过并购法国汤姆逊获取彩电技术和汤姆逊在北美和欧洲的市场,汤姆逊欲借助 TCL 开拓中国彩电市场。2004 年彩电业的重心迅速从显像管电视

① 参见《TCL 并购汤姆逊吞苦果 两项索赔超 5 亿元》,载《羊城晚报》2003 年 12 月 19 日,第 4 版。

转向了平板电视，打乱了 TCL 的发展步伐并造成巨额亏损。本案中，TCL 并购获取的阴极射线管技术落后了，并被平板所取代。由于尽职调查时对技术进步把握的不准确，在估值环节付出了大代价购得没有价值的技术。这个并购实例，生动地说明了并购中尽职调查和价值评估的重要性，说明了单单依赖一种成本估值法不足以应对动态的技术变化，在估值中要考虑到知识产权价值的无形减损与贬值。

三、收益评估方法

收益法，又被称为折现现金流量分析法，是指以收益现值理论（discounted cash flow）为基础，通过适当折现率折现估算待估值资产的剩余期间预期收益，累加得出评估基准日的现金价值，借以确定待估值资产价值的一种方法。用收益法评估资产是通过测算待估值资产的剩余寿命期间的预期收益并进行适当折现，将企业未来特定期间内的预期现金流量还原为当前待估值资产折算评估基准日的现值。例如，某一计算机软件相关收入流可以确认时，使用收益法对该计算机软件进行评估，其价值可以估算为在该软件的整个剩余有效寿命中由于该软件的所有权所产生的预期经济收益的现值。收益法立足于企业知识产权价格主要取决于它给企业所带来的垄断利润、超额利润等超额收益，而不是根据其创造过程中表面上付出的成本而定，其结合企业专利技术等知识产权的特殊性进行估值。

（一）收益法评估依据

收益法进行资产评估所依据的基本理论是资金的时间价值原理。该原理认为，知识产权作为一种稀缺资源，能够给其占有者带来预期收益，能够在进行流转时实现其自身价值。知识产权评估值与知识产权的效用直接相关，当其效用越大时，其获利性越强，也就具有更大的价值。① 因此，运用收益法评估知识产权需要满足的前提条件是：知识产权持续经营、使用、获利；知识产权的预期

---

① 参见魏玮：《知识产权价值评估研究》，厦门大学出版社 2015 年版，第 39 页。

收益年限能够预测，即能够预测知识产权的经济寿命、预期收益和风险，并且知识产权预期收益能货币化；待评估企业提供的知识产权文字、数据资料真实可靠，计算口径一致。运用收益法评估企业知识产权价值要与知识产权资产无形性紧密联系，要界定其长期收益。具体运用中应适当考虑知识产权地域差异性，从总收益中分离知识产权收益额。在知识产权评估实践中，收益法因其科学性和合理性，应用较多。

（二）收益法的性质

不同于重置成本法与市场法等演绎方法，收益法属于分析方法。收益法是对待估值资产未来的使用情况进行经济分析以确定待估值资产价值的一种评估方法。在中国知识产权评估实践中，企业根据资产的不同特性选取不同的方法进行估值，对于资产特性比较简单且侧重资产现实可用程度的资产适合选用演绎方法进行估值，而对于资产特性比较复杂且强调资产未来使用效果的资产适合选用分析方法进行估值。①

应用收益法进行知识产权评估的结果是通过折现、量化待评估知识产权资产未来预期收益流的现值而获得的，因此收益法与成本法和市场法等资产评估方法相比更为严格。惯例中，应用收益法要选择一个恰当的作为折现率使用的回报率。折现率是基于未来风险和不确定性估算而来的。其具有能够在等价的基础上权衡替代机会和替代交易、能够分离和检测某些关键变量灵敏度的优点。其中，现金流量贴现法有助于回答达到什么样的市场渗透率能够实现这次收购的合理回报这一问题。此外运用蒙特卡罗（Monte Carlo）分析可以同时测试多个变量的敏感性，可以最大范围地预测最好和最坏的情况。

（三）影响收益现值的重要参数

使用收益法时需要关注与知识产权利用相关的收益、既定收益的预期增长

---

① 参见董晓峰、李小英：《对我国知识产权评估方法的调查分析》，载《经济问题探索》2005 年第 5 期。

特征、收益的预期存续期间、与收益评估相关的风险、可归因于待估知识产权的收益比例等因素。通常,可以运用超额收益法、回报率、经验法则来分摊知识产权创造的利润以确定预期收益。收益的预期存续期间深受目标知识产权产品的市场推广时机、产品生命周期和知识产权有效寿命等因素影响。如索尼的Betamax不是因为技术过时或专利到期退出市场,而是消费市场令其全面退出市场。知识产权带来的收益流量同未来现金流量一样是有风险的。在运用收益法时,有必要考虑这些风险。例如,由于知识产权的现金流量评估的不确定性,预期的现金流量反映预期结果而不是简单反映最乐观的结果。资产评估师在反映现金流量风险的基础上进行折现。专利、商标、著作权、商业秘密价值在被利用中以收益的形式体现自身的价值,收益法是相对其他估值方法而言,比较适合知识产权估值的一种方法,实践中,在专利、商标、著作权的估值中被广泛采用,这种估值方法主要适用于经营性的知识产权。在应用据资产预期产生的未来净收入流的现值来评估知识产权资产的价值时,需要考虑预计资产将产生的净收入、预期收入的时间段、未来收入的现值贴现率和实现未来收入的风险等四个变量。

可见,市场法、成本法、收益法这些估值方法各有各的特点、适用前提与条件。适用市场法要有一个开放活跃的市场,要有与待估知识产权具有可比性的相同或相似的知识产权为参照物,这些参照物的资料要可以被正当获取,参照物的选取要具有一定的技术含量与水平要求。成本法适用于为开发知识产权支出的成本与知识产权价值具有紧密关系的情形,其适用范围具有很大的局限性。收益法适用于经营性的知识产权,而不适用于防御性的知识产权,适用收益法要求待估知识产权要有一定的利用价值并能够在利用中具有预期的收益性。知识产权的特殊性决定了评估方法不能简单划一,而是要结合并购中目标方知识产权的具体情形而进行选择。

四、并购中知识产权价值评估方法的选择

在知识产权跨国并购中,结合跨国并购知识产权评估的目的、背景、评估方法的特点、知识产权具体的情况,酌情综合选择运用不同的评估方法。

（一）结合跨国并购的评估目的或背景选择评估方法

综上所述，知识产权评估满足战略、交易、税收减免或确保税收遵从、侵权诉讼等诸多需求，在跨国并购知识产权评估中要明确对目标方知识产权进行跨国兼并和收购的评估目的或背景。如果需要对跨国并购特定期间目标方特定知识产权的货币价值做出估值，一般选择收益法、市场法、成本法。此时，知识产权评估具有时效性，限定在跨国并购进行期间；知识产权评估具有不确定性，知识产权跨国并购评估得到的仅是一个大致的、估计的价值，而不是并购方与目标方最后的交易价格。随着知识经济时代的来临，知识产权跨国并购活动十分频繁，知识产权跨国并购评估具有重要的地位。

（二）结合评估方法的不同特点选择评估方法

运用市场法需要满足一定的前提条件，即所交易资产的市场较为活跃，能够找到一个近期相似的知识产权交易对象。通常，专利、商标和著作权评估可以根据交易收入的百分比适用市场法评估其价值。但当知识产权与其他资产难以分离时，或由于目标方知识产权的独特性难以找到替代物时，或即使找到了类似交易也无法确保两者的创收能力一致性，如商业秘密因缺乏相关的可比较的交易而没有相关市场价格时，就不能单独选择市场法进行价值评估，而是要综合运用市场法与其他方法。跨国并购中专利等知识产权资产常常随着其他设备等有效资产一起进行交易，此时，并购方和目标方可以在明确总资产价值的基础上，根据协商或行业惯例确定专利等知识产权资产的比例，按照比例法确定专利等知识产权资产的价值，或者可以先评估有形资产，再依据知识产权资产所占的比例推算出该知识产权资产的价值。在跨国并购中知识产权评估中，选用成本法，尤其是重置成本法用于确定谈判价或成交价。但开发一项知识产权的投入成本或者获得一项知识产权的成本并不等于其创造收益的能力或价值，如对目标方的商标权进行评估时，其开发商标的投入成本很难确切地反应商标的市场价值，因此，一定程度上，成本法并不能完全决定知识产权跨国并购资产的经济价值。收益法相对运用较多，但在运用时应注意相关参数的选择。当选择收益法时要关注与知识产权的利用相关的收益、既定收益的预期增长特征、收益的预期存续期间、与收益评估相关的风险及可归因于待估知识产权的收益比例等要素。[①] 跨国并购中知识产权评估的方法选择不是机械僵死的,而是具体情况具体分析的一个动态选择过程。

(三)结合知识产权资产具体情况选择评估方法

并购知识产权价值评估中,并购双方都在寻求自身利益的最大化。在商标及商誉的评估中,可选用收益法进行商标及商誉的估值,这种方法是以待评估的商标及商誉的未来收益现值为标准,选定适当的折现率根据目标方商标及商誉的经济利益或未来现金流的现值评估其价值。评估驰名商标的价值时可考虑商标历史传统和市场信誉优势,按新增收益和驰名度大小来进行估值,如光明家具采用收益法评估商标所有权。当目标方的知识产权处于初级阶段,还没有相关市场收益时,就不能选用收益法。可选用市场法进行商标估值,这种方法是以可替代或可比较交易为基础,根据时间变化进行调整,计算商标市场价格的估值方法。如在美国商标评估中,区分以收益能力为导向的、以心理和行为为导向的、以经济和行为为导向的复合型商标估值模型。

评估专利等知识产权资产应充分考虑许可或转让的专利技术权益的状况,根据相关技术交易材料的收集情况,选取收益法或市场法。评估计算机软件时,若选择成本法,应充分考虑开发成本;若选择市场法,应通过比较正常贸易条件下类似资产价值进行评估。评估耗资巨大的药品专利一般不适用成本法,因为新药研发需要巨大的资金与时间的投入,而且成功概率不高。一个药品从研发到上市,要经历长达 10 年的周期,研发加上临床三期总成本高达 15 亿美元。虽然专利保护期为 20 年,但是药品在市场上被垄断的时间一般为 8 年至 10 年之间。到专利保护期将至时,原研药的价格下降一半左右。医药行业的制造成本并不高,通常只占营收的 20% ~30% ,因此,这些医药公司的毛利率都非

---

① See Daryl Martin & David C. Drews, *Intellectual Property Valuation Techniques*, 10 The Licensing Journal 19 (2006).

常高。默沙东、辉瑞和强生2010年以来的毛利率均维持在60%以上,其中辉瑞维持在70%～80%。[①] 难以计算出药品专利的真实成本,尤其是其中的时间成本不易计算,且专利的价值通常与成本并不完全一致等因素导致难以适用成本法评估药品专利价值。专利池或专利组合中的单项专利也难以适用成本法计算,因为单项专利成本难以从专利池中分离出来。

评估著作权时,当著作权的成本构成合理、清晰时,可选用重置成本法进行估值,即从基本稿酬、印数稿酬及其杂费的发生中计算重新创造该项著作权资产所耗费的费用。这种方法根据该出版社为该图书所付出的全部费用进行评估,但著作权的原创性等特点导致现实中很难重新创作出原作品。所以,实践中,重置成本法运用不多。市场法选用较重置成本法多,但市场法主要适合于常见的通俗小说、通俗音像制品等著作权交易。在著作权估值中,收益法运用较市场法或重置成本法更为普遍。著作权能为权利人带来经济收益,在一定条件下能够预测该著作权的未来经济收益。基于实物期权法的电影产品著作权评估算例分析对该方法进行了直观的描述,并且发现,这种单纯采取实物期权法的知识产权评估是不完善的,还需要与收益法相结合,只有这样,才能对创意产品的知识产权价值进行完整的评估。[②]

对商业秘密估值的前提是商业秘密具有价值性,估值是对其价值性的量化表现。虽然各国有关商业秘密价值性认定标准和保护法律规定等方面存有差异性,但是商业秘密的价值越来越受到各国的普遍重视,其中商业秘密被美国《特别301报告》赋予国家安全属性足可见商业秘密价值之重要性。基于秘密性、价值性、保密性判定商业秘密真实存在,这是商业秘密能够被估值的前提条件,其中秘密性是商业秘密价值的核心部分。商业秘密法律法规不一致导致相关权利人权属认定的不确定性,加大了商业秘密估值的难度。由于商业秘密的秘密性难以选择需要公开市场信息的市场法,因没有活跃公开的知识产权交易市场,加之商业秘密具有独特性难以找到相同或相似的参照物以便进行估值比

---

① 参见张景舒:《海外巨头新药研发成本,比A股医药股市值还高》,载虎嗅网2020年5月25日,https://www.huxiu.com/article/358824.html。

② 参见何琦:《创意产品:价值实现与价值评估》,经济管理出版社2015年版,第235页。

较,因而市场法被认为是最难运用到商业秘密估值的方法。在商业秘密估值中,成本法更为可行。运用成本法时要求替代成本等技术要素,了解创造一项商业秘密究竟需要花费多长时间,投入多少金钱。收益法主要考察来自商业秘密的预期收入和未来的经济利益。[①]

综上分析,常见的跨国并购中知识产权评估方法是成本法、市场法和收益法。三种基本方法各具特色,当有可替代交易的近期记录时重置成本法是可取的,当相似交易市场活跃时市场法是可取的,当有预期收益时收益法是可取的。联系知识产权的不同类型,常用收益法评估专利、商业秘密等资产,常用市场法评估商标及商誉,常用成本法评估著作权资产价值。就知识产权资产所处的不同阶段而言,知识产权开发初期评估的精确度要低于其成熟阶段,常用成本法评估初期的知识产权资产价值,常选取市场法或收益法评估处于相对成熟阶段的知识产权资产价值。由此可见,在具体评估中很难单独采用一种方法,因此在跨国并购知识产权评估方法的选择上要注重方法选取和运用的综合性。实践中,要根据估值方法的适用条件与局限性,选择最适合的评估方法,并且结合具体的评估情形,适用若干方法的组合,并关注新的评估方法,如适用模糊数学工具将知识产权一些概念的因素量化综合评价法。[②]

第四节　知识产权价值评估的法律依据

在根据具体知识产权实际情况选择适当方法的基础上,知识产权价值评估有效运行需要重点考察评估知识产权的时间性、地域性、无形性、专有性等法律特点。知识产权法律制度是一种社会契约,即以国家面貌出现的社会同知识产品所有人签订的特殊契约。国家通过知识产权相关法律制度赋予权利人一定

---

① See Steven Fink & Sticky Fingers, *Managing the Global Risk of Economic Espionage*, i Universe Press, 2003, p. 212.

② 这方面的早期成果参见姜秋、王宁:《基于模糊综合评价的知识产权价值评估》,载《技术与创新管理》2005 年第 6 期;万小丽、朱雪忠:《专利价值的评估指标体系及模糊综合评价》,载《科研管理》2008 年第 2 期。

期限的独占权,权利人作为对价须将其智力性成果向公众公开。[①] 知识产权具有时间性,超出该期限的知识产权就进入共有领域,但续展的商标权为例外。[②] 知识产权的时效性决定了知识产权价值从有到无的过程,有效期内的知识产权一般是具有价值的,有效期届满或虽然有效期未届满但知识产权失效时(如 TCL 并购汤姆逊案),知识产权的价值就没有了。知识产权具有严格的地域性,一般仅在获得承诺和保护的国家境内发生法律效力。除签有国际条约外,知识产权没有域外效力,其他国家无义务保护相关知识产权,在保护国境外其他人无须征得权利人同意也无须支付费用就可以自由使用该知识产权(产品)。知识产权除具有所有权的排他性和绝对性等共同特征外,知识产权专有性表现为知识产权权利人对其知识产权独占的垄断权,即对同一知识产品一般不允许两个以上同一属性的知识产权并存。跨国并购中知识产权评估深受知识产权法律特征的影响,且因知识产权类型不同又各有不同的法律因素考量。

一、专利权价值评估的法律影响因素

跨国并购中的专利权评估是基于跨国并购的特定目的,根据公允、法定的标准和流程,运用适当的评估方法,对目标方的专利权进行估值,为跨国并购提供交易价格依据的行为。

(一)专利的类型

在中国,专利法保护发明、实用新型和外观设计三种专利。在美国,发明、外观设计和植物品种可以获得专利,美国没有实用新型这一概念。欧洲保护具有新颖性的、有创造性步骤的并能在工业中应用的技术领域的所有发明。EPC 第 52 条第 1 款规定,对于任何技术领域的所有发明,只要是新颖的、有创造性步骤的并能在工业中应用的,均授予欧洲专利。EPC 第 52 条第 2 款对不属于

---

① 参见曾永珠、魏丽娜:《国外专利法介绍》,载《中国科技信息》1998 年第 8 期。

② 在知识产权的时间性特点中,商标权与著作权、专利权有所不同,它在有效期届满后可以续展,通过不断的续展,商标权可以延长实际有效期。参见吴汉东主编:《知识产权法》,法律出版社 2004 年版,第 16 页。

“发明”的,主要是抽象的或非技术性的内容作了非穷尽式的列举,以排除非技术性的发明。① 其中从法律对专利授予要件和审批程序的要求就可以对专利价值作出一定的判断,在中国,对发明专利、实用新型和外观设计专利的保护程度不同,对发明专利规定了先公开后审查的严格实质审查制度。发明专利保护产品和方法的技术方案,这些技术方案要满足新颖性、创造性、实用性,发明专利经过了实质审查,其技术含量较高。而对实用新型和外观设计仅规定初步审查制度,实用新型和外观设计专利的价值一般要低于发明专利的价值。

依据开发程度不同,还可以将专利分为开拓性专利和改进性专利、基本专利和从属专利、核心专利和外围专利等。判断目标方的专利是基础专利、从属专利还是外围专利的标准之一是,后两种专利转移需要征得基础专利所有者的同意。中国南汽并购罗孚案中,并购前上汽购入了罗孚 25、75 系列轿车和全系列发动机的知识产权。南汽签订协议放弃罗孚的看家车型罗孚 45 中属于第三方的知识产权(45 车型设计权属于本田,罗孚品牌属于宝马),南汽高价并购了一个没有核心竞争力的罗孚,并购后南汽生产的汽车需要另外向本田和宝马支付高额的授权费用,使得这次并购的经济意义大打折扣。中国青汽并购瑞德萨博、中国北汽并购德国欧宝都因为基础专利所有者通用汽车的阻挠而失败。

(二)专利的法律状态

专利的法律状态包括技术或方法处于初审、实质审查还是获得专利证书阶段,也包括专利处于异议期,处于撤销或无效宣告程序,处于诉讼或执法程序等状态。专利的法律状态不同决定了其价值的不同。如专利权与专利申请权的价值明显不同,专利权是确定的权利,而专利申请权可能被批准也可能被驳回,专利申请权因获得专利授权的不确定而不确定,对其价值评估具有重要的影响。

目标方专利权是通过研发还是通过许可获得的;获得的许可是独占许可、排他许可还是普通许可,是交叉许可还是从许可,许可权能否再转让等都是专利涉及的重要问题。目标方自主研发的专利权有无许可给他人使用和目标方

---

① 参见李明德等:《欧盟知识产权法》,法律出版社 2010 年版,第 326 页。

的专利权的许可状态对专利的价值评估都具有重要意义，当许可人授权被许可方独占许可权时会要求较高的专利使用费，因为被许可方在业内获得专属优势。并购方需要在尽职调查中明晰跨国并购中目标方专利的不同法律状态并作出评估。华立并购飞利浦 CDMA 预获取其 3G 技术，但飞利浦的 CDMA 核心技术与美国高通定有交叉许可协议并约定不得对第三方公开。

（三）专利保护范围

一般地，以权利要求书中记载的必要技术特征所确定的内容确定专利权的保护范围。故在专利独立权利要求中指定的必要技术特征越少，专利权保护范围就越大。当权利要求书中给出的内容不准确或不明确时，需要结合说明书及说明书附图进行综合判断。根据专利权人的主张解释有关权利要求时，应遵循专利权有效原则、折中原则和整体技术特征原则，应以专利证书和专利维持费缴纳票据为专利权有效的证据，应以专利说明书及附图为基础并结合已有技术等因素综合判断，应整体考察权利要求书记载的内容。专利保护范围大的专利技术，在侵权救济中受保护的概率相对比较大，因此其价值一般要高于保护范围小的专利。

（四）专利的剩余有效寿命

专利具有时间性，一般在法定的有效期内才有效，例如，我国《专利法》规定的发明专利权有效期为自申请之日起 20 年。法定有效期内的专利未必具有经济价值，专利估值需要考量专利剩余有效寿命这一影响因素。专利预期的剩余有效寿命通常综合专利的经济寿命、技术寿命、法定寿命等确定，专利的剩余有效寿命影响专利的定价、经济损失的评估、专利的转让价格、专利授权的特许费率等。专利的预期剩余有效寿命不同于专利的有效期。我国《专利法》授予发明专利权人 20 年的保护期、实用新型权利人 10 年保护期、外观设计权利人 15 年的保护期，[①]在对专利评估时需要考量专利权的有效期和存续期，但专利有效

① 参见我国《专利法》第 42 条第 1 款的规定。

期长并不必然意味着专利的估值高。有的专利过了专利保护有效期丧失了专利独占性,但没有完全丧失经济利益。国家知识产权局《知识产权统计简报》的数据显示,2012 年中国专利维持率为 1.39% ,有效发明专利中,国内维持时间10 年以上的仅有 5.5% ,而国外则有 26.1% 。有的专利技术虽然在专利有效期内,但已被新技术取代从而失去了市场价值。2004 年 TCL 诱于汤姆逊的品牌优势、技术专利和营销渠道而并购汤姆逊彩电部门,其认为显像管电视还有多年的发展前景,2005 年下半年,平板电视即取代了显像管电视,TCL 对当时的彩电技术走向的判断失误使其购买了"夕阳技术"从而导致这次并购没有获得其预期结果。

此外,专利法律保护强度也影响专利的价值。一般情况下,对保护强度较高的专利,要支付较多的使用费用,因此专利的价值与专利保护的强度联系在一起。跨国并购中,还需要研究目标方有关专利技术安全审查的相关规定,确定并购的目标方专利能够合法转移给并购方,否则,并购毫无意义。专利权的价值评估还受到并购方专利地域性的限制,囿于知识产权的地域性,除依相关国际条约外,专利在哪个国家申请授权就在哪个国家范围内有效,而对其他非授权国家则不具有法律拘束力,其他国家没有义务保护该专利。根据有关国际条约的规定,可以就同一发明同时在两个以上国家申请法律保护。一般不受地域限制的专利估值高,而对于有地域限制的专利估值要低些。同时,专利的估值还可能受到可比较专利估值的影响。

二、商标权价值评估的法律影响因素

商标是用以区别商品或服务来源的词汇、名称、标记或其组合的设计。商标评估不是评估有关商标标识的价值而是评估商标权,即商标所有人基于商标在商业活动中使用而获得的一项财产权的价值。在一些普通法国家,一个市场主体,只要在商业活动中使用了具有显著性的标识,且该标识能够将其商品、服务区别于他人的商品、服务,就可以获得排他性的商标权。商标权来自商标的使用而非商标的采纳,商标的功能是指示商品的来源,商标只有与特定的营业联系在一起才会成为财产权的客体。[①] 商标通过体现在其所代表的商品上的品质、性能、服务等标识性效应能够为企业带来综合性、重复性、超额性的预期收益,这是商标价值所在。从内涵来看,商标价值包括商标的成本和艺术价值等;从消费者的角度来看,商标价值包括消费者的认知、购买态度、满意程度、忠诚度等。但商标价值的收益不确定性、成本不确定性、转移价值不确定性等为商标的价值评估增加了许多的困难。在商标权评估时需要考虑商标的成本、商标的有效使用期限、商标的知名度与其产品的信誉程度、商标产品的市场占有率及发展趋势、商标的法律保护程度、商标的持续投资和发展等因素。

(一)有关商标是否已获注册

就商标权产生依据而言,商标权或依实际使用而取得,或依注册取得,或因驰名而取得。1857 年法国《商标法》以使用和不审查为原则,规定第一个公开、不含糊使用商标的人取得商标权;申请注册只起宣告作用;同样的商标,先使用的优于先申请的。直到 1964 年法国放弃使用取得商标权改用申请注册制。商标权的取得必须经过注册,注册商标受法律保护,未经注册的商标,一般得不到法律的保护。有些商标经过长期使用和经营,已为相关公众所熟知,具有较强影响力,虽未经过注册但仍然受法律保护。目前,绝大多数国家采用注册制度,只有依法经过注册的商标,商标所有人才拥有商标的专有权、禁止权、使用许可权和转让权等商标权。一项注册申请被相关部门驳回的商标若不是驰名商标,则不具有专有权。因此在采用注册制度的国家,目标方商标是否注册是评估中需要考量的一项重要法律事项。

(二)已获注册商标是否处于无争议期

《巴黎公约》规定,除依恶意取得注册或使用的商标提出取消注册或禁止使用的请求外,自注册之日起至少 5 年内,不能对已注册商标提出撤销要求。自注册之日起至少 5 年内,应允许提出取消这种商标的请求。本同盟各成员方可

---

① 参见李明德:《美国知识产权法》(第 2 版),法律出版社 2014 年版,第 529 页。

以规定一个期间，在这期间内必须提出禁止使用的请求。[①] 对于依恶意取得注册或使用的商标提出取消注册或禁止使用的请求的，不应规定时间限制。[②] 对初步审定公告的商标，自公告之日起 3 个月内，在先权利人、利害关系人认为违反本法规定的，可以向商标局提出异议。公告期满无异议的，予以核准注册，发给商标注册证，并予公告。[③] 对初步审定公告的商标提出异议的，商标局应当听取异议人和被异议人陈述事实和理由，经调查核实后，自公告期满之日起 12 个月内做出是否准予注册的决定，并书面通知异议人和被异议人。有特殊情况需要延长的，经国务院工商行政管理部门批准，可以延长 6 个月。[④] 这说明在商标获得注册后存有一个至少 5 年的争议期，在争议期内的注册商标状态不是十分稳定，即商标虽然获得注册但可能因异议程序或注册不当程序而被撤销。国内法院审理的“脑白金”商标案[⑤]，就是一个涉及争议期内被异议的注册商标申请权转让的案件。该案中，惠州达园公司将其在争议期内因特健公司异议而未获授权的“脑白金”注册商标申请权转让给了脑金公司，脑金公司以此商标生产、销售牛奶，后又被特健公司起诉侵犯其“脑白金”注册商标权。跨国并购中目标方获得注册的商标有无经过争议期，对估值有很大的影响，并购争议期内的商标风险很大。

(三)商标有效期及有无续展

商标权的法定有效期不同于专利权和著作权的法定有效期，商标权有效期届满后，可以依据有关规定经过法定程序延续注册商标的有效期限，使商标注册人继续保持对其注册商标的权利。自核准注册之日起商标一般享有 10 年有效期。商标续展制度使商标权有效期届满后，商标权人可以继续保持对产品销售的垄断。商标权人享有注册商标有效期届满前 12 个月的续展期和续展期满后 6 个月的宽限期申请商标续展注册。商标局收到续展注册申请后，原则上不

---

① 参见《巴黎公约》第 6 条之 2(2)的规定。

② 参见《巴黎公约》第 6 条之 2(3)的规定。

③ 参见我国《商标法》(2019 年修正)第 33 条的规定。

④ 参见我国《商标法》(2019 年修正)第 35 条第 1 款的规定。

⑤ 案号：(2005)云高民三终字第 32 号。

进行实质审查，而只对续展注册进行必要的形式审查，认为符合规定的，即予以续展，加注原商标注册证并予以公告。如果不核准续展须以书面形式驳回申请。申请人对商标局驳回续展注册申请不服的，可以申请复议。因此，注册商标有效期届满，宽展期已过，商标权人续展申请被驳回的，商标权将终止。有关商标管理当驳回续展申请的事由主要有以下几种：(1)商标法律修订，导致商标标识含有注册时合法而续展时非法的文字、图形的情形；(2)该续展商标在获准注册后连续3年没有使用；(3)该续展商标具有其他应予撤销的事由。[①]

(四)有关商标是否系"驰名商标"

驰名商标的估值一般高于非驰名商标的估值，如"可口可乐"等驰名商标估值为上百亿美元。驰名商标的经济价值和法律优势一定程度上源于各国法律对其的特殊保护，体现在《巴黎公约》、《TRIPS 协定》及多数国家商标法的一般规定中，即禁止抢注在某国尚未注册的驰名商标；在侵权诉讼中，一些国家对驰名商标给予跨类保护，禁止将与驰名商标类似的标识用在非类似商品或服务上的行为。[②]

(五)商标所依托的商品与形成的商誉

通过使用而获得商标权，表明商标权来自商标的实际使用，来自商标使用而产生的商誉。商誉并非一夜之间获取，其是因商标的使用而逐步获取与增强的。商标依托商品的质量、售后服务、行业前景、生命周期、市场占有率、竞争状况，在商标经营过程中能获得经营业绩和形成良好信誉。对于具有良好质量和售后服务的商品，消费者在购买消费过程中会产生一定的信赖，形成一定的品牌忠诚度。商品的品牌承载着商品的信誉，在一定程度上驰名商标意味着该商标商品良好的质量和服务。虽然说商标权的评估不仅仅是商誉的评估，但商誉一定程度上承载着商标的价值，如在"瘦肉精"事件后，双汇商标权的价值在其

---

① 参见《商标法》(2019年修正)第49条第2款。

② 参见《TRIPS 协定》第16条第2款的规定，该规定将《巴黎公约》只适用于商品的驰名商标法律保护延伸到服务领域。

商誉重创之下已是不可同日而语了。

（六）商标的共同注册与共同使用

同一商标因多个主体共同申请注册而为多个申请人共同享有和使用。[①] 共同注册、共同管理、共同使用，即在该商标的对外许可、侵权诉讼、转让等事项上，各商标权人须协商一致。由于诸多的限制，商标的共同注册、共同使用作为独立注册、独立使用不能发挥作用的不得已情况下的一种选择而存在。中国南汽并购罗孚案中，南汽集团与MG罗孚荷兰子公司发生品牌争议，涉及南汽集团并购的罗孚品牌是否包括荷兰子公司享有的比利时、荷兰、法国、意大利、德国、瑞士和俄罗斯等国MG商标权。荷兰子公司认为其在南汽集团并购罗孚后享有上述地区的MG商标使用权，并购后南汽集团若在上述地区销售MG品牌汽车需征得荷兰子公司的同意，而南汽集团认为并购后其获得包括上述97个国家和地区的647项注册权利。

三、著作权价值评估的法律影响因素

著作权市场灵活多变，在跨国并购中需要结合如下法律因素评估跨国并购中目标方的著作权价值。

（一）目标方的作品类型

第一，要判断目标方的著作权是否属于演绎作品。演绎作品的作者可以凭借其在改编、翻译、注释、整理原作品过程中的创造性劳动，禁止他人复制、发行或以其他方式使用其作品。在原作的保护期内，演绎作品创造要经过原作权利人的许可并支付相应费用，演绎作品的作者行使权利不得损害原作作者的权利，演绎作品的著作权人不能单独许可他人使用其作品。第三人使用演绎作品受原作著作权人的约束，因此，法律保护演绎作品的同时也限定了演绎作品的权利范围，演绎作品的著作权评估作价通常低于原始著作权人的原作价值。

---

① 参见我国《商标法》（2019年修正）第5条的规定。

第二，要判断目标方的作品是否为委托作品或职务作品，相关合同有无明确约定委托作品的权利归属。我国相关法律规定未约定权属的委托作品，其著作权一般属于受委托人，合作作品著作权由合作人共同享有，职务作品著作权一般归作者享有。

第三，要判断目标方的作品是否为计算机软件、数据库、汇编作品。该类作品多是在他人作品的基础上进行整理、汇编而成的，评估时需要注意有无侵权。计算机软件新版本的出现会导致旧版本软件价值的降低或趋近于零。对于计算机软件的保护，有的国家采取著作权保护方式，有的国家采取专利、商标权保护方式，评估时需要注意其价值体现。

（二）目标方著作权是否进行了著作权登记

在著作权领域，《世界版权公约》和《伯尔尼公约》两大体系同时并存。在中国，依《伯尔尼公约》和我国《著作权法》的相关规定，著作权的获得采用自动获得主义，不需要像商标和专利那样履行注册登记、审查批准等手续才具有法律效力，作品完成后不需要履行任何形式的手续自动获得著作权。但在美洲一些国家著作权的获得采用登记主义，作品创造完成后不能自动获得著作权保护，而需要向相关著作权机构进行登记、在国家图书馆等处交存精装本后方能获得著作权。在有的国家，虽然登记不是获得著作权的要件，但对著作权的取得具有一定的证明力。在侵权纠纷中，在有关行政部门进行登记的作品举证时会更有可信度，可将该登记记录作为著作权权属的初步证明。这样登记的著作权与未登记的著作权相比，其评估具有一定的优势。在中国，法律规定计算机软件创作完成后可以在指定的部门进行著作权登记。在诉讼实践中，该软件登记记录将作为软件登记人是著作权人的一个初步证明。

（三）明确所交易的著作权内容

著作权具有丰富的权利内容，明确著作权是所有权还是使用权，并进行相关评估很重要。使用某一领域的著作权，只需就某一著作权使用价值进行估值。例如，汽车外观设计图纸的价值体现在根据其制造的汽车的销售收益上，对该外观设计大多采用收益法进行估值。

1. 著作权的权属

跨国并购中著作权评估要明确著作权权属，明确待评估著作权的著作权人。1995 年，北京市第一中级人民法院审理的迪斯尼公司诉北京出版社等案，虽然不是跨国并购中的著作权纠纷，但对于跨国并购著作权评估具有重要意义。该案中，北京出版社在不确知麦克斯韦尔公司是否拥有对迪斯尼作品著作权的情况下，就从麦克斯韦尔公司购买了作品的出版发行权，在麦克斯韦尔公司破产后，北京出版社要承担对迪斯尼公司的知识产权侵权责任。

2. 著作权的地域性

知识产权的地域性决定了在一国受保护的知识产权在他国可能不受保护，或保护的力度和方式等有所区别。实践中，曾发生过中国某企业从美国购买拥有美国著作权的正版软件在中国营业场所使用，却被指控侵犯中国著作权的实例。就著作权的地域性而言，在跨国并购著作权评估中，目标方著作权受保护的地域范围宽的评估价值一般要高于受保护地域范围窄的著作权的评估价值。

此外，著作权一旦过了法定有效期即进入共有领域。因此，著作权的时间性也会影响跨国并购中著作权的评估价值。

四、商业秘密价值评估的法律影响因素

商业秘密与专利法具有互补性和共存性。不同于专利法对发明创造提供保护以公开为前提，商业秘密以秘密性为保护前提。商业秘密作为企业一项重要的无形资产，能够给公司带来收益，因此是有价值的。商业秘密[①]，即有关的信息是不为正规地处理此种信息的那部分人所共知或不易被其得到的，有关的信息由于是秘密的而具有商业价值，有关的信息被其合法的掌握者根据情况采取了合理的保密措施。商业秘密价值评估需考虑商业秘密的秘密性和商业秘密的保护范围等因素。

---

① 关于商业秘密可参见 1939 年美国《民事侵权法》第 757 节、1979 年美国《统一商业秘密法》第 4 条、1995 年美国《反不正当竞争的第三次重述》第 39 节、我国《反不正当竞争法》(2019 年修正) 第 9 条、《TRIPS 协定》第 39 条、日本《不正当竞争防止法》第 2 条第 6 款的规定。

(一)商业秘密的秘密程度

秘密性是商业秘密与专利相区别的一大特性。《TRIPS 协定》第 39 条中将商业秘密的秘密性界定为非公开性,日本《不正当竞争防止法》将秘密性界定为非公知性,欧盟将专有技术秘密性界定为该技术内容不为公众所熟悉或不容易获知,中国将秘密性界定为不能在公开场合直接获得。商业秘密保护的相关信息不是公共财产和共有信息,而是不为公众所知晓的信息。其秘密性使权利人具有了他人所不具有的竞争优势,其秘密性使该商业秘密信息具有商业价值。确定目标方拥有或使用的信息是否是商业秘密,可以该信息在目标方企业内外部被了解的程度、该信息的被保护程度、该信息能够被他人获取的难易程度等因素为基础进行考虑。可以依据公众合法地获取该信息的可能性或难易程度判断某一信息是否进入公共领域,依据该信息所属行业的业内人士知晓或获得的难易程度判断商业秘密的秘密性。

(二)商业秘密的保护范围

商业秘密的秘密性是相对的。为了企业的运营,商业秘密相关信息需要企业的相关人员知晓和掌握。但商业秘密人为保密要采取合理措施。商业秘密的商业价值源于其秘密性,一旦其在业内被公开或容易被他人获得则丧失秘密性而不受法律保护。权利人要采取合理的具有一定程度保密功效的保密措施。因此,保密程度和保密措施对商业秘密价值影响巨大。

(三)商业秘密的价值性

知识产权的价值与其预期或未来收益具有紧密联系,商业秘密预期收益成为影响商业秘密价值评估的重要因素。通过分析附着商业秘密的商品的市场需求、市场份额、市场成本、市场前景确定其预期收益能力,分析投机环境、风险和收益决定跨国并购该商业秘密的投资可行性,并依此评估并购的商业秘密价值。

受法律保护、能进行并购等交易的商业秘密必须具有一定的价值。美国

《统一商业秘密法》称商业秘密的价值性为实际的或潜在的独立的经济价值，美国《反不正当竞争法重述》中将其表述为实际存在或潜在的经济优势；《TRIPS协定》认为商业秘密具有商业价值；1995年国家工商行政管理局《关于禁止侵犯商业秘密行为的若干规定》解释商业秘密的价值性为“本规定所称能为权利人带来经济利益、具有实用性，是指该信息具有确定的可应用性，能为权利人带来现实的或者潜在的经济利益或者竞争优势”①。可见，尽管上述措辞有所不同，但商业秘密的价值体现在拥有商业秘密的人较之没有商业秘密的人有更多的竞争优势。实践中，确定商业秘密的价值性要综合考虑信息内容及其对市场的影响、信息投入和保密措施成本、信息转让费用等。②

此外，商业秘密的先进性、成熟度和法律保护范围等因素均可能影响商业秘密的价值。在分析如上因素的基础上，对企业的知识产权选择合适的方法进行审慎的评估。

知识产权评估作为一种知识产权价值判断活动，主要以知识产权的效用及其市场价值为依据，运用成本核算、预期收益折现、市场售价类比等多种方法，为知识产权出资、融资、交易、诉讼等知识产权活动服务。跨国并购实践中，知识产权的评估遵循确定评估范围、目的及基准日，选定行为、法规、产权和取价等评估依据，确定应用评估方法，进行评估的操作程序。其核心问题在于知识产权资产的特殊性，知识产权跨国并购评估具有时效性、针对性和参考性。知识产权跨国并购评估对象限于此次并购中目标方的知识产权，知识产权跨国并购评估针对本次跨国并购而进行，由并购方和目标方之外的第三方对并购的知识产权给出一个合理的市价估算，该估算具有时效性和针对性。知识产权跨国并购评估是在考量相关影响因素的基础上，依据并购中具体知识产权类型特性和相关市场情况，在跨国并购期间对被并购知识产权作出的估算价值。该评估值具有参考而不是决定作用，不能将知识产权评估值等同于成交价。跨国并购中在完成知识产权尽职调查基础上，要考虑跨国并购知识产权评估需求、选择

---

① 《关于禁止侵犯商业秘密行为的若干规定》（国家工商行政管理局令第41号公布，国家工商行政管理局令第86号修订）第2条第3款。

② 参见单海玲：《中美商业秘密保护制度比较研究》，载《政治与法律》2004年第5期。

适当的评估方法、结合相关法律影响因素进行知识产权评估,界定知识产权跨国并购资产货币价值,明晰目标方的知识产权现实状态,确定并购价格协商,为决策提供依据,这些决定以拥有目标方知识产权为并购目的的本次跨国并购交易的进行及并购能否有效运行。

第四章 知识产权跨国并购反垄断中的法律保护

时下，知识产权跨国并购成为企业经营规模扩张、经济效益提高和竞争力提升的有效途径。并购方获得上游技术以节省交易成本，获得下游技术以开发新产品和新技术，获得其他技术以实现企业多元化发展战略，高标准的知识产权可以赋予并购方巨大的市场垄断力量。在并购中，企业聚集知识产权力量，改变知识产权结构，削减相关知识产权领域的企业数目，导致相关知识产权领域有效竞争加剧。并购方可能滥用知识产权，滥用市场支配地位排除、限制相关市场的有效竞争，由此引发知识产权跨国并购反垄断规制问题。本章基于有关概念界定与行为判定标准，并结合司法实践，以及私人利益与社会公益的平衡理论，对知识产权跨国并购反垄断规制问题进行初步探讨。首先，要明确何为知识产权滥用，如何判定知识产权滥用，知识产权滥用在并购中具有怎样的表现，分析知识产权跨国并购垄断行为；其次，分析知识产权与反垄断法的关系，从相对利益平衡、禁止权利滥用方面探讨反垄断的基础，进而探讨知识产权跨国并购反垄断国内、国际规制。

第一节 知识产权跨国并购垄断行为辨析

在以知识产权获取为导向的跨国并购中，并购方为追求利益最大化，可能利用知识产权资产的无形性、公共性等特点，滥用知识产权，采取垄断行为排除、限制竞争，损害其他经营者合法利益和社会公共利益，威胁国际国内市场有序的竞争秩序，特别是对发展中国家经济发展构成严重阻碍。因此，既要充分、有效地保护知识产权以促进并购投资，也要防止知识产权滥用扭曲、破坏有序的投资秩序，规制知识产权跨国并购滥用行为具有重要意义。但对于知识产权滥用概念的界定，学者的主张尚未统一。界定知识产权跨国并购垄断行为是本章探讨知识产权跨国并购反垄断中法律保护的前提条件。

一、知识产权滥用界定

知识产权滥用概念界定的前提是权利能否被滥用，即权利滥用能否成立。只有在明晰权利滥用概念本质的基础上，方可考察知识产权滥用的问题。权利能否被滥用这一问题曾为学者所质疑，一些学者认为权利滥用这个概念本身是一个伪命题，因为他们认为权利本身是不能被滥用的，逾越了权利范围即为一种无权行为，无权行为何谈“权利”之滥用呢？“滥用权利本身是一个矛盾的字眼，权利不存在滥用，当被滥用的时候权利已经不是法律所承认的权利了。”[①]权利滥用就其本质而言，是指权利的行使而不是权利本身逾越了正当的范围或违背了权利设定的正当目的。当混淆了权利本身与权利行使的问题时，会产生上述有关权利滥用不成立的认定。因此，知识产权滥用是具有权利行使外观的、非为该权利设立的原始目的、应受非议的行为。[②] 权利滥用是逸出权利的、社会的、经济的目的或社会所不允许的界限的权利行使，是非在权利者个人之利益与社会全体之利益调和之状态的权利行使。其表现为或以加害他人之意思目的，违背公序良俗或者权利人方面而无正当的利益，或权利人因权利的行使所得到的利益小于给他人带来的损害。[③]

（一）知识产权滥用既有界定的不足

1. 仅关注主观恶意的知识产权滥用不具操作性

权利是权利人可以为或不为一定的行为，要求他人为或不为一定的行为，

---

① 王利民等：《民法新论》，中国政法大学出版社1988年版，第135页。
② 参见黄巽：《诚信原则与禁止权利滥用原则》，载《法务通讯》1987年第11期。
③ 参见史尚宽：《民法总论》，中国政法大学出版社2000年版，第713～714页。

以及请求公力救济为或不为一定行为的可能性。知识产权主体在行使权利过程中,如果存有主观恶意将会损害他人利益或社会公益,引发私权与他人权益、社会公益间的冲突。恶意的引入,旨在提高知识产权人的主观恶性程度以实现权利滥用造成的损害填补与知识产权人行权行为自由之平衡。例如,大陆法系中权利行使要遵循诚信原则,违背诚信原则的权利行使即为权利滥用。恶意串通、损害他人或社会公益的行为为无效行为。权利的行使专为损害他人利益或社会公益则为权利的滥用。主观恶意行权说关注权利人行使权利过程中的主观状态,当权利人主观具有恶意时,就判定其行为是权利滥用行为,但是主观层面的判定如果没有客观行为或结果为依托,则犹如空中楼阁,在实践中难以判定。

2. 仅关注客观行为的知识产权滥用不具周延性

有学者从行权行为的客观方面对知识产权滥用进行认定,具体有两种学说。其一,超越权利界限说。该学说认为知识产权权利行使需要在合理的界限内,并发挥知识产权制度创新激励和公益维护的机制。知识产权人行使权利过程中,超过了法律规定的界限,损害他人利益或社会公益,将会发生知识产权滥用问题。超越权利界限说设定的前提是权利的行使要有所限制。① 知识产权在时间、效力、行使等方面需要受到限制,且个人利益需要与社会公益相平衡。“在社会利益的关照下,权衡占有财产的安全和交换财产的安全中的个人利益时,必须考虑到每个人生活中的社会利益,因此必须限制需求的法律强制,使人类的生存条件和谐统一。”②其二,违反权利设立的本旨说。该学说强调知识产权滥用的本质是违反了激励创新促进社会发展的根本目的,打破了权利人私人利益和社会公益间的相对利益平衡,从而使民法中诚实信用原则和善良风俗原则违反产业的禁止权利滥用的观念客观外化。③ 上述主张在评价知识产权滥用问题时,更多地关注行权行为的客观样态。

知识产权滥用体现了衡平政策、知识产权政策和竞争政策的汇合。知识产

① 参见李琛:《禁止知识产权滥用的若干基本问题研究》,载《电子知识产权》2007 年第 12 期。
② 吴经熊:《法律哲学研究》,清华大学出版社 2005 年版,第 294 页。
③ 参见张以标:《知识产权滥用概念的反思与重构》,载《科技与法律》2019 年第 2 期。

权滥用中知识产权人行使权利的行为违背了知识产权制度所要实现的创新、竞争、自由相关公共政策，打破了权利人私人利益与社会公益间的相对利益平衡，违背了法律赋予知识产权人权利的初衷即激励创新，并使知识产权人的行权行为成为一种限制竞争的行为。[①] 滥用知识产权首先是与知识产权法本身维护社会公共利益的目标相抵触的，同时也与民法上的公平、诚实信用和权利不得滥用等基本原则相违背。[②] 知识产权滥用是指行使知识产权过程中的权利滥用，是以知识产权有效存在为前提的滥用知识产权的行为，属于广义上的滥用知识产权制度的行为之一。知识产权滥用就是不正当地运用了知识产权法授予的合法垄断权，违背了知识产权法激励创新、维护公平竞争、维持知识产权人与他人利益以及社会公益相对利益平衡的宗旨，因此应对其加以约束和规制。[③] 知识产权滥用具有不同于其他领域权利滥用的构成要件。

（二）知识产权滥用的判定标准

在知识产权滥用的判定标准上，宜采取主客观相结合的标准，但主观恶意在实践中难以证明。权利行使要有正当的界限，超出法定界限或违背诚信原则的权利行使即为权利滥用。构成权利滥用的必要条件包括行为具备权利外观，存在两项相互对立的利益主张及附加一些主观判定要件。[④]

首先，明晰权利滥用“用”的是合法权利。“权利为各种条件的组合，权利人按照这些条件进行有意识的行为，能够与权利相对人有意识的行为相协调。权利只涉及权利人与权利相对人在实践中的关系，他们彼此之间的行为直接或间接地互相影响直至达到平衡状态，则权利也就实现。”[⑤]这种权利须是权利主体在权利范围内为一定行为，是合法权利，如果权利人在权利范围之外为一定行

---

① 参见王岩云、杜娟、赵树文：《知识产权滥用的法哲学思考》，载《学术交流》2009 年第 5 期。

② 参见王先林：《我国反垄断法适用于知识产权领域的再思考》，载《南京大学学报（哲学・人文科学・社会科学版）》2013 年第 1 期。

③ 参见乔生、陶绪翔：《我国限制知识产权滥用的法律思考》，载《现代法学》2005 年第 1 期。

④ 参见彭诚信：《论禁止权利滥用原则的法律适用》，载《中国法学》2018 年第 3 期。

⑤ Lydia P. Loren, *The Nature of Copyright: A Law of Users' Rights*, 90 MICH. L. Rev. 1615 (1992).

为,则为无权行为,也就谈不上权利行使之滥用问题。知识产权滥用本质为知识产权行使行为,其前提为有知识产权存在,且该权利本身是合法的。

其次,明确权利滥用的“滥”与“用”。所谓“用”是指在适用禁止权利滥用原则时须有行使权利的外观。权利人基于权利而主张特定的利益,没有外观上权利的行使,不构成权利滥用之“用”。知识产权滥用本质是对行使知识产权的行为进行判定,而不是对知识产权本身进行判定。也就是说,知识产权滥用与知识产权行使行为有关,这区别于其他非知识产权领域的权利行使行为。所谓滥用之“滥”,不仅要求权利人在“用”其合法权利,而且要求这种“用”是一种不适当的“用”。美国知识产权滥用之“滥”(Misuse)强调知识产权使用不当,欧盟知识产权滥用之“滥”(Abuse)强调过度使用专利权,①中国汉字“滥”本意是指流水满溢,引申为不加节制地使用,在知识产权滥用中意为超出知识产权的权利范围行使权利。这种“滥”是一种包含主观价值的判断,滥用行为中存在不适度、不适当或者不正当等价值评定因素。②

最后,在构成权利滥用的案例中须有两项相互对立的利益主张。知识产权滥用损害他人利益或社会公益,知识产权保护机制内在地体现权利人与社会公益间的平衡机制,这种权利的滥用打破了知识产权人与他人利益或社会公益间的内在平衡,导致他人利益或社会公益受损。知识产权滥用的客观方面要求知识产权人行使其权利行为超出法律规定界限或违反法定目的而致他人利益或社会公益受损或具有受损的可能。知识产权滥用是一种违反法律行使权利的行为,是要受到法律的否定性评价的行为,是要承受相关法律后果的行为。权利不是绝对的,其行使受到社会公益和社会秩序的限制。在知识产权领域,以往多关注知识产权权利人利益的保护,强调知识产权的激励功能,运用知识产权法律制度赋予权利人以独占权。自欧美诉微软案以来,知识产权滥用规制引发人们关注,知识产权保护与限制同等重要。该案中,1997 年,美国联邦地方法院就司法部指控微软垄断案作出拆分判决,2004 年,欧盟委员会认定微软滥用

① 参见李明德:《美国知识产权法》(第 2 版),法律出版社 2014 年版,第 124 页。

② 参见郭禾:《关于滥用知识产权问题的法律逻辑推演》,载《知识产权》2013 年第 5 期。

个人电脑操作系统市场优势地位，对其开出了5亿欧元的罚单。[①] 知识产权法律制度赋予权利人以一定时间、空间限制的专有权，这种拟制的专有权导致权利人更易于违背权利设定的目的行权，权利的保护与防止滥用是一个问题的两个方面。[②] 当知识产权人超越其权利存在空间、存续期间的限定，造成了对社会公益、消费者福祉的损害，给正常市场竞争秩序带来不利影响时，即构成知识产权的滥用。

（三）知识产权滥用的表现

知识产权滥用不仅表现在知识产权许可等交易中，还体现在并购交易中的知识产权行使行为中。依据知识产权本身种类的不同，将并购中的知识产权滥用分为专利权滥用、著作权滥用、商标权滥用进行分析。

1. 专利权滥用

专利法赋予权利人一定期限内排他性行使其专利的权利，这种排他权授予的目的在于激励创新、促进科技进步、推动社会发展。美国专利法授权国会为促进科学和实用艺术发展之目的，授予作者或发明者在一定期限内对其作品或发明享有排他权利。[③] 我国为了保护专利权人的合法权益，鼓励发明创造，推动发明创造的应用，提高创新能力，促进科学进步和经济社会发展，制定了《专利法》。[④] 专利法在授予权利人独占权的同时，也明确规定禁止权利人违反公共政策的目的行使其权利。拒绝使用或拒绝许可不属于专利滥用，除非专利权在其附加许可或销售条件的专利或专利产品的相关市场上拥有市场支配力。[⑤] 专利权人超出专利权的设定界限要求他人在获得专利许可或授权时购买或使用非专利产品，从而获得专利以外的市场利益的行为，即为专利权滥用行为。例如，产品专利权人要求被许可人在获得专利授权的同时，购买其非专利产品。此

---

① See United States v. Microsoft Corp, Judgment of 1 July 2002, No. CIV. A. 98 - 1232(CKK); (D. D. C. 2002) 215 F. Supp. 2d 1.

② 参见郭禾：《关于滥用知识产权问题的法律逻辑推演》，载《知识产权》2013年第5期。

③ See U. S. Constitution Art I § 8. C8.

④ 参见我国《专利法》(2020年修正)第1条的规定。

⑤ 参见《美国专利法》，易继明译，知识产权出版社2013年版，第94页。

时,专利权人将其拥有的法定专利权扩张到非其享有的专利权项下产品上,这种貌似行使专利授权或许可的行为构成了专利权滥用之非法搭售。美国联邦最高法院认定专利权人在销售其具有专利技术的电影放映机时,要求购买者同时购买该放映机放映的电影拷贝这一行为构成非法搭售行为,是一种专利权滥用行为。[①] 专利权人将其在食品罐头中放盐粒的盐片沉淀机器专利权扩张到非专利产品盐粒上的行为,构成了非法搭售行为,是一种专利权滥用行为。[②] 例如,在发放一项专利许可时,要求被许可人购买若干项专利的强制性捆绑许可,这种行为是专利权滥用行为。此外,与被许可人签订合同,企业在专利权届满之后仍然支付许可使用费,也属于专利权滥用。[③] 上述所谓专利权行使行为之所以要受到法律规制,是因为这些具有专利权行使行为外观的行为违反了专利权促进科技进步的目的,违背反垄断法保护的市场竞争之自由。

专利并购行为不一定是一种反竞争行为,不一定违反反垄断法的规定,当并购方获得某些专利并随后拒绝授权这些专利,并排除了其他竞争方在相关产品市场和受该专利技术控制的次市场上的有效竞争时,有可能构成垄断行为。在一个特定行业或市场占主导地位的竞争者获得特定专利或专利组合可能违反反垄断法。SCM 诉施乐公司案中,法庭根据美国《谢尔曼法》第 2 节详细审查专利取得时,重点审查专利授予专利权人的市场力量与并购方随后占据的市场地位之间的关系。法庭认为,是否应该对并购方的专利权施加限制,应该由该方在体现专利的产品进入相关市场中已经拥有的市场支配力的程度来决定。施乐公司获得的普通纸在生产复印机相关的产品市场和次市场上的专利最终"给予"它垄断的力量。[④]《克莱顿法》第 7 条规定,禁止一家公司收购另一家公司的全部或任何部分资产,如果"此类收购的效果可能实质上减少竞争,或倾向

---

① See Motion Picture Patents Co. v. Universal Film Co., Judgment of 9 April 1917, No. 75; (1917) 243 U.S. 502.

② See Morton Salt Co. v. G. S. Suppiger Co., Judgment of 5 Jane 1942, No. 49; (1942) 314 U.S. 488.

③ 参见李明德:《美国知识产权法》(第 2 版),法律出版社 2014 年版,第 124 页。

④ See Scm Corporation v. Xerox Corporation, Judgment of 12 March 1981, No. 14; (2d Cir. 1981) 645 F.2d 1195.

于在任何商业领域形成垄断”。这表明国会“关注的是形成垄断的可能性，而不是确定性”，反垄断法的推测性是为了让法院能够意识到某一特定收购可能对已有商业产生潜在的后果。[①]《克莱顿法》第7条禁止任何可能大大减少任何商业领域竞争的合并，有必要对每一个具有经济意义的次级市场合并的影响进行审查，以确定是否有大大减少竞争的合理可能性。该条涉及市场权力的过度集中以及允许一个拥有市场权力的实体通过收购来加强其地位所产生的反竞争效应。任何一个公司收购另一个公司的、竞争对手所有或任何部分股票的行为，如果导致商业限制或形成行业垄断，那么将引发《克莱顿法》第7条的合理审查。如果公司取得专利不违反《克莱顿法》第7条，它随后持有专利不能被认为违反了这一节。如果一家公司合法获得专利，它在专利法规定的专利权有效期内不受反垄断责任的威胁。对竞争的限制暂时受到专利期限的限制，并且根据专利法律在整个专利授予期间被容忍。

2. 著作权滥用

知识产权滥用规则始于专利权领域，然后扩展到著作权领域。著作权，除了其中的计算机软件程序和商业数据库，很难像专利那样具有市场支配力，著作权因并购引发反垄断审查的比较少见。事实上，随着文学艺术的发展，著作权领域也可能积聚一定的市场支配力，可能有搭售或限制竞争等行为来阻止竞争或扩大垄断或破坏其他领域的竞争，因此在著作权领域也有发生滥用的可能，近些年，不仅有著作权滥用案例，甚至有直接针对著作权并购的判例法，通过对记录的仔细研究使我们相信，这种版权许可的积累并没有被用于不正当的目的。在某一特定行业或其他领域积累著作权，只要没有发现违反反托拉斯法的行为，就不会启动合并前的拟合并审查。[②]

由于著作权的独特性，专利权滥用的原则不能简单被照搬到著作权领域，著作权的独创性不同于专利权的新颖性和非显而易见性，著作权获得不需要公开。著作权滥用界定更需控制范围。著作权人对其作品的表演、放映、广播等

---

① See Brown Shoe Co. v. United States, supra, 370 U. S. at 323, 82 S. Ct. at 1522.

② See Lawlor v. National Screen Service Corporation Bko, Judgment of 27 May 1959, No. 12793; (1959) 270 F. 2d 146.

拥有公开再现权，他人对著作权人作品的公开再现需要获取著作权人的许可，顺应市场需要产生了作曲家、作者、戏剧作者、作曲者等协会组织专门负责对作者的音乐作品进行集中许可。20 世纪 40 年代，美国作曲家、作者和出版商协会、广播音乐联合会提供的“一揽子”许可模式受到了质疑，法院在案例中认定不同作品的捆绑“一揽子”许可构成了限制交易而具有违法性。早在 1934 年美国作曲家、作者和出版商协会就遭遇美国司法部的起诉，双方在 1941 年达成和解，并形成了修正版本，规定了强制许可的义务等。① “美国作曲家、作者和出版商协会成员联合将其所有非戏剧表演权转让给美国作曲家、作者和出版商协会，是对跨州贸易和商业的联合约束，这是《谢尔曼反托拉斯法》第 1 条所禁止的。”②法院认为，“不可否认的是，原告及其合伙人通过美国作曲家、作者和出版商协会共同行动，固定价格，完全控制竞争，从而限制了贸易，违反了《谢尔曼反托拉斯法》第 1 条”③。

在裁决专利权滥用案件时，法院常常根据合理原则和自身违反规则判断某一专利权行使行为是否滥用以及是否合理。在裁决著作权滥用案件时，著作权人利益与社会公益是否平衡是判断著作权有关行为是否构成滥用的主要因素。④ 1990 年著作权滥用规则正式确立的 Lasercomb 案中，原告享有某计算机软件著作权，在软件许可协议中要求被许可人在 99 年合同期间及期满后 1 年，即 100 年内（这一期限甚至长于其软件的著作权期限）不得以被许可软件为基础进行后续竞争性产品研发。该案的被告是没有与原告签订许可协议的竞争对手 Holiday Steel，被告未经许可复制了原告的软件并制作出与之相似的软件，并以被告的商标进行销售。在诉讼中，被告提出了原告的行为构成著作权滥用。负责上诉审的第四巡回法庭认定原告试图通过行使计算机软件著作权在

---

① See United States v. American Society of Composers, Authors & Publishers, Judgment of 14 April 1964, No. 402; (1934) E 78 – 388.

② Alden – Rochelle v. American Society of Composers, Authors & Publishers, Judgment of 19 July 1948, No. Unkown; (1948) 80 F. Supp. 900.

③ M. Witmark & Sons v. Jensen, Judgment of 9 Sept. 1948, civil Nos. 1026, 1797, 1798, 1799; (1948) 80 F. Supp. 843.

④ 15 Berkeley Tech I. J 865. 不同司法管辖区发展不一样。转引自沈四宝、刘彤：《美国反垄断法原理与典型案例研究》，法律出版社 2006 年版，第 312 页。

著作权保护范围之外限制竞争，支持了被告的著作权滥用抗辩。“禁止著作权滥用原则天然地存在于著作权法中”，法庭在分析了著作权与专利权在立法上和公共政策基础上的相似性后指出，“权利行使方式是否与授予著作权的公共政策考量相违背是判定著作权滥用的标准”，法庭强调了禁止权利滥用原则的衡平法基础，强调著作权法保护著作权人的权利，以期人类知识和技能的总体增长，并最终服务于扩大人类知识储量的目的，而著作权人限制他人竞争性产品开发的行为，抑制了创新，构成权利滥用。[①] 由此可见，法院在判定著作权滥用时，既关注著作权行使是否超出权利的边界，又关注著作权法立法之目的，权衡权利行使的方式及行为对他人或社会所产生的影响。此后，第九巡回法庭再次明确著作权滥用的抗辩目的在于防范著作权人超过著作权法固有的目标范围行使著作权。法庭明确接受了 Laser comb 案中著作权滥用无须证明违反反托拉斯法原则，在适用著作权滥用抗辩问题上，主要看著作权人行使权利的行为是否构成了著作权法所体现的公共利益的损害。[②] 著作权滥用行为涉及著作权人为扩大著作权权利范围，在软件和数据库领域著作权滥用比较突出，在该领域有了以反托拉斯法为标准判定著作权滥用的倾向。

3. 商标权滥用

一般地，仅仅是商标的累积还不足以引起竞争法下的反垄断责任。在商标已被视为企业资产的情况下，商标作为将商标权人商品与他人商品区分开来的标识，承载着巨大的商业价值，商标的市场影响力与使用该商标商品的市场地位具有重要关系，商标的积极积累有助于商品形成竞争优势。商标的无限期续展性可以弥补专利、著作权、商业秘密在期限上的不足，企业为维持商标使用中积累的优势地位，可能采取包括商标权滥用的措施，从而在某些情况下可能要承担某种形式的反垄断责任。

在司法实践中，商标权滥用一般不是积极的权利主张，而是以针对商标侵

---

① See Lasercomb America, Inc. v. Reynolds, Judgment of 16 Aug. 1990, 4th Cir. No. 89 - 3245 (1990) 911 F. 2d 970.

② See Practice Management Information v. American Medical Association, Judgment of 6 Aug 1997, 9th Cir. No. 94 - 56774; (1197) 121 F. 3d 516 (1997).

权指控中被告提出反垄断和滥用抗辩的形式出现。商标法立法历史表明,其意图和效果仅仅是让滥用辩护成为可能,不会影响商标的有效性,也不会影响商标权人继续使用或行使其商标权。滥用商标构成垄断只是商标侵权诉讼中的辩护策略之一,根据衡平原则,可以否认执行某人的商标权,如果该人使用标识的方式违反了反垄断法。当滥用商标构成垄断进而违反反垄断法时,这种违反反垄断法的行为可以被用来作为对侵权诉讼的辩护。也就是说,起诉他人商标权侵权的商标权人如果滥用商标权违反反垄断法,就会受到质疑且其滥用商标权的行为将会被用作针对其提起的商标侵权的辩护。有效的商标赋予其权利人禁止他人使用该标识的权利,以避免可能造成公众混淆模仿或类似的不公平竞争行为,而不是授权限制竞争。商标权滥用抗辩的关键是须证明该标识本身是违反反垄断法的。如果证据揭示了反垄断活动仅仅是附带的,那这不能证明商标本身是被用作实施反垄断活动的首要有效工具,在商标侵权案件中这样的辩护是不够的。反垄断滥用辩护的一个基本要素是证明商标本身已经成为完成侵权行为所必需和使用的基本工具。实践证明,确定这种直接滥用很难,但它并非无法做到。商标权滥用不仅须有违反反垄断法的行为,而且该违反反垄断法的行为还须直接与商标标识的使用相关。

在被诉商标侵权的案例中,被告方提出了原告方商标权滥用的抗辩:原告方为维持 Zeiss 纽约和 ZIV 公司对 Zeiss 商品的定价,限制部分经销商的 Zeiss 产品销售区域,限制经销商将 Zeiss 产品销售给特定类别的客户,并对某些 Zeiss 产品进行捆绑销售,实行非法的价格歧视,禁止经销商销售竞争性商品,组织 ZIV 公司消除 Zeiss 部分产品销售的竞争。作为抗辩,被告进一步指控,原告对 Zeiss 的商标滥用具有垄断性。本案中,法官要求被告举出证据确定 Zeiss 商标涉嫌的反垄断滥用行为,以区别于涉及使用该商标商品的附带反垄断行为。原告应该对 Zeiss 纽约和 ZIV 公司的反垄断行为负责。被告就涉嫌的反垄断活动提供证据要使法官确信,Zeiss 产品的经销商重视销售此类产品的机会,不是因为其商标,而是因为制造商的声誉。但是,从整体上看,被告方没有任何证据证明原告否认或威胁要否认经销商使用 Zeiss 商标,因此,法官否定该商标是使所指控的违反反垄断成为可能的正当理由。[①] 此外,在英美法系,依据衡平法还可以遵循"不洁之手"原则判定商标权滥用。当一个商标的所有者申请禁令阻止被告侵权时,原告不应该在他的商标或广告中,进行任何虚假或误导性表示。因为原告的商标标记是误导性的,不能得到保护,所以法院裁决"如果原告就其寻求保护的财产作了不实陈述,则其失去了向法院要求衡平法保护的权利",据此,法庭基于"不洁之手"理论驳回了原告建立在虚假陈述基础上的对被告的商标侵权诉讼。[②] 随着互联网的发展,商标权滥用呈现新的问题,对于注册商标权人与域名使用人间的争议,商标权人恶意诉讼或滥发警告函,虚构其商标权等纠纷没有合适的解决方案,有时候会纵容商标权人滥用权利。因此,在形成商标权滥用规则时,有必要将这些新问题考虑进去。

二、知识产权垄断行为分析

跨国并购中并购各方忽视对知识产权滥用反垄断是不明智的。通常,跨国并购中知识产权滥用反垄断审查焦点集中于合并前对拟合并的审查。此时,受反垄断规制的垄断行为具有显著特征:受规制的垄断行为主体商事性,即主体是从事产品生产、经营或服务的包括自然人、法人和其他组织等的商事主体,而不包括行政机关等非商事主体;行为性质反竞争性,即具有排除、限制竞争性质的反竞争性质;行为表现类型法定性,即包括经营者达成垄断协议的垄断行为、经营者滥用市场支配地位的垄断行为和具有或者可能具有排除、限制竞争效果的经营者集中的垄断行为。

(一)垄断协议

知识产权跨国并购中并购方和目标方签订协议共谋阻止、限制或者扭曲相关市场内知识产权竞争,限制知识产权交易条件,控制知识产权研究、开发与投

---

① See Carl Zeiss Stiftung v. VEB Carl Zeiss, Jena, Judgment of 12 March 1969, No. 62 Civ. 850; (1969) 298 F. Supp. 1309.

② See Gynex Corporation v. Dilex Institute of F. Hygiene, Judgment of 27 July 1936, 2d Cir. No. 393; (1936) 85 F. 2d 103.

资,划分知识产权市场,控制知识产权供给,达成不公平知识产权交易等,这些行为将受到反垄断法的规制。通常情况下,反垄断法不干预通过合同正常行使知识产权的行为,但如果此种协议的“主题、手段或后果”或者“产生的效果”是在市场上排除、限制竞争或具有此类效果的商业行为,则可能受到反垄断法的规制。[①]

就形式而言,企业之间的协议限于基于知识产权的跨国并购中的相关限制竞争协议,可以是口头的或者书面的形式,可以是横向协议或者纵向协议。横向协议是处于生产或者销售中同一环节上的经营者之间达成的协议,如制造商之间或者销售商之间的协议。纵向协议是在生产或销售不同环节中经营者之间的协议,如制造商和销售商之间的协议。

就主体而言,共谋要求两个主体参与,一个主体只能自己决定而不能构成共谋。具体到知识产权跨国并购中,需要并购方与目标方进行共谋。如果并购方通过股权取得目标方控制权,并购后成为母公司与全资子公司关系,此时二者之间的限制竞争协议就不能称为共谋,其属于作为母公司的并购方的单方行为。而在非全资控股的并购情形下,如何根据控制力判断有无构成共谋是个没有统一标准的问题。欧盟根据相关方在经济及决策上的独立性判断反垄断规制主体,根据《欧洲联盟条约》(Treaty on European Union)的规定,欧洲共同体应按照自由竞争、有利于有效分配资源的开放市场经济的原则行事,并要符合本条约第 3 条所规定的原则。[②] 如果并购方与目标方并购后彼此拥有自主的决策权,是独立的经济体,其共谋限制竞争可能受到欧盟委员会的反垄断规制。

就协议对相关竞争的影响而言,可以联系协议双方在协议所影响的相关市场中的份额,协议有无施加必要限制,有无提供严重减少、消除竞争的可能性等因素考量。在实践中,欧盟和美国对此的认定也有所不同。美国《谢尔曼法》没有任何例外地禁止一切限制竞争协议,而欧盟对有助于改进商品产销、促进技术进步或者经济发展并使消费者可以公平地分享到由此而来的收益的协议、决

---

① 参见李明德等:《欧盟知识产权法》,法律出版社 2010 年版,第 542 页。

② See Chapter Ⅱ Objectives and Tasks of the ESCB Article 2 Objectives.

定、协同行为规定了例外。1996年欧洲经济共同体的《技术许可协议集体适用欧共体条约第85条第3款的第240/96号条例》(以下简称《第240/96号条例》),明确某些行为虽然具有限制竞争的性质,但从知识产权保护、促进技术交易的角度看这些限制竞争的行为又具有一定的合理性,可以依照《欧洲经济共同体条约》第81条第3款免除反垄断法的规制。2004年欧盟委员会颁布了《欧共体技术许可协议集体豁免条例》(EC Technology Transfer Block Exemption Regulation,TTBER)第772/2004号条例取代了1996年的《第240/96号条例》。以经济分析取代形式导向,以核心限制条款取代列举清单条款,依据竞争关系和市场份额决定是否给予豁免。①

就其表现而言,可能表现为通过知识产权垄断协议直接或间接固定价格、限制产量、限制相关知识产权的使用领域等。其中,限制专利使用领域可能表现为地域限制或使用领域及顾客限制。地域限制是指跨国并购中并购方或目标方通过许可合同限制被许可人,使其仅能于一定地域范围内实施专利权。一般地,地域限制不受法律规制,地域限制保障专利权人取得合理回报。一般地,在专利产品首次投入流通之后,该专利产品已经脱离了专利垄断的限制,此时专利权人对购买者附加条件限制转售地域,可能受到法律规制。当专利产品投入流通后,专利权人权利用尽,专利权人限制转售地域,可能因限制竞争而受到反垄断法律规制。使用领域限制是指在许可合同中许可人限制被许可人,使其仅能于特定市场或特定用途上实施被许可专利。一般地,许可协议允许专利权人限制被许可人制造、销售或使用专利的时间和领域范围。与转售地域限制一

① 欧盟的竞争规范主要源自1957年《欧洲经济共同体条约》第81条至第90条。特别是第81条和第82条(原第85条和第86条)适用于企业间限制竞争以及其他联合行为。欧盟竞争规范的目的在于提升经济效率,优化资源配置,以期保护消费者及较小企业免受其他经济强力集中之侵害。第81条第1款和第2款是有关企业间协议无效的禁止条款,第3款即所谓的豁免条款;第82条针对的是企业滥用优势地位的行为。因此这两条成为欧盟制定具体的技术许可豁免规则的依据。1962年,为了具体适用第81条及第82条,欧盟部长理事会颁布了第17号规则,即《17/62号条例》,对协议的通知、豁免等事项作了明确规定。1984年7月,欧盟委员会发布了《专利许可协议集体豁免条例》,即《2349/84号条例》。1988年11月,欧盟委员会又发布了《技术秘密协议许可协议集体豁免条例》,即《556/89号条例》。随着技术许可活动的进一步增加,1996年1月,欧盟通过了将上述两条例合而为一的《第240/96号条例》。转引自郑友德、胡章怡:《欧盟知识产权滥用的反垄断问题研究——以欧盟新修订的〈技术许可协议集体豁免条例〉为中心》,载《法学评论》2006年第6期。

样,在首次许可销售后试图限制使用地域超越专利权垄断范围的行为不受专利法保护,可能受到反垄断法的规制。

(二)滥用市场支配地位

知识产权跨国并购中,在相关市场占据支配地位的并购方或目标方,滥用其支配地位,限制市场、生产或技术开发等可能影响相关市场的竞争,将受到反垄断法的规制。例如,《欧盟运行条约》(Treaty on the Functioning of the European Union,TFEU)第102条规定,禁止共同市场内部占据支配地位的企业实施与共同市场不相容、可能影响成员国贸易的滥用行为,如价格歧视、不公平贸易条件、限制技术开发等。①

就行为主体的市场支配地位而言,可以是并购方或目标方单方的知识产权支配地位,或者并购后并购方和目标方双方共同或联合形成的支配地位。拥有知识产权并不当然推定具有支配地位,虽然20世纪80年代前美国法院司法实践大多做如此的推定,但其后尤其是2007年《反托拉斯法与知识产权:促进创造和竞争》报告中重申拥有知识产权不能假定其拥有市场支配力。判断支配地位要考量市场份额,并综合考量行为主体在相关知识产权市场控制知识产权产品的价格、排除市场竞争的力量。只有市场支配地位而没有滥用其地位的行为是不受反垄断法规制的。

就市场支配地位的滥用之反竞争性而言,可考察并购方在相关知识产权市场上妨碍有效竞争之实际支配力,妨碍新竞争者进入相关知识产权市场的难易度,对相关知识产权市场原有竞争的限制、排除程度。如并购方利用知识产权所带来的优势,将在某一市场上的优势传导到另一个市场,从而限制、排除了相关竞争的行为是有悖于消费者福祉和激励创造的。

就滥用市场支配地位表现而言,可能表现为并购方基于自身的知识产权优势拒绝许可、搭售、限制产量、歧视性高价,限制市场准入,减少、消除竞争对手

---

① 参见中华人民共和国商务部反垄断局编:《世界主要国家和地区反垄断法律汇编》(上册),中国商务出版社2013年版,第343页。

等。如将专利产品和非专利产品进行搭售，对非专利部分征收使用费，即将若干产品捆绑成一种产品进行销售，以致购买者为获得其所想要的产品就必须购买与该产品捆绑在一起的产品的行为。还可能表现为作为专利权人的并购方或目标方要求被许可人向其本身或其指定的人购买非专利材料、设备或者其他服务作为授予专利许可的条件，如果这种限定购买减少、消除了竞争，则要受到反垄断法的规制。专利权人以购买独立于专利的产品作为任何专利权的许可或者专利产品的销售条件本身并不构成滥用行为，除非专利权人在专利许可或专利产品销售的相关市场中具有市场支配力。在适用反垄断法对此类行为进行规制时，要根据消费者需求判断专利产品与搭售的非专利产品的独立性。

（三）经营者集中

知识产权跨国并购中并购方通过并购购得或通过许可协议安排获得目标方的知识产权，并购后并购方可能利用其知识产权优势地位排除、限制竞争。《克莱顿法》第 7 条是经营者集中反垄断审查最主要的美国实体法依据之一。该条规定，任何从事商业或影响商业活动的人不得直接或间接购买全部或部分股票或其他资本权益，同时在联邦贸易委员会管辖下任何人不得直接或间接购买全部或部分从事商业或影响商业活动的人的资产，只要该购买可能在国内任何地区的任何商业领域或影响商业的活动中，造成实质性减弱竞争或形成垄断的效果。美国反垄断执法机构认为，可以运用并购法分析知识产权人转让、许可等交易行为，权利人转让知识产权所有权和通过授予、买卖、转移等方式获得专利权的独占许可的交易行为可以按照《克莱顿法》第 7 条，《谢尔曼法》第 1、2 条以及《联邦贸易委员会法》第 5 条进行评估。[①] 中美在判定经营者集中是否违反竞争法时的考察因素和救济措施等基本一致，审查相关市场的界定、市场集中度、市场进入和技术进步的影响度、对消费者和其他经营者的影响、并购所带来的效率改善以及破产抗辩等要素；经营者集中反垄断救济措施包括全面禁止

① 参见曹阳：《知识产权集中的反垄断规制——兼评辉瑞惠氏并购案反垄断裁决》，载《企业经济》2010 年第 11 期。

并购、资产分离等。当参与合并的企业是横向关系并且拥有生产所需的替代专利时，反垄断当局往往会要求受审查的并购方剥离特定的知识产权。反垄断执法部门对达到申报标准的经营者集中行为实行强制审查，其中有些交易经审查附加限制性条件后予以批准。对于通过反垄断审查的某项并购，如果其对相关市场竞争造成不利影响，且其效率改善不足以抵消不利影响，也没有拯救破产企业的合理抗辩，美国的反垄断执法机构会向联邦地区法院或行政法官提起诉讼，请求禁止该项并购。[1]

就相关市场确定而言，确定知识产权相关市场是经营者集中审查的前提，但相关市场界定在知识产权并购领域遭遇难题，传统相关市场界定无法完全应对知识产权相关市场界定的问题，知识产权反垄断审查的产品、技术、创造市场分析各具特色。要考虑相关知识产权产品市场，还要考虑知识产权产品所涉及的技术市场，必要时还需要考虑并购对创造市场可能带来的不利影响等。一般首先分析使用知识产权的中间产品市场和最终产品市场；不存在知识产权产品市场或知识产权产品市场分析不合理时需要分析技术市场、创造市场；当知识产权随产品一起转让时不单独分析技术市场，产品与技术单独使用时要分析技术市场对竞争的影响；与特定资产或企业相关时需要界定创造市场，此时需要关注正在进行的研发的竞争相关性，动态推测技术市场变化，考察经营者集中对创造的影响。日本《垄断法下的知识产权使用指南》及其注释指出，在计算技术市场份额时，可以利用技术产品的市场份额代替技术市场份额，在分析技术产品市场时需考虑相关技术市场等因素。[2] 对与知识产权有关的限制行为进行反垄断评估时，要考虑受到这些限制行为影响的交易活动，界定该知识产权市场或任何含有该知识产权的产品市场，并评估限制行为对于这些市场竞争的影

① 参见潘志成：《中美经营者集中审查程序比较 以英博收购 AB 案为例展开》，载《中外法学》2010 年第 3 期。

② 参见曹阳：《知识产权集中的反垄断规制——兼评辉瑞惠氏并购案反垄断裁决》，载《企业经济》2010 年第 11 期。

响。[①] 中国商务部辉瑞惠氏并购案[②]中只分析了产品市场。实践中，美国为适用创造市场设定了苛刻的前提，要求创造已经到了一个十分显著的阶段、能够合理预见创造的效应、能够合理地认知相关的创造者，这一苛刻的条件导致在实践中反垄断执法机构几乎难以根据创造市场理论作出禁止集中的决定。

就分析限制行为对竞争的影响而言，关于知识产权市场力的分析需要考虑知识产权的特殊性，依据传统的市场界定、市场进入壁垒与供给替代性、市场份额等因素分析。依据日本《垄断法下的知识产权使用指南》审查限制行为对竞争影响效果可以考察对竞争有无实质性的抑制，或考察有无从事不公正交易行为。其一，要判断该行为是否构成不公平竞争或侵犯了自由竞争的基础。其二，判断对竞争的减弱效果要看受影响的主体之间关系和技术本身的影响力。发生在竞争者之间的技术限制行为比发生在非竞争者之间的技术限制行为更有可能导致竞争的规避、排除。具有影响力的技术相对不具有影响力的技术而言，更可能影响竞争。但如果在商业行为中使用技术的企业在相关产品市场的产品份额等于或低于20%，或者在产品份额无法获得，或产品份额不能满足审查对技术市场的影响效果，且至少有四家企业拥有可替代的技术且不存在相关商业行为的妨碍的情况下，则该企业对与技术有关的限制对竞争产生的影响被视为是微弱的。但是，对于销售区域、销售价格、销售量、销售对象的限制，或者对研发活动的限制，或者技术回授限制，不适用前述观点。[③]

就经营者集中行为的目的而言，如果并购方不授予其他经营者使用其知识产权、限定被许可方知识产权使用范围、许可附加限制性条件、行为目的与知识产权激励创造目标背离，该限制行为实质上限制、排除了相关知识产权领域的竞争，将受反垄断法规制。

就经营者集中限制竞争行为表现而言，可能表现为阻止权利使用、限定权

---

① 参见王先林、潘志成：《反垄断法适用于知识产权领域的基本政策主张——日本〈知识产权利用的反垄断法指南〉介评》，载《电子知识产权》2008 年第 1 期。

② 参见《关于附条件批准辉瑞公司收购惠氏公司反垄断审查决定的公告》（中华人民共和国商务部公告〔2009〕77 号）。

③ 参见王先林、潘志成：《反垄断法适用于知识产权领域的基本政策主张——日本〈知识产权利用的反垄断法指南〉介评》，载《电子知识产权》2008 年第 1 期。

利使用范围及附加其他限定条件等,亦可表现为并购方和目标方基于不合理交易条件利用专利联营、交叉许可安排实施限制竞争行为。其一,专利联营。在某一特定的知识产权市场上,并购方与目标方成立知识产权联盟,限定替代技术使用、改进条件,实质上限制相关竞争;并购方和目标方在特定产品所必需的技术上设立专利联营,制定共同使用技术的产品价格、产量、销售客户并实质上限制竞争;并购方与目标方在特定产品市场上设立专利联营,由该联营体作为专利许可的唯一机构,拒绝其他人的加入,实质上限制相关产品竞争。其二,交叉许可。如果并购方与目标方可以通过交叉许可协议安排限定技术使用范围和技术产品销售价格、销售量、销售范围,则其实质上限制了与产品有关的市场的竞争。

平衡知识产权制度与反垄断法,既要防止反垄断法阻碍创造,又要防止知识产权不当行使妨碍自由公平竞争,还要通过知识产权激励创造和反垄断法促进竞争,最终统一到保护消费者福祉和促进经济可持续发展。适用反垄断法对限制竞争行为进行规制,纠正并购中并购方和目标方背离知识产权目标的限制竞争行为,发挥反垄断法促进竞争的作用。

第二节　知识产权滥用规制的理论基础

知识产权滥用反垄断规制的理论基础是什么?知识产权与反垄断具有怎样的关系?从知识产权与反垄断法的实践看,知识产权与反垄断法二者的关系历经了从知识产权豁免反垄断法规制到滥用知识产权行为受反垄断规制的历程。最初,人们承认知识产权的独占性,承认知识产权人拥有广泛的、充分的权利,一般将有关知识产权行为排除在反垄断法调整范围外。但是,随着科技的发展,知识产权人行权行为产生的社会成本大于权利人的收益,知识产权人行权行为对经济发展造成负面影响,以往纵容知识产权发展的做法受到了挑战。于是在知识产权激励创造与反垄断保护有效竞争间寻求一定的平衡,综合考量各种因素,衡量知识产权对经济发展的利弊,在不影响知识产权功能、不损害知识产权创造动力的情况下，承认知识产权激励创造与反垄断促进有效竞争基础上，依据反垄断法规制跨国并购中知识产权滥用排除、限制竞争的行为，有利于促进创新和改善消费者福祉共同目标的实现，有利于国家技术安全、经济安全乃至国家安全的维护。知识产权滥用不仅损害他人合法权益，而且损害正常有序的市场竞争秩序，进而损害整个社会公共利益，危害到一个行业的有序发展，可能构成国际贸易投资的壁垒，对于这样的行为需要进行规制，而禁止权利滥用、相对利益平衡、公共政策论为规制提供了理论支撑。

一、知识产权保护与反垄断法关系之辨

知识产权保护与反垄断规制在很多情况下显现出复杂的关系，然而，透过层层迷雾我们发现知识产权保护与反垄断规制时有交叉，关系到激励创造和促进竞争的平衡，知识产权与反垄断法具有促进创造和增进消费者福利的共同目的。[①] 知识产权在相对利益平衡的基础上旨在激励创造，促进社会进步；反垄断旨在维护有序的竞争秩序，提高经济效率，推动经济发展。作为一种私权，知识产权使权利人对其智力成果享有独占权，这样可以维护知识产权人利益、激励创造进而促进公众利益实现。作为一种公法，反垄断法维护市场自由有序竞争和鼓励科技创造。处理好知识产权保护与反垄断规制之间的关系，准确定位知识产权跨国并购滥用反垄断规制，是时下跨国并购中必须面对的问题。

（一）知识产权制度激励在创造中促进竞争

知识产权制度通过赋予权利人有限垄断实现激励创造的目的。《TRIPS 协定》序言中明确宣示知识产权的私权属性，知识产权具有财产权和人身权的双重属性。[②] 知识产权具有排他性，知识产权人独占其知识产权资产，没有权利人的许可或法律规定，任何人不得使用权利人的知识产权。体现知识产权人与国家之间契约关系的知识产权制度，规范权利人智力成果创造与运用行为，赋予

---

① 参见我国《反垄断法》（2022 年修正）第 1 条，立法目的中增加了“鼓励创新”。

② 参见《TRIPS 协定》“序言”第 4 段。

权利人一定期限的合法独占权,阻止他人肆意模仿或抄袭权利人的创造,保障权利人在既定期限内收回创造成本,通过智力创造、成果转化和价值实现实施产权激励机制。国家创建了知识产权制度,使作者和发明者能够控制他们思想和发明的使用和传播,给予创造者劳动回报,激励他们从事文学创作和技术发明,从而提高社会福利。知识产权的排他性使权利人可以获得合法的垄断利益,因此,其具有激励创造的功能。

知识产权保护权利人的有限垄断以激励创造,合法有限的垄断利益获得与保障构成激励创造的对价,实现知识产权权利人和社会公益的动态相对利益平衡。保障作者和发明者在法定期限内对各自的作品和发明享有独占权,促进作品创造和技术创造。知识产权保护赋予权利人排他权,但这种权利不是无限制的,权利人的排他权受地域和时间的限制,具体而言,专利制度中有强制许可限制,著作权制度中有合理使用和法定许可等限制,此种限制实现了促进创造与实现社会公益之间的动态平衡。

(二)反垄断制度保护在有效竞争中促进创新

在推进社会进步、促进科技创造、增进社会福利方面,反垄断法与知识产权保护并行不悖。反垄断法尊重知识产权法律的确权,激励知识产权人产生源源不断的创造动力,涉及知识产权反垄断问题时,不因知识产权人的合法垄断而当然推定其具有反垄断法下的市场支配力。一定意义上讲,市场主体竞争应当是自由充分和正当体面的。一方面,社会尊重他人的智力活动成果权,不能不择手段地盗用他人受法律保护的智力活动成果。① 另一方面,权利人合法运用其垄断,不得突破合法有限的垄断。当知识产权权利人突破合法垄断的限度限制、消除竞争时,将受到反垄断法的规制。

完全自由不受限制的竞争难以存在,因为其易于走向垄断的极端。垄断者通过垄断高价攫取高额利润,其满足于现状较少有意愿去创造,因而垄断内在地减少了消费者的选择。追寻既定的经济目标,优化市场资源,推动企业创造

---

① 参见李明德:《美国知识产权法》(第2版),法律出版社2014年版,第14页。

活动,推行一种生机勃勃的长期的有效竞争具有其合理性。竞争可以使企业提高生产效率,降低价格,以最低的成本满足更大的社会福利,可以使消费者有更大的自由进行选择。反垄断法通过规制威胁市场自由的行为保护竞争及竞争过程,实现保护有效竞争的现代反垄断法之功能。反垄断保护有效竞争,不会仅仅因为经营者成功获取垄断地位而加以惩罚,而是禁止经营者通过反竞争行为获取或维持垄断。反垄断法保护有效竞争,规制经营者限制竞争的垄断协议、滥用市场支配地位、经营者集中等限制、排除竞争的行为。这些反竞争行为的实际损害可能已经发生,也可能实际损害虽未发生但可以合理预见,反垄断法既规制现行垄断行为也预防限制、排除竞争的垄断行为。反垄断法规制具有竞争关系的经营者达成以价格、数量、市场、技术研发等实行垄断的横向协议,也规制存在于同一产业链中处于垂直交易环节或层次而有交易关系的两个或两个以上的制造商、销售商、特许经营者、批发商、零售商等之间的纵向协议。

(三)知识产权与反垄断制度长远目标的一致性

相对利益平衡指在一定的利益格局和体系下出现的利益体系相对平和、相对均势的状态。① 着眼于国际知识产权新秩序的建立,这种相对利益平衡涉及发展中国家与发达国家、权利人与使用者、私权利益与公共利益、国际义务遵守与国家相对利益平衡等方面的协调与平衡,体现了人类公共利益与可持续发展的要求。知识产权保护与反垄断规制在创造与竞争的一致与冲突交织中实现私权利益与公共利益的平衡。

知识产权促进创造和反垄断法促进竞争没有根本上的冲突,在鼓励发明和推动竞争目的方面具有一定的一致性,知识产权在促进竞争的同时,更多担负着激励创造的重任。知识产权制度体系内存有私人利益与社会公益的平衡机制。知识产权授予权利人独占权,使其他人不能无偿使用其思想和技术,知识产权保护赋予创造者权利,保障其在有限期间内收回其为创造付出的成本并有所收益,从而形成一种创造的激励机制,丰富社会领域知识,促进人类社会科技

---

① 参见冯晓青:《知识产权法利益平衡理论》,中国政法大学出版社 2006 年版,第 11 页。

和文化进步，增进公共福祉。事实上，知识产权的激励机制还体现在知识产权法赋予权利人价格优势以激励作者和发明人从事创作和创造。知识产权优势促使消费者为技术含量高的产品或知名品牌的商品支付一定的高价，从而使知识产权人实现高收益。知识产权的优越性也促使了更多的人加入创造行业，知识产权相对利益平衡机制保障后来者正当地接近知识产权人的原创，这也在一定程度上促进了竞争。知识产权制度体系除激励促进制度外，还有自我制约机制，如规定知识产权保护期限届满后，公众能够自由使用该项知识产权，还有专利制度中的强制许可制度，著作权制度中的合理使用等，这些机制实现知识产权制度体系内私人权益与社会公益的平衡。

若知识产权人逾越知识产权内在制约机制，突破知识产权法律赋予权利人有限垄断的合理界限，利用其支配力限制、排除竞争，损害公共利益，则可能受到国家维护市场竞争方面的法律规制。例如，借助知识产权法律体系外的平衡机制——反垄断法规制权利滥用，实现私权利益与公共利益的平衡。市场经济条件下，资源配置的最优方式是自由竞争。反垄断法规制企业滥用市场支配地位和防止企业共谋排除竞争，从而维护有序市场竞争，维护社会公共利益。平衡机制为知识产权与反垄断法的相互作用奠定了坚实基础。知识产权的独占性不同于反垄断法规制的垄断，反垄断法一向重视这两者的区别，知识产权赋予权利人法定期限内的独占权以激励创造，反垄断法通过禁止排除、限制竞争的垄断行为实现保护有序竞争的目的。反垄断法不限制知识产权人对知识产权的合法独占权，反垄断法亦不规制知识产权人对知识产权的正当行使，反垄断法仅规制知识产权人滥用知识产权排除、限制竞争的行为。可以说，反垄断法禁止垄断这种表述也是过于简单的。确切地说，反垄断法的目标是促进竞争，反垄断法从未明确表明垄断本身是违法的。反垄断法限制获取市场支配力的几种反竞争行为，一个获取和维持市场支配地位的企业如果没有从事反垄断法所禁止的反竞争行为，则不受反垄断法的规制。正如汉德法官在美国铝业公司案中所阐述的，“在激烈的市场竞争中，一个企业依靠其卓越的技术、预见力和勤奋而生存和发展起来，并形成一定的垄断。在这个例子中，富有争议的是，尽管存活下来的企业呈现给公众的是垄断这一恶果，但法案本身不谴责其促进竞争而产生的结果。一个成功的竞争者,并不能因其积极竞争而谴责他"[①]。

事实上,以动态的和长远的观点看,知识产权目标和反垄断目标具有一定的一致性,这一点已被欧、美、日等国的法律制度很好地阐释了。正如沃德·鲍曼所言,就追求经济目标而言,法律之间缺乏预期的对立面。竞争法和专利法共同的经济目标是以最低的价格生产消费者所需要的产品。

二、禁止权利滥用理论

在民法上,权利是指权利人可以为或不为一定行为的资格。市场经济主体追求经济利益的最大化,常常将其行使权利的行为发挥至极致,直至权利的界限处。权利可以自由行使,但每个人的权利边界是他人的权利、国家利益所在。权利相对性理论来自权利限度理论,有权利就有限度,超越了权利的限度,就可能走向权利滥用。承认权利的限度,就是承认权利的相对性;承认权利的限度,就是承认权利的滥用。权利的限度理论、权利的滥用理论、权利的相对性理论,是认识权利现象及其本质的一个逐步递进的逻辑理论链条。[②] 禁止权利滥用原则作为民法的一项重要原则,是古罗马法诚信原则衍生而来的理念,[③]并经历了从滥用用益权("用益权人因滥用其用益权和不动产毁损,或不予维修任其灭失时,用益权亦得因而消灭")[④]、违反正当目的的一般民法滥用("权利行使不得专以损害他人为目的")[⑤]到权利行使有违诚信原则("任何人在行使权利或履行义务时都必须遵守诚实信用原则,权利的明显滥用,不受法律保护")[⑥]的越来越明晰的规定,并最终确定了民法领域的禁止权利滥用原则。民法是"通过

---

① United States v. Aluminum Co. of America, Judgment of 12 March 1945, 2d Cir. No. 144; (1945) 148 F. 2d 416, 430.

② 参见刘作翔:《权利相对性理论及其争论——以法国若斯兰的"权利滥用"理论为引据》,载《清华法学》2013 年第 6 期。

③ 参见[法]路易·若斯兰:《权利相对论》,王伯琦译,中国法制出版社 2006 年版,第 2~4 页。转引自刘作翔:《权利相对性理论及其争论——以法国若斯兰的"权利滥用"理论为引据》,载《清华法学》2013 年第 6 期。

④ 1804 年法国《民法典》第 618 条的规定。

⑤ 1900 年德国《民法典》第 226 条的规定。

⑥ 1907 年瑞士《民法典》第 2 条的规定。

赋予特定个体以权利,命令其他人尊重这种权利来维持私法秩序的"[1]。可见,禁止权利滥用原则虽然为各国民法所普遍规定,但禁止权利滥用在各国民法中侧重点有所不同,[2]有必要进一步探讨明确。

其一,主观恶意说。"将主观权利定义为意志的力量,一种客观法认可的意志力"[3],这样才可以是一种权利。如果权利人明知,即其主观上存有故意,明知是权利滥用行为而故意为之,则不为权利正当行使,而为权利的滥用。如德国《民法典》中"权利行使不得专以损害他人为目的"[4]的规定,表明为损害他人目的而行使的权利是没有法律依据的权利,是为法律所禁止的权利。但是主观的判定存有难度,主体不同、主观各一、意志有别,导致主观权利的丰富性。如果不能适当把握主观上的恶,那么容易扩大打击面。因此,在主观权利说不足以独立判定权利的滥用时,需要借助当事人客观行为进行分析以判定权利滥用。反垄断规制的是行为而非一种无形的主观恶意,这种恶意需要在客观的行为中体现出来,有时候可能需要具有一定的损害后果。

其二,利益损害说。古罗马法规则称,"任何人不得恶用自己的财产,是国家利益之所在"[5]。这是最早提出的禁止权利滥用原则。利益既包括他人利益也包括公共利益。权利的行使,不应独为个人的利益,同时也应为社会利益,权利的行使不得损害公共利益,知识产权人权利的行使不得损害公共利益。英国1623年《垄断条例》规定,受到专利法保护的权利人,不得以抬高价格的方式损害合法贸易,不得损害更高的社会公共利益。[6]《德意志联邦共和国基本法》第14条规定,享有财产权的人负有义务。财产权之行使应同时有益于公共福利。我国《民法典》将利益扩大到国家利益、社会公共利益及他人合法权益。[7] 利益

---

① [日]我妻荣:《我妻荣民法讲义Ⅰ:新订民法总则》,于敏译,中国法制出版社2008年版,第29页。转引自彭诚信:《论禁止权利滥用原则的法律适用》,载《中国法学》2018年第3期。

② 参见高慧铭:《论基本权利滥用的认定标准》,载《比较法研究》2016年第1期。

③ 方新军:《权利概念的历史》,载《法学研究》2007年第4期。

④ 1900年德国《民法典》第226条。

⑤ [古罗马]优士丁尼:《法学阶梯》,徐国栋译,中国政法大学出版社1999年版,第37页。

⑥ 参见沈亚岚:《比较法视野下专利权滥用法律规制问题研究》,上海交通大学2017年博士学位论文,第46页。

⑦ 参见我国《民法典》第132条的规定。

损害说倾向于从客观结果上认定权利滥用行为，具有一定的可评价、可执行性，但是需要配合主观恶意或善意表现一同评价更为科学。

规制行为规制的是滥用权利的行为，行为是行为主体主观意志的外在表现，对于行为的评价需要结合主客观标准共同为之。尤其是对于知识产权这样的私权领域，需要谨慎对待权利滥用的规制，需要结合其构成要件来进行评价。克服前述的主观权利和利益损害说的局限性，承认主观权利与客观法相互作用，共同使禁止权利滥用理论逐步形成。应依诚实信用行使权利，权利滥用者不受法律保护。《欧洲示范民法典草案》出现了融合性质的规范，行使权利时要考虑相对方的利益，确定诚实信用与公平交易的行为准则，要求诚实、公开并考虑到相关交易或法律关系的对方当事人的利益。该草案强调了法律关系当事人之间彼此的合理信赖利益。当一方当事人违背对方当事人已对之产生合理信赖的在先陈述或行为，从而损害对方当事人利益的，构成对诚实信用与公平交易原则的违反。将相对方的利益和彼此信赖利益融合表述于条文中，使权利滥用的适用范围逐渐清晰起来。[①]

三、相对利益平衡理论

法理学家 E. 博登海默曾说，“法律的目的是在个人原则与社会原则之间形成一种平衡”[②]。法作为社会控制的手段，必须规定各种利益的分配，平衡各种利益关系，有时候法还是各种相对利益平衡与妥协的产物。[③] 知识产权作为私权，当这种私权与他人权利产生冲突时，要对其进行一定的限制。这种限制可能是个人私权与公共利益间的平衡，也可能源自权利内部的平衡规制，以便调整各方利益失衡状态，寻找新的平衡点进行矫正，使之恢复到一种正常的状态。相对利益平衡是指通过法律权威来协调各方面冲突因素，使相关各方的利益在

---

① 参见欧洲民法典研究组、欧盟现行私法研究组编著：《欧洲示范民法典草案：欧洲私法的原则、定义和示范规则》，高圣平译，中国人民大学出版社 2012 年版，第 149 页。

② ［美］E. 博登海默：《法理学——法律哲学与法律方法》（修订版），邓正来译，中国政法大学出版社 2004 年版，第 115 页。

③ 参见张文显主编、司法部法学教材编辑部编审：《法理学》，法律出版社 1997 年版，第 54 页。

共存和相容的基础上达到合理的优化状态。[①] 在知识产品的创造者、所有者和需要合理利用知识产品的社会公众的利益之间进行平衡，既不至于因知识产权人的权利过大而损害公众接近知识产品的利益，也不会因知识产权保护不足而损害知识产权人的利益，导致知识产品生产的原动力不足。[②]

知识产权法的相对利益平衡原则与经济法中的谦抑或适度理念不谋而合。知识产权激励创造者与投资者的经济诱因为法经济分析方法运用于知识产权提供了理论前提，从某种程度上说，其决定了知识产权制度建构的价值取向。例如，著作权法是协调创造者、传播者、使用者直接利益关系的"平衡法"。[③] 相对利益平衡是知识产权制度的基本法律观，知识产权法所强调的相对利益平衡精神，主要是通过权利配置与权利限制的规则来体现的。[④] 如果市场中的竞争参与者都能理性地放弃利益以换取其所需利益，市场就会达到一种平衡状态。这种平衡是竞争者之间进行自愿交换的产物。对于单个竞争者而言，他通过自愿交换达到了他所能达到的最理想状态，其他竞争者亦是如此，因此这种状态就达成了一种平衡，成为在一段时间内会持续下去的平衡，没有人愿意改变这种状态。如果出现背离平衡状态的力量，那么恢复平衡的方向就会立即发生作用，因此这种平衡状态是相当稳定的。[⑤] 为实现知识产权相对利益平衡，需要对知识产权进行限制，其要受到知识产权法目的限制，保护权利人合法权益，激励创新，提高创新能力，促进社会发展。知识产权相关法律制度要受到民法平等自愿、诚实信用等基本原则的限制；要受到反不正当竞争法、反垄断法的限制；要受到相对利益平衡原则的限制。并购是企业实现资源配置的一种有效手段，企业并购知识产权形成规模经济并不必然减损社会公共利益，只有当企业滥用知识产权时，才会减损消费者、社会公众的利益，破坏市场竞争秩序，这时才需

---

① 参见陶鑫良、袁真富：《知识产权法总论》，知识产权出版社 2005 年版，第 17 ~ 18 页。

② 参见杨雄文：《反思与完善：信息不完全下的知识产权利益平衡》，载《电子知识产权》2007 年第 2 期。

③ See Lydia P. Loren, *The Nature of Copyright*: *A Law of Users' Rights*, 90 Michigan Law Review 1615 (1992).

④ 参见吴汉东：《试论知识产权限制的法理基础》，载《法学杂志》2012 年第 6 期。

⑤ 参见[美]约翰·罗尔斯：《正义论》，中国社会科学出版社 2001 年版，第 237 ~ 238 页。

要反垄断法规制。跨国并购的知识产权问题涉及并购整个过程中的多元“平衡点”，通过相关法律实施与理论运用协调知识产权人与社会公众、并购方与目标方、投资者与东道国、发展中国家与发达国家等之间各种利益的冲突，使各方利益在相容的基础上达到均衡状态。

第三节　知识产权跨国并购反垄断规制实践分析

知识产权作为特定主体对其创造性成果依法享有的一种专有权，从封建社会由君主个人授予、封建国家授予或代表君主的地方官授予的“特权”，[①]到为《TRIPS 协定》的序言中加以明确并为各成员所普遍承认的一种私人的、私有的体现私益的民事权利存在，[②]再到实现激励创新的竞争工具并在知识产权经济时代发展成为国家战略。作为一种私权，知识产权赋予权利人“特定期限内，独占其智力成果不被他人使用之垄断权”[③]，作为激励创新的竞争工具，其行使亦要限定于合理的范围内，防止其排除、限制竞争；作为国家战略，其行使应限定于维护国家利益和竞争优势的合理范围内，防止其成为打压他国的政治手段。在经济全球化的背景下，随着全球范围内知识产权跨国并购的进行，各国反垄断的“战场”从国内市场拓展到国际市场，知识产权跨国并购滥用反垄断规制也由国内规制扩展到国际规制。

一、知识产权跨国并购反垄断规制的国内实践评析

尽管各国反垄断法内容不尽相同，但对知识产权滥用的规制却都是各国反垄断法中不可或缺的重要内容。[④] 许多国家在知识产权问题上推行国际国内双

---

① 参见王先林等：《知识产权滥用及其法律规制》，中国法制出版社 2008 年版，第 3 页。

② 参见吴汉东：《知识产权本质的多维度解读》，载《中国法学》2006 年第 5 期。

③ David Vaver, *Intellectual Property: The State of the Art*, 116 Victoria University of Wellington Law Review 621 (2001).

④ 参见叶明、张晓萌：《反垄断法：规制滥用知识产权存在疏漏》，载中华人民共和国最高人民检察院网，https://www.spp.gov.cn/spp/llyj/201911/t20191102_437038.shtml。

轨制做法，在国际上维护本国具有优势地位的知识产权，推动本国相关知识产权的保护；而在国内更关注知识产权激励创新，促进知识产权成果的推广，促进本国经济社会发展。各国推行各具特色的知识产权滥用和对限制、减少竞争的垄断行为的反垄断规制，通过鼓励企业公平竞争、自愿联合、依法并购，扩大规模，提高竞争力。通过反垄断法国内规制，禁止垄断行为，维护公平有序的竞争，提高经济效率，保护消费者福祉和社会公共利益。大陆法系国家很早就开始关注权利行使的限制问题，并在民法中加以明确。1999 年日本《专利和技术秘密许可协议中的反垄断指导方针》明确知识产权与反垄断两部法律的互补关系，明确知识产权法律制度具有通过鼓励创造从而促进竞争的作用，指出有效的技术运用、产品市场创造会推动技术的竞争，而许可人对被许可人施加的某些限制会影响竞争。在进行技术交易的过程中，如果有关技术交易的双方违背知识产权激励创新的宗旨，达成知识产权垄断协议，限制知识产权创造，将对知识产权的市场竞争产生不利影响。因此，在适用反垄断法规制知识产权交易时，既要推动知识产权保护和技术交易以促进竞争，还要确保知识产权相关保护不会背离知识产权制度宗旨，不影响相关技术和产品的市场竞争。[①] 下面选取英美法系的美国的国内实践为代表进行分析。

在英美法系，衡平法“不洁之手”和“禁反言”等原则限制权利人的不当行权行为。在英国，专利法发展出“滥用垄断权”的规定；在美国，知识产权滥用原则是在司法判例中基于公共政策所形成的原则。知识产权滥用原则所体现的公共政策包括创新政策、竞争政策、自由表达政策等。[②] 首先，出现“专利权滥用”一词并在司法实践中逐步形成了一整套关于“知识产权滥用”概念的理论体系。莫顿食盐案是美国第一个有关专利权滥用的司法实践，[③]而镭射梳案涉及著作权滥用。[④] 在美国，1890 年的《谢尔曼法》规制限制性竞争行为和反垄断行

---

① 参见王先林：《知识产权与反垄断法：知识产权滥用的反垄断问题研究》，法律出版社 2016 年版，第 144 页。

② 参见郑友德、陶双文：《美国知识产权滥用》，载《知识产权》2001 年第 2 期。

③ See Morton Salt Co. v. G. S. Suppiger Co. , Judgment of 5 Jan. 1942, No. 49; (1942) 314 U. S. 488.

④ See Laser comb America, Inc. v. Reynolds, 911 F. 2d 970 (4th Cir. 1990).

为。该法第一部分明确规定,任何限制洲际间或者与外国间商业或贸易的合同和以托拉斯及其他形式的联合或共谋,都是非法的。惩治限制竞争、垄断行为,惩治违反该法第2条,或企图在相关市场上取得垄断力量,或故意获取或维持此种力量,且对他人造成反垄断伤害的行为。作为司法判例国家,美国法院在司法实践中形成垄断构成要素。例如,垄断的判定要件为:具有在相关市场上垄断的特定意图,实施了掠夺性或反竞争性的行为,其特定意图有成功的可能性。[①] 其次,判定垄断的市场份额及其他考虑因素。《克莱顿法》规制价格歧视、独家交易、企业合并等,明确不使用竞争者商品的协议,[②]2007年,法院在Leegin Leather Products, Inc. 诉 PSKS, Inc. 案中明确否认1911年迈尔(Miles)博士医药公司案所确立的实质性违法原则,认为RPM必须像其他所有内部约束一样,在合理原则下进行评估。[③] 最后,确定将知识产权纳入其规制范围。尤其是《克莱顿法》第7条明确规制股权并购,对于减少竞争、可能具有垄断倾向的并购进行规制,为跨国并购中知识产权滥用的国内规制提供了法律规制依据。

实践中,本身违法原则和合理原则是判断垄断及垄断行为违法与否的两个原则,这两个原则是在美国反垄断司法实践中形成的,并为各国反垄断法所采用。

本身违法原则是指当垄断企业的规模占有市场的比例超过一定数额,或行为属法律禁止的范围时就判定其违法,无须考虑其对市场竞争的影响。该原则基于财产权和贸易自由的保护考虑,具有明确可预期性和适用成本小的特点,并在司法实践中,经历了从完成本身违法原则思想的表达、[④]认定转售价格维持

---

① See Thurman v. Pay's N. pak Stones, Judgment of 27 May 1987, No. C 84 – 1171R; (1987) 709 F. Supp. 985.

② 参见《克莱顿法》第3条的规定。

③ See Leegin Leather Products, Inc. v. PSKS, Inc. , Judgment of 28 June 2007, No. 06 – 480; (2007) 551 U. S. 877.

④ See United States v. Trans – Missouri Freight Ass'n, Judgment of 22 March 1897, No. 67; (1897) 166 U. S. 290.

适用本身违法原则[1]到正式采用了本身违法术语表达的过程。

合理原则是指相关执法机构、司法机关在规制知识产权并购行为时，不直接认定某行为非法，而是综合比较、分析、判断相关竞争影响因素，评估知识产权并购行为对竞争的具体作用，作出容忍抑或禁止的结论性意见。该原则是基于经济效率和可操作性的考量而提出的，该原则有利于市场竞争的有序运行，对于市场监管具有较高的要求。合理原则也是在美国司法实践中发展而来的；1897年泛密苏里运价协会案White法官在其反驳意见中提出了合理原则思想，1911年美国标准石油公司案[2]确定该原则，1918年芝加哥贸易协会案[3]中进一步明确合理原则的内容。其实质是一种以经济利益比较为核心的原则，通过合理原则来判断垄断带来的负经济效应或正经济效应的大小，以便决定是否适用反垄断制裁，这使合理原则具有很强的适应性和灵活性。知识产权许可反垄断规制中可适用本身违法原则和合理原则分析，美国司法实践中主张前者应当谨慎适用，且就纵向与横向限制竞争行为区别适用两原则。

1995年美国《知识产权许可的反托拉斯指南》阐明，知识产权与反托拉斯法具有促进创造、确保消费者利益的共同目标。2017年美国《知识产权许可的反托拉斯指南》区别知识产权协议中维持转售价格相关的考察基础，对于纵向的维持转售价格行为适用合理原则，而对于横向的价格协调行为沿用1995年《知识产权许可的反托拉斯指南》中的本身违法原则。2017年美国《知识产权许可的反托拉斯指南》规定，横向卡特尔协议构成本身非法。如果经营者不仅实施纵向协议，而且还同意参与竞争对手之间的横向定价阴谋，法院就不需要考虑“纵向协议是否限制贸易”，因为所有参与者都同意横向约束，这本身就是违法的。例如，当产品制造商将专利方法许可给制造相同产品的竞争对手时，许可人和被许可人既存在纵向关系，也存在横向关系。如果一系列的纵向协议

---

① See Dr. Miles Medical Co. v. John D. Park & Sons Co., Judgment of 3 April 1911, No. 72; (1911) 220 U.S. 373.

② See Standard Oil of New Jersey v. United States, Judgment of 15 May 1911, No. 55; (1911) 221 U.S. 1.

③ See Chicago Board of Trade v. United States, Judgment of 4 March 1918, No. 98; (1918) 246 U.S. 231.

有效地协调了制造商之间的横向阴谋,则应当运用本身违法原则进行分析,而不必再考虑他们之间的纵向协议是否限制了竞争。值得注意的是:2017 年美国《知识产权许可的反托拉斯指南》并没有提供示例来指导经营者如何在知识产权背景下适应这种转变。司法实践中,美国法院对传统产业一般适用"合理原则",对新兴产业领域则倾向使用"本身违法原则";欧盟法院则据市场集中度及其变化来决定个案的救济方式,较多关注单边效应;中国法院也在适用合理分析方法论证涉案合同是否违反垄断协议。近年来,越来越多的声音质疑美国联邦贸易委员会(Federal Trade Commission,FTC)的执法原则及其实际效果。例如,认为各国政府就高科技或知识产权类型的垄断行为单独立法将破坏技术创新的已有模式,反垄断机构和法庭向授权人施加的各种约束并不能有效地限制"专利封锁"行为。

二、知识产权跨国并购反垄断规制的国际实践评析

随着知识产权跨国并购在世界各国的开展,其反垄断规制也由国内规制走向了国际规制,先是相关当事国建立双边合作进行反垄断通知、联审等协作活动,然后加强反垄断规制的区域合作,进而在全球组织机构中致力于通过反垄断规制全球合作。双边和区域性协定影响力相对比较小,且双边协定更加体现订约当事国的博弈,多边推荐意见类规制具有不具强制力的弊端,《TRIPS 协定》第二部分第八节仅作出了较为原则性的规定。[①]

(一)双边协定影响力不大

许多国家签订了反垄断合作的双边协定,但双边协定效力限于订约的有关当事国,而对其他国家不具有拘束力,影响力小是双边反垄断合作的现实弊端。同时,签约双方的实力决定了在签订的双边协定中对本方利益的维护。近年

---

① 参见《TRIPS 协定》第 40 条第 2 款的规定:本协定的任何规定均不得阻止各成员在其立法中明确规定在特定情况下可构成对知识产权的滥用并对相关市场中的竞争产生不利影响的许可活动或条件。如以上所规定的,一成员在与本协定其他规定相一致的条件下,可按照该成员的有关法律法规,采取适当的措施以防止或控制此类活动,包括诸如排他性返授条件、阻止对许可效力提出质疑的条件和强制性"一揽子"许可等。

来,随着美国对多边协定控制力的削弱,美国推动多边合作的热情逐步减损,而活跃于各类的双边协定签署中,其不仅大力推动双边投资协定的签署,而且成为反垄断双边合作领域的成功典范,美国与许多国家开展反垄断国际合作,签署了为数不少的双边反垄断协定。基于美国的实力,在双边协定签署中,美国更能够控制签约的节奏和内容,更能够达成有利于美国的协定。在双边反垄断协定中,美国与相关缔约国约定在采取行动时相互通知,共享政策变化措施机制等相关信息。跨世纪微软反垄断案联合调查就是反垄断方面各方通力合作的明证。自 1972 年美加《反垄断通知与协调程序》启动,1976 年美国与德国订立了《关于在限制性商业行为方面合作的协定》,美国与澳大利亚、新西兰、日本、墨西哥等国相继订立了反垄断方面的协调和合作协定。1991 年达成的《美国政府与欧盟委员会关于适用竞争法问题的协定》规定了相互通告和协商措施,规定了必要情形下的双方联审制等。

(二)区域性协定较为松散

跨国并购中知识产权滥用的反垄断规制区域合作成功范例首推欧盟,形成了以欧盟部长理事会和委员会反垄断法规、指令、决定,欧洲法院和欧洲初审法律解释、裁决为渊源形式的完善的欧盟反垄断法体系。欧盟法院在司法实践中,对知识产权利用问题的处理应遵循知识产权存在权不同于知识产权使用权、权利用尽和同源原则。[①]《里斯本条约》第 101 ~ 109 条构筑了欧盟竞争政策的法律基础。反垄断法在欧盟内对各成员国一体使用,对于保持欧盟内部公平竞争,促进欧盟各国经济发展和欧盟统一市场发展发挥重要作用,并对世界的反垄断法产生了深远影响。其中,《里斯本条约》第 101 条和第 102 条是欧盟竞争法的核心,规定了限制竞争协议和滥用支配地位,是欧盟竞争法的基石。欧盟竞争法禁止两个或两个以上的企业通过协议限制竞争以及禁止企业滥用优势地位。欧洲委员会在竞争政策中发挥主导作用,对禁止事项享有调查权并负

---

① 参见沈亚岚:《比较法视野下专利权滥用法律规制问题研究》,上海交通大学 2017 年博士学位论文,第 95 ~ 96 页。

责实施该条款。欧盟各成员国的反垄断法律要在欧盟的反垄断法律制度的框架内,不能影响欧盟整体反垄断政策实施。欧盟竞争法特别规定了对公共企业和获得特别或独家授权的企业的竞争管制问题。欧盟竞争法禁止限制性协议、协同行为和滥用支配地位,禁止企业通过限制性协议和协同行为实行反竞争行为,也禁止企业滥用支配地位,禁止一个或一个以上具有支配性地位的企业不当地对地位较弱的企业滥用经济力量。欧盟竞争法同时调整大企业的并购,禁止并购创造或加强大企业在相关市场的支配地位,严重阻碍有效竞争。1989 年通过的《企业并购控制条例》试图在欧盟内统一协调企业并购法制,消除各方并购法律冲突,防止垄断和市场支配力形成,成为区域反垄断规制的范例。2004 年,欧盟委员会将此前的有关专利许可协议、技术秘密许可协议、技术转让协议方面的条例归入技术转让集体豁免框架内进行调整,分为白色、黑色、灰色清单;界定技术交易板块许可、再许可及转让方承担开发利用风险的转让,同时明确了 8 种限制许可协议享受的集体豁免。2014 年,欧盟委员会推出《技术转让协议适用欧盟运行条约第 101 条第 3 款的条例》(EU 316/2014 号),在知识产权滥用豁免方面不断放宽标准。①

(三)多边推荐意见类协定欠缺拘束力

OECD、联合国贸易和发展会议、GATT 和 WTO 等机构曾致力于反垄断法的国际合作,推动反垄断法的全球规范,但是达成的成果大多没有法律拘束力且缺乏稳定性。其一,1967 年 OECD 达成《成员国间就影响国际贸易的限制性商业行为进行合作的推荐意见》。该推荐意见仅是建议各国谋求反垄断领域合作,就影响国际贸易的限制性商业行为进行规制。1998 年 OECD 理事会提出的《关于有效打击核心卡特尔的行动建议》规范竞争者之间签订限制共谋竞争的协议、做法或安排,进行固定价格,操纵串通投标,建立出口限制或配额,通过

---

① 根据 TFEU 第 101(3)条的规定,可认为此类协议与单一市场兼容,前提是它们有助于改善商品的生产或分销,或促进技术或经济进步,同时允许消费者在不消除竞争的情况下公平分享由此产生的利益。

分配顾客、供应商、商业领域或界限的方式来分享或瓜分市场的核心卡特尔行为。[①] 其二,1984 年联合国贸易和发展会议完成的《消除或控制限制性商业惯例法律范本》新定义了合并和收购的含义,补充了竞争主管当局与有关管理部门的关系规定,单独规定了企业取得控制权的合并等方式,分析和总结了竞争法领域的相关市场、纵向限制、准入障碍、价格歧视、合并通知制度等重要问题,研究有关国家的最新立法等。禁止存在竞争关系或潜在竞争关系的企业之间的固定价格、串通投标、划分市场或客户、限制生产量或销售量、联合抵制购买、联合抵制供应、集体拒绝他人参加对竞争至关重要的安排或协会横向限制竞争协议。其三,慕尼黑会议上提出的《国际反托拉斯法草案:善意误入歧途》(The Draft International Antitrust Code Proposed at Munich: Good Intentions Gone Awry)通过规范水平和垂直限制竞争、控制经营者集中和禁止滥用市场支配地位以统一各方反垄断实践。其四,WTO 从 1996 年新加坡部长级会议到 2003 年坎昆部长级会议,一直探讨贸易与竞争的议题,但各方所持观点不一。欧盟积极支持在 WTO 框架下建立一套规范多边竞争框架,日本主张将竞争政策议题谈判重点放在反倾销问题上,加拿大和韩国、澳大利亚则都支持在 WTO 框架下建立多边竞争规则,多数发展中成员国则既希望制定多边竞争规则又担忧制定多边竞争规则。美国坚持反倾销与竞争政策无关,其于 2001 年发起成立国际竞争网络专门致力于竞争政策的执行,运行一种对话形式的非正式的多边合作模式,促成各方反垄断合作。国际竞争网络 15 个成员组成指导小组,设立不同工作组关注执行竞争政策的执行、卡特尔和合并等竞争领域的具体工作。国际竞争网络具有灵活性、专业性等优势,但也具有非正式性、没有法律拘束力、缺乏稳定性等弊端。[②]

(四)《TRIPS 协定》项下规制较为原则性

《TRIPS 协定》是在国际贸易项下对知识产权问题进行规定,序言中明确了

---

① 参见《关于有效打击核心卡特尔的行动建议》第 5 条第 1 款(c)项的规定。

② 参见曾国安、兰荣蓉:《反垄断政策的国际协调与中国的选择》,载《江汉论坛》2007 年第 3 期。

促进知识产权保护,减少对国际贸易的扭曲和障碍。[①] 在 WTO 法律框架内,更多地调整国际贸易,仅有《与贸易有关的投资措施协定》还将投资限定于与货物贸易有关的投资措施。竞争法方面各国的分歧比较大,使 WTO 统一规制规则面临困境,最终选择作出原则性规定而没有具体的规则。《TRIPS 协定》在第二部分第八节对知识产权滥用限制竞争规制作出了原则性的规定,强调有关限制竞争的知识产权许可做法或条件,对国际贸易产生不利影响并阻碍技术的传播与转让,而未触及国际投资层面。《TRIPS 协定》允许各成员根据国内法律法规,对知识产权滥用、限制竞争的行为采取相关国内措施,以制止对独占性返授条件、对知识产权有效性质疑禁止、强迫"一揽子"许可行为。《TRIPS 协定》第 40 条第 2 款规定:"本协定的任何规定均不得阻止各成员在其立法中明确规定在特定情况下可构成对知识产权的滥用并对相关市场中的竞争产生不利影响的许可活动或条件。如以上所规定的,一成员在与本协定其他规定相一致的条件下,可按照该成员的有关法律法规,采取适当的措施以防止或控制此类活动,包括诸如排他性返授条件、阻止对许可效力提出质疑的条件和强制性'一揽子'许可等。"《TRIPS 协定》在相对利益平衡上有失偏颇,更多地体现了发达国家的利益,而对发展中国家传统文化方面的知识产权保护缺少规定。《TRIPS 协定》第 7 条明确了知识产权滥用行为违反本协定目标,"知识产权保护和实施应当有助于促进技术更新和技术转让及传播,有助于技术知识的创造者与使用者之间的互利并采取有益于社会和经济福利的方式,有助于平衡权利与义务"。《TRIPS 协定》在相对利益平衡方面有所调整,关注广大发展中国家,尤其是最不发达国家的民众生存权,推动知识产权滥用规则发展。

① 参见《TRIPS 协定》"序言"第 1～3 段的规定。

第五章 知识产权跨国并购国家安全审查中的法律保护

知识产权跨国并购中，并购方聚集知识产权力量，改变自身甚至其所在国的知识产权结构，但与此同时，并购方可能利用在商誉、营销等方面的优势，攫取市场支配地位，控制和削弱目标方的技术研发，“冷冻”和淡化目标方的知名商标，使目标方严重依赖外方及其关键技术，使东道国失去了在经济全球化下的可持续发展能力，损害其社会福祉，威胁到东道国经济的可持续发展等国家利益，引发东道国科技、文化、产业相关领域知识产权层面的安全问题。国家安全不仅事关国家生死存亡，也是东道国平衡并购方在资源配置中利益最大化追求与东道国国家利益维护的“安全阀”，亦是世界贸易组织中明确认可的例外条款。坚持外资利用和国家安全的相对利益平衡，从法律角度对跨国并购中知识产权层面国家安全进行合理审查，引导规范并购方的并购行为，是维护国家主权和保护国家安全的重大课题。国家有必要进行事前的预防和交易控制，严格监控并购方形成或加强知识产权支配地位、滥用其支配地位损害有效竞争、威胁国家安全的行为。本章从并购中知识产权层面的安全着手，借鉴美欧等国最近几年国家安全审查新发展，探究跨国并购中知识产权引发的国家安全问题，提供应对路径以供参考。

第一节 知识产权国家安全界定

近年来，随着跨国并购的广泛开展，跨国并购与国家安全问题备受各界关注。据英国学者曼戈尔德在《国家安全与国际关系》中的考证,"国家安全"最早由美国作家李普曼在其著作《美国外交政策》中提出,而后逐步发展成为一个常用的概念。基于不同的层面和角度,国家安全存在不同的内涵。国家安全是界定国家基于合理条件维持与外界联系、防范外来力量打击、保持统一和领土完整的一种能力。国家安全是一个国家保护其内部社会制度不受外来威胁的能力。国家安全是国家重大利益没有危险、不受威胁的状态和安全状态持续的保障能力。国家安全是指国家政权、主权、统一和领土完整、人民福祉、经济社会可持续发展和国家其他重大利益相对处于没有危险和不受内外威胁的状态,以及保障持续安全状态的能力。[①] 可见,对于国家安全的考察最初多集中于国防和国际关系层面。而随着全球化和知识经济的推进,国家安全的内涵不断丰盈充实,发展成为包含了国防安全、经济安全、文化安全、信息安全等在内的有机体系。随着以综合国力为核心的国家间竞争的展开,中国推行"总体国家安全观",即"以人民安全为宗旨,以政治安全为根本,以经济安全为基础,以军事安全、文化安全、社会安全为保障,以促进国际安全为依托,维护各领域国家安全,构建国家安全体系"[②]。政治安全是根本,经济安全是基础,军事安全、文化安全、社会安全是有力保障。文化安全是事关国家安全的深层根系,技术安全是关键,信息安全是无形屏障。[③] 从宏观角度上说,国家安全是国家既没有外部的侵害与威胁,亦不存在内部的混乱与疾患的客观状态。当代国家安全早已衍生涵盖国家发展各个方面的概念,是国家的根本利益、最高利益。结合已有主要知识产权制度,知识产权跨国并购聚焦于专利(包括商业秘密)、著作权、商标主要知识产权类型引发的知识产权安全层面问题,主要涉及与专利或商业秘密相联系的科技安全、与著作权相联系的文化安全和与商标相联系的产业安全等内容。

一、基于专利权的科技安全

随着知识产权跨国并购的繁荣发展,知识产权领域暴露出诸多问题和矛

---

① 参见我国《国家安全法》第 2 条的规定。

② 我国《国家安全法》第 3 条的规定。

③ 参见扬智勇:《跨国并购中的国家安全法律问题研究》,中国商务出版社 2011 年版,第 168 页。

盾,在利益得失方面具有明显的差异,并购方利用知识产权国际保护规则和自身在知识产权方面的优势,制约目标方新兴产业的发展,使目标方企业科技发展受到并购方优势知识产权拖累和钳制,永远被并购方压制在全球产业链的末端,威胁目标方国家的科技安全。科技安全相对于国防、政治安全是一个比较新兴的领域,在科技安全的内容和内涵上,学者看法不一。国家科技安全是指关系到国家利益和安全的科学技术的存在与发展不受侵害与威胁的状态。科技安全是国家安全的重要标志之一,维护人民利益,促进经济社会发展,保障国家安全,必须筑牢科技安全防线,实现永久的科技安全。① 作者认为,科技安全主要包括静态的科技存在安全和动态的科技发展安全。

其一,静态的科技存在安全。静态的科技存在安全涉及过往技术的创造与研究成果及研究成果的保密等,技术存在不受侵害、威胁。一些知识产权密集型的目标方因其掌握着制造武器、安全通信、国防秘密等方面的专利、专有技术等知识产权,其研究成果关系到国家安全。并购方撤销目标方的研发机构而将优秀研发人员并入其已有的研发机构,可能涉及目标方原有技术的保密性丧失。并购方封锁创新、发展阶段技术向目标方的转移,设置技术破解障碍,加剧目标方技术结构不平衡,影响目标方的产业布局。

其二,动态的科技发展安全。动态的科技发展安全涉及未来技术的创新和可持续发展,涉及技术人才智力力量的流失。自主创新是科技安全的根本,没有创新就没有发展,科技安全也就失去了根基。习近平同志指出:"当今世界,科技创新已经成为提高综合国力的关键支撑,成为社会生产方式和生活方式变革进步的强大引领,谁牵住了科技创新这个牛鼻子,谁走好了科技创新这步先手棋,谁就能占领先机、赢得优势。"并购方控制目标方研发机构、研发进程,削弱甚者剥夺目标方自主创新能力,并购方利用其优势地位弱化或动摇目标方自主创新的基础,使目标方成为并购方的技术附庸,进一步削弱目标方的国际竞争力,进而影响目标方所在国的国家知识产权战略发展,威胁国家的经济安全。

---

① 参见郭关玉、张卫国:《习近平总书记关于科技安全观重要论述的内在辩证关系》,载《中国社会科学报》2019 年 12 月 11 日,第 7 版。

而当一个国家没有了创新能力，关键领域核心技术受制于人，没有竞争和发展的主动权，何谈科技安全？

二、基于著作权的文化安全

文化是民族的血脉，是人民的精神家园，是与不同民族、国家和制度相对应的一种非常具有个性的特质。国家文化安全是指一个国家在发展过程中，能够有效地消除和化解潜在的文化风险，抗击外来文化冲击，确保本国、本民族文化不断地传承和发展而不会被其他文化所取代，仍保持其本身的独特性和完整性的一种文化状态。[①] 文化安全是国家文化免受威胁或危险的状态，包括文化生态安全、文化遗产安全、文化市场安全、文化技术安全等方面。文化主权和文化生态平衡是国家文化安全的核心，是国家文化存在和发展的基础和依据。[②] 美国的好莱坞电影、软件、影视剧、麦当劳等文化产品夹带的所谓的民主自由价值观念潜移默化地改变着苏联人民的价值观，冲毁了苏联的民族认同和政治认同的最后防线，最终催化了苏联的解体。美国以"文化入侵"对苏联进行了一场没有硝烟的战争，这场战争让我们真切体会到文化在国家安全中的重要作用。在经济全球化背景下，各国都希望其民族的核心价值和文化特质不受其他文化的渗透与侵蚀，希望保持其文化传统的完整性，扩大本国文化的影响力，维护世界文化的多样性。

文化安全是一个国家维系民族传承和政治认同的保障，是国家长治久安的重要基础。知识产权跨国并购中，主要涉及基于著作权的文化安全内容，包括政治文化、语言文学和国民教育三个维度的安全问题。2014 年 12 月 24 日，俄罗斯总统普京正式批准了《俄罗斯国家文化政策基础》，从政治文化、语言文学和国民教育三个安全维度凸显了新阶段俄罗斯维护国家文化安全的战略重点。[③] 其一，外资并购带来了外来文化与目标方原有内部文化的交流与碰撞，涉

---

① 参见刘跃进主编：《国家安全学》，中国政法大学出版社 2004 年版，第 20 页。

② 参见胡惠林等：《国家文化安全研究导论》，上海人民出版社 2013 年版，第 304 页。

③ 参见田刚健：《俄罗斯国家文化安全战略的三个维度》，载微信公众号"中国社会科学网"2015 年 5 月 15 日，https://mp.weixin.qq.com/s/Y－ndWSnv1thDHr7B3JZaqA。

及双方的民族习俗、宗教信仰、思维方式与价值观等方面的冲突，涉及目标方民族文化的特质延续和民众思想意识和文化心理的深刻矛盾和困惑，可能瓦解其政治文化认同，使之陷入民族精神与政治文化的危机之中。其二，在并购方对目标方的漫画、影视、出版业进行并购时，会涉及目标方所在国的语言文学保护和推广内容，如果并购方占据了目标方的语言文学推广渠道，传播并购方的语言文学和道德精神价值，可能损害目标方国家文化利益，侵犯目标方国家文化主权，侵犯目标方国家个性文化独立自主性，破坏国际文化交流平等性等。其三，在并购中，并购方不仅获得了目标方相关的著作权等资源，也取得了音乐、口头、戏剧等专业的文学艺术创作人员，影响目标方国民教育的普及和国民文化素质的提升。以往的军事侵略中，占领国曾对被占领国的国民教育进行征服，被占领国国民被迫学习和使用占领国的语言，如法国作家都德的一篇小说《最后一课》中描述的普法战争中沦陷地的一所乡村小学被迫放弃学习母语法语而要学习德语的故事等。而在并购中，并购方通过著作权领域的并购活动，控制了语言传播的渠道，通过并购方语言文字内容的输入侵蚀着目标方所在国文化的民族性和国家性的保持、民族文化的厚重、文化资产的保护、文化传统的传承等诸多内容。

三、基于商标权的产业安全

在激烈的国际竞争中，作为经济安全重要组成部分的产业安全在国家安全的体系中具有举足轻重的地位。外资并购控制相关产业链的环节，掠夺目标方市场定价、采购、销售权，严重挑战目标方国家产业安全。外资并购对相关产业安全的威胁可能表现为对市场的争夺、对行业的垄断、对品牌的消灭、对竞争力的控制等。市场和创新是产业安全的基础，生存和发展是产业安全的核心。产业安全可能体现为企业内部隐患或外部威胁，可能体现为适应力、竞争力或控制力等不同层次。例如，德国拜耳对中药商滇虹药业的并购，引发学者从知识产权角度分析并购对中药产业安全的影响。[①] 就产业安全而言，不同知识产权

---

① 参见张晓东：《拜耳收购滇虹：一场中药“迷局”》，载《中国中医药报》2014 年 12 月 4 日，第 5 版。

制度对不同产业具有不同影响,著作权关涉文化产业的生存与发展,专利权和商标权关涉所有产业秩序的确定和维护,品牌关涉市场安全。产业安全关涉核心竞争力及国家利益的维护。品牌这种无形资产蕴含着巨大的经济价值,品牌越来越成为企业赖以生存的基础,事关一个国家的产业安全。同时,品牌蕴含着民族情感,与一个国家的经济息息相关,一个具有影响力的品牌可以说是目标方国家形象和民族精神内涵等"软实力"的外在体现,这些品牌的兴衰关系目标方国家的经济繁荣和民族自豪感。知识产权跨国并购中,并购方并购目标方原创、代表性品牌,并购方雪藏并购来的品牌以消灭与之竞争的目标方。随着跨国并购的推进,一些拥有资本的并购方选择与拥有品牌的目标方"牵手",通过并购进入目标方市场,并购方利用目标方国内企业市场、品牌意识淡薄,低价收购目标方品牌,吞噬排挤目标方苦心经营多年的本土品牌,导致许多目标方的民族品牌在并购后从市场中淡出,而并购方进而掌控目标方市场定价权,威胁目标方国家产业安全。如 2000 年西门子收购扬子集团股权并封存"扬子"品牌 30 年,使这个 20 世纪 90 年代中国冰箱龙头之一的品牌在市场完全消失。

技术革命全球化造成的相关发明创造步伐加快、影响扩大和重要性提高,都使得知识产权成为各国关注的焦点。国际社会对知识产权推动经济的认可和重视,促使更多的创新,并由此带来了创造性的变革,知识产权成为各国争夺的新经济增长点。知识产权关系相关领域国家竞争力和国家利益的维护,国家安全具有了知识产权层面的含义。安全作为相对于危险、威胁、恐怖而言的确定、有序、稳定状态,其内在包含了规范、观念、实践和主体等维度,就跨国并购中知识产权安全问题而言,包含了文化、产业、技术安全等层面的含义。文化安全是观念机制,涉及认知、情感、评价等取向,是民族特质延续的保障;产业安全包括支柱产业、主导产业和战略性新兴产业的发展,关系国家利益的维护;技术安全是国家创新的有力保障,是国家竞争力的基础。

第二节 知识产权跨国并购国家安全审查实践思考

“世界未来的竞争就是知识产权的竞争。”在日益频繁的外资并购活动中,涉及知识产权转移和集中的国家安全问题最为突出。外商投资国家安全审查是指以涉及“国家安全”为理由,由专门的机构和机制对归入审查范围的特定外商投资行为进行全面审查,以评估该投资行为对东道国国家安全产生的风险和影响,从而作出决策并进行风险干预管控的专门制度。①

一、并购中新兴技术产业国家安全审查实践

美国外资国家安全审查制度缘起于1915年一名驻美德国外交官手提箱遗失事件,箱中文件显示德国对美国部分投资的目的在于加强德国战力。该事件推动了美国国会通过《1917年与敌贸易法案》(Trading with the Enemy Act of 1917)②,对德宣战后冻结了德国企业在美国的大多数资产。现在,美国外资并购国家安全审查已经具有相当完备的制度体系,审视美国外资国家安全审查的历史变革,不难发现其历次变革离不开相应年代的外资并购事件的推动。

其一,1988年的《埃克森—弗罗里奥修正案》源于1987年的日本富士通公司收购美国仙童半导体公司案,美国国会议员们担心日本可能控制美国军用电脑芯片,并使美国国防工业在尖端科技产品上更加依赖外国供应。该修正案确立了在符合一定条件的情况下,出于国家安全的考虑,总统有权暂停或禁止有关的收购、合并或接管美国公司的外资并购交易。此决定是终极性质的,不受司法审查的约束。

其二,1993年的《国防授权法案》(《伯德修正案》)源于1992年法国政府控

---

① 参见廖凡:《〈外国投资法〉宜完善审查机构设计》,载《经济参考报》2015年1月28日,第6版。

② See 50 U. S. C. – Trading With the Enemy Act of 1917 – Document in Context – USCODE – 2011 – title50 – app – tradingwi, https://www.govinfo.gov/app/details/USCODE – 2011 – title50/USCODE – 2011 – title50 – app – tradingwi/context.

制的汤姆逊企业试图收购美国 LTV 航空和国防公司案。美国政府因担心汤姆逊企业通过此次并购会成为导弹技术领域的主导者而阻止了此次并购的进行，并在《伯德修正案》中扩大了《埃克森—弗罗里奥修正案》的内容，规定当并购方由外国政府控制或代表外国政府行事，且此项并购可能导致收购方控制影响美国国家安全的从事州际商业的美国公司时，美国外资投资委员会（The Committee on Foreign Investment in the United States，CFIUS）必须进行审查。

其三，“9 · 11”事件后，2005 年的中海油收购美国石油公司优尼科案以及 2006 年迪拜环球港务集团收购在美经营 6 个港口的英国半岛东方航运公司案推动了2007 年《外国投资与国家安全法》的通过。[①] 在后者并购案审查中，美国国会议员认为迪拜环球港务集团来自中东阿拉伯世界，受控于该国政府，而其经营的又是美国国家门户的海港业务，势必威胁美国国家安全。在巨大的政治压力下，迪拜环球港务集团自动退出了交易。此次并购及此前的中海油收购美国石油公司优尼科案促使美国政府对《埃克森—弗罗里奥修正案》进行了第四次的修订，通过了 FINSA。这表明“9 · 11”事件之后美国在平衡国家安全和对外开放之间的关系中，更倾向于对美国国家安全的保护、对外资并购监管与审查的强化。较《埃克森—弗罗里奥修正案》，FINSA 做了诸如扩充“国家安全”概念的范围、完善审查机构设置、加强国会的监督、加入事后监督机制等一系列重大改革。2008 年美国财政部发布了《外国人兼并、收购和接管规定》的修订版，强调 FINSA 从法律上确立了 CFIUS 的地位，改变了以往 CFIUS 权力源于行政命令的状况。

其四，2016 年至 2017 年中资企业对美并购显著增长，继 2015 年中资对美投资额首次超过美对华投资额后，2016 年中资赴美投资额为上一年的 2 倍，达到 460 亿美元，而同期美对华直接投资额为 138 亿美元，投资额上的巨大差距引发了美国各界对双向投资对称性和市场准入互惠性的大辩论，进而间接推动

① 参见 2007 年 FINSA（第 2 节）修订 1950 年《国防生产法案》，修订有关总统有权审查某些合并、收购和接管的条款，以指导总统通过 CFIUS 行事。在收到可能导致外国控制任何从事州际贸易的人的合并、收购或接管任何交易一方的书面通知时，审查该交易以确定其对国家安全的影响。

特朗普政府颁布更加严厉的安全审查政策。[①] 尤其是2017年中国私募基金Canyon Bridge Capital Partners收购美国莱迪斯半导体公司(Lattice Semiconductor Corporation)及蚂蚁金服收购美国MoneyGram,促使美国决定进一步强化外资并购国家安全审查,通过了FIRRMA和《出口管制改革法案》(Export Control Reform Act,ECRA)。两个法案更是比较明确地针对"中国制造2025"计划,赋予CFIUS以更大的国家安全审查权力来阻止中国企业在美的并购投资,导致中资在美投资发生断崖式下跌,降至2018年的48亿美元,达到2011年以来的最低投资额。FIRRMA不仅赋予CFIUS更多的监管与审查权,包括外资并购美国敏感行业企业要向CFIUS进行强制性申报,CFIUS的外资并购审查免于司法审查,赋予CFIUS对外资并购交易的否决权,延长CFIUS对外资并购审查期限等。[②]《埃克森—弗罗里奥修正案》主要考量5个因素,满足国防所需的国内生产;国内产业满足国防需求的能力,包括人力资源、产品、技术、材料和其他供给与服务的可用性;外国公民对国内产业和商业活动的控制及其对满足美国国家安全所需能力的影响;支持恐怖主义或扩散导弹技术或生化武器的国家进行军用物资、设备或者技术交易的潜在影响;交易对美国技术领导地位潜在影响和国家安全。[③] 2007年FINSA增加6个因素,即关键性基础设施、关键技术、外国政府控制的交易、军备控制与反恐合作、能源和重要资源的长远需求以及总统或美国外资投资委员会认为需要考虑的前提因素;增加了威胁国家安全的新兴技术产业领域的审查。ECRA将"新兴技术"定义为受管控的技术,并对"关键技术"进行了明确界定,设计、制作、测试、制造、装配和开发关键技术的赴美投

---

① 参见胡子南、秦一:《美国收紧FDI国家安全审查新动向、影响以及对策》,载《国际贸易》2020年第4期。

② See *H. R.* 4311 – *Foreign Investment Risk Review Modernization Act of* 2017, CONGRESS GOV (Nov. 8, 2017), https://www. congress. gov/bill/115th – congress/house – bill/4311.

③ See https://sgp. fas. org/crs/natsec/RL33312. pdf.

资，都受到 CFIUS 的严格审查。[①] 美国加强中资在美投资和并购高新技术企业的严格审查，保障美国的经济和科技的绝对优势。

可见，美国现行的外资审查制度具有更强的政治针对性，是打压中国高科技发展并遏制中国经济发展的有力工具，是特朗普政府推行“美国优先”政治理念在外资国家安全审查领域的具体体现之一。美国外资并购审查政策的变化，增大了中资企业对美并购的难度，体现在美国政府以外资并购国家安全审查之名，行投资限制、技术封锁之实，阻碍了中资企业对美高新技术领域的并购投资，限制中资企业通过并购实现科技创新与技术发展。美国外资并购审查政策的变化，也在西方发达国家中引发了系列连锁反应，促使欧盟等相关国家同步严格外资并购审查政策。

二、并购中文化产业国家安全审查实践

在知识经济时代，国家实力体现于多方面，不仅体现于军事实力大小、国民生产总值的多少、人口数量这样的具有胁迫力的硬实力，也体现于凝聚了民族生命力、创造力的文化软实力，并且两者对于国家安全同样具有重大的影响。早在 2002 年，代表美国保守派的刊物《政策评论》就曾宣称：文化软实力是美国主宰世界的最深广的力量源泉。[②] 外资并购中，并购方获取目标方的相关著作权等知识产权资源，通过出版等文化手段扩大并购方国家的国际影响力，影响目标方的国家文化安全。在此种背景下，世界上许多国家在对外资并购审查中越来越重视维护本国文化安全，其中，加拿大外资并购中的国家文化安全审查具有代表性。

其一，加拿大实行文化产业和非文化产业的双重管理机制。在加拿大，由总督指派枢密院成员中的部长负责投资法实施，并对根据加拿大《投资法》第 6

---

① “关键技术”被界定为以下方面：《国际武器贸易条例》列出的美国军用物品清单中的国防服务；《出口管制条例》列明的商业管控清单中受到管控的项目；《联邦规则汇编》第 10 卷第 810 部分涵盖的专门设计和制备的核设备、零件、材料、软件和技术；《联邦规则汇编》第 7 卷第 331 部分涵盖的试剂和毒素；2018 年《出口管制改革法案》受管控的新兴基础技术。参见赵家章、丁国宁：《美国对华高技术企业投资并购的安全审查与中国策略选择》，载《亚太经济》2020 年第 1 期。

② 参见唐任伍：《维护国家文化安全的核心与对策》，载《社会治理》2015 年第 3 期。

条设立的投资局的工作作出安排和指示。[1] 1993 年10 月，自由党在全国大选中获胜，重组内阁，将原通讯部改为文化遗产部，并对其职能做了相应的调整。1999 年6 月，加拿大文化遗产部部长开始接手与文化产业有关的外国投资审批事宜。据此，加拿大的文化产业外资审查工作变为由投资审查司和文化产业投资审查办公室具体负责的机制。根据加拿大《投资法》和相关法规及指导方针，加拿大文化遗产部要对可能导致外国投资者拥有和控制加拿大文化企业的拟议新投资负责。这类业务包括出版、发行或销售印刷或机读形式的书籍、杂志、期刊、报纸或音乐，亦包括参与制作、发行、销售或展览电影或录像产品或录音或录像音乐唱片的人士。

其二，加拿大遵循“净收益承诺”(net benefit)标准进行审查。文化遗产部要审查外资并购是否能为加拿大文化产业带来净收益，“鉴于资本和技术的不断增长有利于加拿大，本法旨在鼓励加拿大人或非加拿大人在加拿大进行有助于经济增长和就业机会增加的投资，并为确保这种利益，规定对非加拿大人的重要投资进行审查”[2]，部长在规定的期限内，不认为投资对加拿大有利的，须向申请人发出有关通知，告知申请人有权在通知发出后 30 日内或申请人与部长约定的延长期限内作出陈述和提出保证，[3]并考量外资并购有无损害加拿大的国家文化安全。并购方的“净收益承诺”要满足文化遗产部促进加拿大文化产业的内容、文化参与、积极的公民意识和公民参与、加强加拿大人之间的联系等战略目的。文化遗产部鼓励并购方作出相关的净收益承诺，具体涉及通过传统媒体和新媒体，致力于鼓励加拿大文化产品的创作、制作、发行、营销和保存；致力于培养新的加拿大人才，雇佣多元化的加拿大人，为加拿大公司高管提供自主权，为员工提供学习机会，与加拿大公司、学习机构建立伙伴关系、联盟，特别是通过技术、专业知识、电子商务、培训、实习等加强加拿大基础设施；承诺向文化培训机构、研究机构和旨在改善加拿大公民生活的活动提供慈善捐助或实物捐赠；致力于增强加拿大文化产品的发行和营销，以及赞助展示加拿大才华和

---

① See Investment Canada Act Sec. 4.

② Investment Canada Act Sec. 2.

③ Investment Canada Act Sec. 23. 1.

故事的活动和倡议等。[①] 实践中，净收益承诺不是僵化的教条，不会简单地将没有满足要求的"净收益承诺"识别为对加拿大国家文化产业安全的威胁而阻止并购，并购方是可以与加拿大文化遗产部进行交换谈判而获得并购批准的。净收益承诺标准服务于加拿大国家文化及产业的发展。

其三，加拿大鼓励投资者扩大审查范围。加拿大文化遗产部在其职能框架中将文化产业界定为包括以国家社会、经济及文化为主题的出版、广播、电影、电视、图书、杂志、音像等在内的印刷、生产、制作、广告及发行；包括表演艺术、视觉艺术、博物馆、图书馆、档案馆、书店、文具用品商店等在内的服务，新近还增加了信息网络、多媒体等内容。[②] 并购加拿大的图书出版企业，要求目标方同时满足处于财政危机和与加拿大人拥有同等公平并购机会的条件；禁止并购加拿大控制的杂志出版企业，杂志内容需要为加拿大原创，并要求杂志的编辑、印刷要在加拿大境内进行并雇佣加拿大人，[③]加拿大政府专门颁布了"C－55 法案"限制外国期刊发展；禁止外资并购加拿大拥有或控制的影视分销企业，允许并购加拿大境内的外资影视企业，但均需并购方承诺要将并购后利润在加拿大进行符合其文化政策的再投资。[④] 此外，对于外资并购加拿大本土文化产业，加拿大文化遗产部还可能考虑民族品牌的保留。例如，在 2011 年，加拿大政府批准了德国贝塔斯曼集团下属的兰登书屋并购加拿大麦克利兰 · 斯图尔特出版社。兰登书屋需承诺，保持麦克利兰 · 斯图尔特出版社的独立法人人格；继续该出版社的诗歌扶持计划；在多伦多大学举办麦克利兰 · 斯图尔特年度学术会议。[⑤]

---

① See *Net Benefit Undertakings and Canadian Cultural Policy*, CANADA CA (Jul. 21, 2017), https://www. canada. ca/en/canadian – heritage/services/cultural – sector – investment – review/net – benefit. html.

② See Investment Canada Act Sec. 14. 1(6).

③ 参见赵海乐：《"软实力"视角下的外商投资文化审查进路探析——以加拿大法律实践为切入》，载《上海对外经贸大学学报》2020 年第 3 期。

④ See *Investment Canada Policy on Foreign Investment in the Canadian Film Distribution Sector*, CANADA CA (Jun. 8, 2017), https://www. canada. ca/en/canadian – heritage/services/film – video – policies/investment – canadian – film – distribution. html.

⑤ 参见赵海乐：《"软实力"视角下的外商投资文化审查进路探析——以加拿大法律实践为切入》，载《上海对外经贸大学学报》2020 年第 3 期。

其四,国家文化安全审查在程序上时间跨度大,涉及交割前后的审查。也就是说,在文化产业领域的外资并购中,文化遗产部既实行其他产业部门并购中的“交割前审查”,[①]也实行文化产业领域独有的“交割后审查”。在加拿大,并非所有的并购都要进行审查,有些并购只要进行通知备案即可,对于涉及《加拿大投资条例》附录4的文化产业领域的外资并购需应总督要求而进行审查。在加拿大,非加拿大人依法定方式取得受限的加拿大文化企业控制权应受审查,并购方直接并购控制加拿大企业资产超过法定数额、涉及公共利益及将有损于加拿大国家安全时需要经过审查。[②] 而对于文化领域投资审查的门槛和计算门槛的方法,具体而言,非WTO成员投资者在加拿大进行的直接并购超过500万加拿大元时要经过工业部和文化遗产部的双重审查,WTO成员投资者高于500万加拿大元低于3.54亿加拿大元的直接并购需要通知工业部而且要经过文化遗产部审查。[③] 并购投资涉及加拿大公共利益的产业,会因部长建议和总督认为需要而启动审查。[④] 对于将威胁到加拿大文化产业安全的并购投资,文化遗产部和公共安全部部长进行商讨并决定是否向总督提出国家安全审查的建议。

三、并购中品牌依存度产业国家安全审查实践

产业安全是国家安全的重要组成部分,尽管学界对于产业安全的概念界定不一,但是产业安全受到各方越来越多的关注。基于已有研究成果,产业安全主要涉及一国产业结构是否合理,相关产业在国际市场上是否具有竞争力,能否抵御和抗衡内外部不利因素的威胁,并保持产业部门可持续协调发展。[⑤] 由此可见,产业安全涉及产业可持续发展能力、产业核心竞争力、产业控制力和产

---

① See Investment Canada Act Sec. 14. 1(c) - (d).

② See Investment Canada Act Sec. 14. 1(a) - (c).

③ See Related - Business Guidelines, Dual Filing Requirements.

④ See Investment Canada Act Sec. 13(1)(2)(3), 15.

⑤ 参见景玉琴:《产业安全概念探析》,载《当代经济研究》2004年第3期。

业对外依存度等多项评价指标。[①] 其中产业对外依存度与产业安全成反比例关系，一国产业对外依存度越高，一国产业安全指数越低；反之，一国产业对外依存度越低，一国产业安全指数越高。尽管麦肯锡全球研究院发布的数据显示，中国对世界经济的依存度指数从 2007 年的 0.9 下降到 2017 年的 0.6，[②]但是，在知识产权依存度上，中国科技产业仍然具有很高的依存度，产业安全依然需要重视。

（一）高品牌对外依存度危及中国产业安全

知识产权对外依存度是产业对外依存度的重要指标，知识产权对外依存度主要涉及基于专利的技术对外依存度和基于商标的品牌对外依存度。专利技术一定程度上反映一国的自主创新能力，由于没有成熟的工艺制造技术，中国的芯片产业对外依存度高，这遏制了中国相关产业发展。商标作为企业无形资产，承载着巨大的商誉和重要的市场价值，集中体现产业核心竞争力，外国品牌在中国市场的占有率是中国品牌的对外依存度考量的重要指标。乐百氏被达能并购，南孚被吉列并购，苏泊尔被 SEB 并购，大宝被强生并购，丁家宜被科迪并购，水井坊被帝亚吉欧洋酒并购。2006 年国务院研究发展中心发布的一份研究报告显示：在中国已开放的产业中，每个产业排名前五位的企业几乎都由外资控制，在中国 28 个主要产业中，外资在 21 个产业中拥有多数资产控制权。[③]外资并购中痛失品牌的中国企业市场竞争软实力下降，导致国内很多行业为外资所控制，失去了自主创新的原动力，依赖外国品牌而成为其加工厂，国内巨大的消费市场和产业资源被外资掠夺。

---

① 参见徐辉鸿：《产业安全中的知识产权风险要素分析》，载《南京工业大学学报（社会科学版）》2013 年第 1 期。

② 参见快消品渠道管理：《麦肯锡中国报告：〈中国与世界〉》，载搜狐网 2021 年 2 月 16 日，https://www.sohu.com/a/451122655_275750。

③ 参见马洪、王梦奎主编：《中国发展研究——国务院发展中心研究报告选（2006）》，中国发展出版社 2007 年版，第 10～12 页。

（二）低监管致外资并购、民族品牌流失

由于中国相关法律制度供给不足，一些民族品牌流失，造成了令人痛心的品牌流失现象。

其一，缺乏竞争法规制，外资在华并购中知识产权滥用行为严重。跨国并购拒绝授予中国合理的知识产权使用许可，利用其知识产权优势地位排除竞争对手的有序竞争；在产品销售中，将具有知识产权的产品和不具有知识产权的产品捆绑销售，迫使购买企业为获得含有知识产权的产品不得不购买非知识产权产品，利用其知识产权优势地位排挤竞争对手；跨国并购在华销售产品、许可知识产权时收取高价，推行不同于其他国家的歧视性价格。20 世纪 80 年代，中国开始改革开放，引进外资，但直到 2007 年 8 月 30 日中华人民共和国第十届全国人民代表大会常务委员会第二十九次会议才通过《反垄断法》[①]。由于没有反垄断方面的法律规定，很长一段时间内跨国并购在华知识产权滥用行为没有得到有力的规制，跨国公司利用其知识产权优势在华“跑马圈地”、占据市场，获取超额垄断利润，极大地损害了中国企业利益、消费者利益和社会公共利益。

其二，缺乏并购监管，品牌流失严重，危及产业安全。跨国并购在华投资多选择并购方式，并要求控股，不但通过中方营销渠道占有中国市场，而且以外方品牌取代中国品牌，削弱、吞噬民族品牌，但中国法律对外资并购中国驰名商标规制不足。我国《反垄断法》保护有序市场竞争，规制企业非法垄断行为，但没有专门针对并购中品牌转移的规定，无法对民族品牌的流失进行监管；《外商投资产业指导目录（2007 年修订）》没有对相关行业品牌的并购、转让、使用进行规定，也没有关注中国驰名商标的保护问题；我国《商标法》中规定的形式审查不能为外资并购中国驰名商标提供有力保障，根据法律规定商标转让要经国家商标局审查批准，但是很多外资并购后不进行商标转让，国家商标局没有机会依据我国《商标法》相关规定进行形式审查，即便是外资并购后进行商标转让的

---

① 2022 年 6 月 24 日，全国人大常委会通过了《反垄断法（修正草案）》，新法于 2022 年 8 月 1 日生效。

情形下，商标局仅仅做形式审查，很难具体规制外商并购中国企业商标后雪藏、绞杀的行为；有关并购监管办法在一段时间内对外资并购中国驰名商标的监管缺位。

（三）逐渐完善的中国外资并购国家安全审查实践

1. 法律制度层面实践

商务部等六部委公布的《关于外国投资者并购境内企业的规定》（商务部、国务院国有资产监督管理委员会、国家税务总局、国家工商行政管理总局、中国证券监督管理委员会、国家外汇管理局令2006年第10号）（已被修改），对安全审查范围进行了规定，依据该规定，如果外资在华并购涉及国家安全，则可以对品牌并购进行规制。该规定中第12条是中国较早对外资对华品牌并购的直接规范。首先，明确作为并购方的外国投资者强制申报的事项。申报主体限于取得实际控制权的并购方外国投资者，申报事项涉及中国境内重点行业、影响或可能影响国家经济安全或者导致拥有驰名商标或中华老字号的境内企业实际控制权转移等情形。其次，规定了当事人未申报时的救济措施。对国家经济安全造成或可能造成重大影响的未主动申报的并购行为，商务部可以会同相关部门要求并购方终止交易或采取转让相关股权、资产或其他有效措施，以消除该项外资并购对中国国家经济安全的影响。

此后，国务院办公厅《关于建立外国投资者并购境内企业安全审查制度的通知》（国办发〔2011〕6号）、《商务部实施外国投资者并购境内企业安全审查制度的规定》（商务部公告2011年第53号）、国务院办公厅《关于印发〈自由贸易试验区外商投资国家安全审查试行办法〉的通知》（国办发〔2015〕24号）等一系列文件的颁布实施，丰富了中国外资并购国家安全审查。如果并购涉及军工、军工配套企业和位于重点、敏感军事设施周边有关国防安全的单位，则要进行国家安全审查。对于重点农产品、能源和资源、基础设施、运输服务、关键技术、重大装备制造的国家安全审查，需要并购的外国投资者获得目标方的实际控制权，并且在自贸区内试行与负面清单管理模式相适应的外商投资国家安全审查措施，引导外商投资有序发展，维护中国国家安全。《自由贸易试验区外商投资国家安全审查试行办法》确立了对影响或可能影响国家安全、国家安全保障能力,涉及敏感投资主体、对象、行业、技术、地域的外商投资进行安全审查的总原则。《自由贸易试验区外商投资国家安全审查试行办法》安全审查内容明确列出国家文化安全审查的内容,涉及对所投资企业取得实际控制权的外国投资者在中国自由贸易试验区内投资关系国家安全的重要文化领域内容,这一点是一个重要的突破,扩大了中国对外资在华并购国家安全审查范围,并使中国外资并购国家安全的内涵逐步丰富起来。我国《外商投资法》最终在法律层面上确立了外商投资安全审查制度。在不断变化的国际投资环境中,如何构建既能有效利用外商投资,又能守住国家安全底线的安全审查制度是一个重要的问题。

2. 司法实践层面

其一,企业司法维权实践。随着法律制度的日益健全,知识产权保护观念提升,被并购的中国企业以法律手段保护自有品牌。例如,中国天府可乐集团公司(重庆)(以下简称天府可乐)诉重庆百事天府饮料有限公司、百事(中国)投资有限公司(以下简称百事可乐)侵犯技术秘密纠纷案,天府可乐在被百事可乐并购后,其可乐配方及生产工艺为并购方控制,品牌被雪藏,通过为期 16 年的抗争,天府可乐通过诉讼收回了配方和生产工艺,明确了品牌的归属。1994 年合资前,天府可乐占有中国可乐八成市场。在 1994 年,百事可乐投资 1070 万美元现金,天府可乐以厂房设备等折合 730 万美元投资,控股比例为 6∶4。天府品牌由双方合资企业重庆百事天府饮料有限公司使用,按合同约定合资双方共同生产天府品牌的饮料。合资后,百事可乐不遵守生产 50% 天府可乐的承诺而是逐渐减少天府可乐产量。由于连年亏损,2006 年百事可乐并购了全部中方股权,但并购协议未明确天府可乐品牌的归属,百事可乐霸占天府可乐的配方及生产工艺等。2010 年年底重庆市第五中级人民法院判决被告百事可乐返还天府可乐配方,天府可乐在抗争 16 年后重回品牌复兴之路。[①] 在天府可乐并购案中,目标方管理层疏于尽职调查,不了解并购方百事可乐的合作目的及合作

---

① 参见中国天府可乐集团公司(重庆)诉重庆百事天府饮料有限公司、百事(中国)投资有限公司侵犯技术秘密纠纷案,重庆市第五中级人民法院(2009)渝五中法民初字第 299 号民事判决书。

后的运作模式，天府可乐管理层未尽到勤勉义务；在并购中，天府可乐的配方、品牌均没有进行知识产权价值评估，并购合资时天府可乐仅以厂房设备等有形资产作价出资，而忽略了重要的知识产权这类无形资产的价值，这是一个极大的并购失误；并购中，目标方知识产权协议条款草拟与签订具有重要的地位。本案中，天府可乐配方没有签订保密协议，并购协议未明确天府可乐品牌的归属，被并购方管理层、法务及律师等中介机构存有违反法律义务应承担法律责任的问题。16 年的品牌运营赋予天府可乐品牌更大的商业价值，但被并购后，并购方利用绝对控股权通过天府可乐的营销渠道占据了原属于和将属于天府可乐的市场，造成了被并购方天府可乐的巨大经济损失。

其二，国家并购审查实践。2008 年 9 月，中国商务部接受美国可口可乐公司对汇源公司并购申报申请。2009 年 3 月，中国商务部裁定禁止可口可乐对汇源公司的并购申请，并给出三条理由：第一，如果收购成功，可口可乐公司有能力将其在碳酸饮料行业的支配地位传导到果汁行业。第二，如果收购成功，可口可乐公司对果汁市场的控制力会明显增强，使其他企业没有能力再进入这个市场。第三，如果收购成功，可口可乐公司会挤压国内中小企业的生存空间，抑制国内其他企业参与果汁市场的竞争。虽然有学者批评说相对于欧美国家的实践，中国商务部的裁决过于简单，论证过于宽泛。[①] 但就并购中的品牌保护而言，该并购审查实践具有重要的借鉴意义。该并购审查中，商务部关注品牌的传导力，而没有只单纯地考量可口可乐和汇源果汁的市场占有率进行并购中市场集中度的审查，否定了并购申请，实现了品牌保护。虽然该审查中没有直接进行有关的并购国家安全审查，但是从第三条审核理由可见商务部关注到了品牌市场集中度对产业安全的影响，作出了禁止审查。此外，要利用已有的法律制度保护中国的驰名商标，利用反垄断法经营者集中审查制度设计中可为驰名商标提供保护的空间，可以通过限制经营者过于集中而限制外资并购国内企业而达到保护国内驰名商标的目的，通过规制滥用市场地位而限制并购方利用其知识产权优势地位打压并购的国内驰名商标，通过并购申报审查控制外资并购

---

① 参见倪娜、万欣：《论我国反垄断实施机制的完善》，载《中州学刊》2010 年第 2 期。

获得实际控制权而拥有驰名商标或中华老字号的境内企业。

基于国家安全的投资政策问题由来已久，且近年来格外受到重视。世界范围内，许多国家以开放和欢迎的态度对待外国投资，但同时也意识到了外资对国家安全所造成的风险。正如联合国贸易和发展会议在《世界投资报告 2016》中指出："投资政策的一个越来越重要的因素是国家安全方面的考虑，国家安全考虑往往包括更广泛的国家经济利益；各国使用不同的国家安全概念，使其得以在投资筛选过程中顾及关键的经济利益。政府对国家安全监管条例的适用需要与投资者对程序透明和可预测的需求取得平衡。"[①]由于新型冠状病毒肺炎（COVID－19），2020 年全球并购投资流动都面临严重压力，同时，地缘政治、金融风险及持续的贸易紧张都对国际投资格局产生深远影响，并对并购投资的供应、需求和政策具有巨大的冲击作用。一方面，各国可能会对战略产业的外国并购采取更严格的准入政策；另一方面，随着各经济体希望从危机中复苏，可能引发并购竞争加剧。近几年，一些国家基于国家安全考虑，对战略性产业的投资实施了更严格的筛选，跨国并购的知识产权监管富有政治色彩，一些中国企业在美国的跨境并购交易被撤销或阻止。投资政策环境正趋向于更多的干预主义、日益上升的保护主义，以及从多边框架转向区域和双边框架。聚焦知识产权视角下外资并购国家安全审查问题，分析新的政策变化与新的审查动态，提出具体的应对之策，以期适应当下中国"引进来"和"走出去"相结合的基本战略。

---

① See UNCTAD, World Investment Report 2016 (Overview), Investor Nationality: Policy Challenges, p. 8.

结　论

社会学家默顿告诉我们，研究者应该对于生活中不期而遇、异乎寻常而又关乎全局的社会事实给予充分关注，因为这些异常现象往往有可能成为新的理论研究的起点。抓住知识经济和跨国并购的契机，结合知识产权跨国并购日益增多的现实，研究知识产权跨国并购法律保护问题顺应中国知识产权发展战略需要。在国际投资规则和格局重构之时，受国际贸易和投资保护主义抬头影响，美欧等国都收紧了对并购获取知识产权的审查，中国企业通过跨国并购获取知识产权面临着复杂而困难的局面。中国坚定深化改革扩大开放的步伐，推行准入前国民待遇加负面清单制度，放宽外资准入，但同时也面临外资并购获取中国优质知识产权资源影响国家安全的考验。

知识产权跨国并购概念的界定是本章分析论证的起点与基础。对于知识产权跨国并购特点的梳理勾勒出了知识产权跨国并购的初步轮廓，为后续分析奠定了基础。知识产权跨国并购是指以获取目标方知识产权资源为目标的跨国并购活动，并购方在完成并购后获得了目标方知识产权的控制权，并根据并购方自身发展战略整合并购的知识产权，借此将目标方的知识产权资源转化为并购方知识产权资源的兼并和收购。知识产权跨国并购的特点包括跨国并购目标的知识产权特性、并购中知识产权尽职调查与价值评估意义重大、并购协议中独特的知识产权条款设置与履行、并购协议实施中涉及知识产权的转移、跨国并购与国家科技乃至文化安全问题密切相关。

跨国并购中面临着复杂的法律环境与法律问题，知识产权地域性特点使每个国家都有其不同的知识产权保护法律，并购交易中要注意知识产权保护。依跨国并购环节分析论证知识产权跨国并购法律问题，以期为中国企业应对外资为获取知识产权而进行的并购和中国企业进行海外并购获取知识产权提供有益指导。我国借鉴发达国家知识产权双轨制规则构建实践,在国内以知识产权保护激励创新、促进经济发展,在国际推行高标准保护其具有优势的知识产权。在新一轮国际投资规则重构时,中国应在规则制定和规则遵守中作出贡献。在外资并购中国国内优质知识产权时,中国政府应有相关法律对本国优质知识产权提供透明、有效保护,中国企业应有足够的法律意识对其优质知识产权进行保护;在中国企业海外并购获取国外优质知识产权时,中国政府和企业应该熟悉海外的知识产权跨国并购法律保护规则的变化,避其锋芒,获取优质知识产权,助力本国经济发展。

首先,就中国企业层面而言,有以下对策。第一,建议并购方的中国企业要关注全球知识产权记录,并购交易完成后,需要立即将获得的知识产权转让给享有该权利的每个司法管辖区的新所有者,且要及时而全面的记录。就并购中获取的商标而言,要注意记录的延误会导致商标目的的丧失,新所有者可能无法就侵权提起诉讼或办理续展。就著作权而言,延迟的转移登记也可能导致版税的损失。第二,重视并购协议中的知识产权条款。例如,要约定好未来费用的承担,并购中并购方和目标方双方可以决定谁将承担未来可能发生的专利、商标的申请、注册、续展和维护等费用。重视并购协议中的知识产权保护条款,并购协议应保护并购双方的利益。除了协议的标准格式外,还可以根据交易的具体需要增加一些附加条款。尤其是要重视商业秘密的保护,商业秘密的商业价值与保密性密切相关,失去了保密性的商业秘密的价值会消失殆尽。第三,重视并购协议中的保证和责任、争议解决等条款。这些条款对并购交易是至关重要的,因为它们能确保受害方将获得合同救济。作为风险分摊的一部分,各方还可以决定各方责任的上限。“随时通知退出的权利”可以包括在协议中,为交易中较弱的公司(较小的公司)提供保障。如果一方违约,另一方有权终止合同。双方可决定将其争议提交仲裁,以避免法院的拖延并确保迅速有效的补救。第四,重视知识产权资产的价值评估这一兼具经济性和法律性的问题。要重视知识产权类型对知识产权价值评估的不同法律影响。中国企业被并购时,要实现己方知识产权价值;中国企业海外并购时,要明晰目标方的知识产权价值,避免不必要的风险。此外,当交易费用与并购的结果相联系时,提前约定分期支付并购费用和违约方的违约责任可以确保各方在规定的时间内遵守其义务。熟知其中的法律问题与规则，以期更好地实现企业和国家知识产权战略。

其次，就中国政府层面而言，有以下对策。跨国并购中知识产权滥用反垄断规制领域内，多边反垄断国际协调面临着巨大困难，反垄断法国际合作机制很难深入开展。在多边协调一时难以达成的情形下，双边或区域合作因为成本低、难度小而不失为一种较佳选择。结合中国的实际情况，维护消费者权益和社会利益，开展以双边合作方式进行并购的反垄断规制的国际合作，积极参与国际竞争网络和 WTO 的竞争政策谈判和竞争规则制定，争取建立利于自身发展的协调机制，并尝试利用自由贸易区等形式进行反垄断政策的协调。在多边推进艰难和双边推进受限的情况下，以单边自我约束的方法应对跨国并购中知识产权滥用的反垄断规制问题也是有益的。基于相对利益平衡理论，协调好各方复杂关系，处理好内国法、国际条约多层面的法律问题，维护好国家知识产权层面的科技、产业、文化安全。

参考文献

一、中文著作类(含译作)

1. [澳]布拉德·谢尔曼、[英]莱昂内尔·本特利:《现代知识产权法的演进:英国的历程(1760—1911)》(重排本),金海军译,北京大学出版社 2012 年版。

2. 陈曦、曾繁华:《国家经济安全的维度、实质及对策研究——基于外资并购视角的案例分析》,中国经济出版社 2010 年版。

3. 康奕、谢菁菁:《法律尽职调查指要》,中国检察出版社 2012 年版。

4. 雷家骕主编:《国家经济安全:理论与分析方法》,清华大学出版社 2011 年版。

5. [美]理查德·A. 波斯纳:《反托拉斯法》(第 2 版),孙秋宁译,中国政法大学出版社 2003 年版。

6. [美]理查德·拉兹盖蒂斯著,国家知识产权局专利管理司组编:《评估和交易以技术为基础的知识产权:原理、方法和工具》,中央财经大学资产评估研究所、中和资产评估有限公司译,电子工业出版社 2012 年版。

7. 李建伟:《创新与平衡:知识产权滥用的反垄断法规制》,中国经济出版社 2008 年版。

8. [美]罗伯特·F. 布鲁纳:《应用兼并与收购》,张陶伟、彭永江译,中国人民大学出版社 2011 年版。

9. 潘英丽、冯绍雷主编:《全球化的未来——中国面临的挑战与角色转换》,中信出版集团 2017 年版。

10. 彭志刚:《知识产权拒绝许可反垄断法律问题研究》,法律出版社 2011 年版。

11. 史建三、钱诗宇等:《企业并购反垄断审查比较研究》,法律出版社 2010 年版。

12. 隋平:《海外并购尽职调查指引》,法律出版社 2011 年版。

13. 田文英主编:《外资并购与国家安全》,法律出版社 2011 年版。

14. 王传辉、葛菲等:《外资并购的反垄断管制——可口可乐收购汇源案的拓展研究》,经济管理出版社 2011 年版。

15. [美]威廉·M. 兰德斯、[美]理查德·A. 波斯纳:《知识产权法的经济结构》(中译本第 2 版),金海军译,北京大学出版社 2016 年版。

16. 薛兴国:《俄罗斯国家安全理论与实践》,时事出版社 2011 年版。

17. 詹昊:《〈反垄断法〉下的企业并购实务:经营者集中法律解读、案例分析与操作指引》,法律出版社 2008 年版。

18. 张乃根主编:《与贸易有关的知识产权协定》,北京大学出版社 2018 年版。

19. 张祥、张健:《机遇与挑战:中国企业的跨国并购》,社会科学文献出版社 2014 年版。

二、中文论文类

1. 陈辉萍:《中美双边投资条约谈判中的国家安全审查问题》,载《国际经济法学刊》2015 年第 1 期。

2. 樊志刚、王婕:《美国国家安全审查制度对中国企业拓展美国市场的启示——基于华为、中兴通讯被美调查事件》,载《国际经济评论》2013 年第 2 期。

3. 甘培忠、王丹:《"国家安全"的审查标准研究——基于外国直接投资市场准入视角》,载《法学杂志》2015 年第 5 期。

4. 葛顺奇、林乐、陈江滢:《中国企业跨国并购与东道国安全审查新制度》,载《国际贸易》2019 年第 10 期。

5. 韩伟:《反垄断规制中的知识产权强制许可》,载《价格理论与实践》2013 年第 6 期。

6. 黄翔:《关于我国国家安全审查制度完善之思考》,载《国际贸易》2016 年第6期。

7. 江山:《论中国外商投资国家安全审查制度的法律建构》,载《现代法学》2015年第5期。

8. 李凤宁、岳靓:《对美投资遭受国家安全审查的争端解决路径与选择》,载《武汉理工大学学报(社会科学版)》2016年第3期。

9. 李海燕:《美国银行业并购中尽职调查的内容与重点》,载《河南科学》2015年第6期。

10. 李浩成、王立武:《欧、美、日知识产权滥用反垄断立法规制比较与借鉴》,载《山东社会科学》2015年第6期。

11. 李浩成:《知识产权滥用反垄断立法规制的现状与重构》,载《政法论丛》2013年第3期。

12. 刘英奎:《跨国并购受阻 中企如何应对国外安全审查?》,载《中国对外贸易》2017年第1期。

13. 马娜、李东红、吴维库:《影响跨国并购中知识转移的因素探究》,载《国际经济合作》2016年第5期。

14. 漆彤:《外资国家安全审查立法中的若干重要问题》,载《中国法律评论》2015年第1期。

15. 宋柏慧、王渊:《知识产权扩张——知识产权滥用的新界定》,载《科学管理研究》2011年第6期。

16. 田高良:《现代企业知识产权分析与评价体系探讨》,载《知识产权》2001年第6期。

17. 屠新泉、周金凯:《美国国家安全审查制度对中国国有企业在美投资的影响及对策分析》,载《清华大学学报(哲学社会科学版)》2016年第5期。

18. 万勇:《知识产权全球治理体系改革的中国方案》,载《知识产权》2020年第2期。

19. 吴汉东:《新时代中国知识产权制度建设的思想纲领和行动指南——试论习近平关于知识产权的重要论述》,载《法律科学(西北政法大学学报)》2019年第4期。

20. 谢晓彬:《外资并购反垄断规制的国际协调》,载《法律科学(西北政法大学学报)》2011 年第 6 期。

21. 杨静:《自由贸易协定中知识产权保护的南北矛盾及其消解》,载《知识产权》2011 年第 10 期。

22. 汤玉枢:《经济法视野下国家经济调节职能运行模式》,载《求是学刊》2013 年第 5 期。

23. 易继明:《改革开放 40 年中美互动与中国知识产权制度演进》,载《江西社会科学》2019 年第 6 期。

24. 易继明、初萌:《后 TRIPS 时代知识产权国际保护的新发展及我国的应对》,载《知识产权》2020 年第 2 期。

25. 易继明、王芳琴:《世界专利体系中专利客体的演进》,载《西北大学学报(哲学社会科学版)》2020 年第 1 期。

26. 俞风雷、沈宗阳:《规制知识产权滥用的私法路径分析》,载《知识产权》2015 年第 4 期。

27. 张伟君、单晓光:《WTO 框架下完善我国知识产权滥用规制制度的若干思考》,载《法学家》2008 年第 2 期。

三、英文著作类

1. Angela Schneeman, *The Law of Corporations and Other Business Organizations*, 6th edition, Cengage Learning, 2012.

2. Dale A. Oesterle, *The Law of Mergers and Acquisitions*, 3rd edition, Thomson & West, 2005.

3. Bruce Berman, *From Assets to Profits: Competing for IP Value & Return*, John Wiley & Sons, Inc., 2009.

4. Edward P. Halibozek & Dr. Gerald L. Kovacich, *Mergers and Acquisitions Security: Corporate Restructuring and Security Management*, Elsevier Butterworth – Heinemann, 2005.

5. Geoff Cullinan & Tom Holland, *Strategic Due Diligence*, Arthur H.

Rosenbloom, 2002.

6. George T. Geis, *Google Versus Apple: M&A Paths Diverge, then Converge, Semi - Organic Growth: Tactics and Strategies Behind Google's Success*, John Wiley & Sons Inc. , 2015.

7. Jonathan Reuvid ed. , *Mergers and Acquisitions: A Practical Guide for Private Companies and Their UK and Overseas Advisers*, London and Philadelphia, 2007.

8. Michael McAleer & Les Oxley, *Economic and Legal Issues in Intellectual Property*, Blackwell Publishing, 2007.

9. Marilyn C. Maloney & Sharon K. Sandeen, *Intellectual Property Deskbook for the Business Lawyer: A Transactions - Based Guide to Intellectual Property Law*, 4th edition, America Bar Association Publishing, 2019.

10. Peter A. Hunt, *Structuring Mergers & Acquisitions: A Guide to Creating Shareholder Value*, 4th edition, Wolters Kluwer Law & Business, 2007.

11. Peter Howson, *Due Diligence: The Critical Stage in Mergers and Acquisitions*, Gower Publishing Limited, 2003.

12. Richard A. Posner, *Economic Analysis of Law*, 9th edition, Wolters Kluwer Law & Business, 2014.

13. Ronald Gleich, Gordana Kierans & Thomas Hasselbach eds. , *Value in Due Diligence: Contemporary Strategies for Mergers and Acquisitions Success*, Gower Publishing Limited, 2010.

四、英文论文类

1. Azizjon Alimov & Micah S. Officer, *Intellectual Property Rights and Cross - border Mergers and Acquisitions*, 45 Journal of Corporate Finance 360 (2017).

2. Brett Aaron Mangrum & Patent Misuse, *A Questionable Permission of Licensing Arrangements that Tie Down the Equitable Scales*, 60 Southern Methodist University Law Review 307 (2007).

3. Sheldon Burshtein, *Intellectual Property & Technology Due Diligence in Business Transactions*, 4 Journal of World Intellectual Propert 403 (2005).

4. David A. Balto & Andrew M. Wolman, *Intellectual Property & Antitrust: General Principles*, 43 The Journal of Law and Technology 395 (2003).

5. Harry J. Gwinnell & Katherine S. Boyle, *Ascending the Intellectual Property Management Pyramid*, 5 International Intellectual Property Law Review 118 (2014).

6. Jasper L. Tran, *Rethinking Intellectual Property Transactions*, 43 Southern University Law Review 150 (2016).

7. Kelvin H. Kwok, *A New Approach to Resolving Refusal to License Intellectual Property Rights Disputes*, 34 World Competition Law & Economics Review 261 (2011).

8. Lara J. Glasgow, *Stretching the Limits of Intellectual Property Rights: Has the Phramacetical Industry Gone Too Far*, 41 The Journal of Law and Technology 227 (2001).

9. Michael L. Katz & Howard A. Shelanski, *Mergers Policy and Innovation: Must Enforcement Change to Account for Technological Change*, 74 Antitrust Law Journal 109 (2007).

10. Oliver Gupta & Göran Roos, *Mergers and Acquisitions Through an Intellectual Capital Perspective*, 2 Journal of Intellectual Capital 297 (2001).

11. Wendy B. E. Davis, *The Importance of Due Diligence Investigations: Failed Mergers and Acquisitions of the United States' Companies*, 1 Ankara Bar Review 5 (2009).